金融风险之点和可选防控之策

王国刚 等著

中国社会科学出版社

图书在版编目（CIP）数据

金融风险之点和可选防控之策/王国刚等著 . —北京：中国社会科学出版社，2017.6

ISBN 978 - 7 - 5203 - 0602 - 7

Ⅰ.①金…　Ⅱ.①王…　Ⅲ.①金融风险—风险管理—研究—中国　Ⅳ.①F832.1

中国版本图书馆 CIP 数据核字（2017）第 129526 号

出 版 人	赵剑英
责任编辑	刘晓红
责任校对	周晓东
责任印制	戴　宽

出　　版	中国社会科学出版社
社　　址	北京鼓楼西大街甲 158 号
邮　　编	100720
网　　址	http：//www. csspw. cn
发 行 部	010 - 84083685
门 市 部	010 - 84029450
经　　销	新华书店及其他书店

印刷装订	北京君升印刷有限公司
版　　次	2017 年 6 月第 1 版
印　　次	2017 年 6 月第 1 次印刷

开　　本	710×1000　1/16
印　　张	21.75
插　　页	2
字　　数	329 千字
定　　价	99.00 元

序 言

与任何经济活动一样，金融活动总有风险。因此，防控金融风险是一个永恒的课题，即只要还存在金融活动，就必然有着防控金融风险的内在要求。但泛泛而谈地讨论防控金融风险或防控系统性金融风险，是一个并不增加新信息量的命题，缺乏实践意义。这决定了要研讨防控金融风险，就必须具体化，即研讨面对的是什么性质（或什么类型）的金融风险、它在哪些条件下发生、风险传递的路径是什么、风险规模多大、风险效应有多强、可选择的防控措施有哪些，等等。一具体就深入。防控金融风险的研讨，要有的放矢，就要具体。具体就是要捋清实践环节中的金融风险之点，弄清针对这些风险点分别可选择的防控措施。另一方面，防控金融风险要坚持问题导向。金融风险是金融活动与生俱来的特性，有金融活动必有金融风险。从绝对意义上说，要消灭金融风险，就只能消灭对应的金融活动。但金融活动是经济活动不可或缺的构成部分，一旦失去了金融机制，经济发展就将陷入严重困境，甚至可能倒退和崩溃。防控金融风险的目的不在于取消金融活动和金融风险，而在于保障金融从而使经济健康运行和可持续发展，因此，不能就防控金融风险而防控金融风险，应从保障经济金融的健康运行和可持续发展的角度来认识和研讨防控金融风险的"度"，把金融风险限制在可控范围内，牢牢守住不发生系统性风险这一防控的底线。

2017年4月25日，在中共中央政治局就维护国家金融安全进行第四十次集体学习中，习近平总书记强调指出："金融安全是国家安全的重要组成部分，是经济平稳健康发展的重要基础。维护金融安全，是关系我国经济社会发展全局的一件带有战略性、根本性的大事。金融活，经济活；金融稳，经济稳。必须充分认识金融在经济发展和社会生活中的重要地位和作用，切实把维护金融安全作为治国理政的一件大事，扎扎实实把金融工作做好。"这一论述既精辟地明确了金融在经济社会发展中的地位、作用和发展方向，也指明了金融研究的重心和主要取向。

就维护金融安全，习近平总书记提出了6项任务："一是深化金融改革，完善金融体系，推进金融业公司治理改革，强化审慎合规经营理念，推动金融机构切实承担起风险管理责任，完善市场规则，健全市场化、法治化违约处置机制。二是加强金融监管，统筹监管系统重要性金融机构，统筹监管金融控股公司和重要金融基础设施，统筹负责金融业综合统计，确保金融系统良性运转，确保管理部门把住重点环节，确保风险防控耳聪目明，形成金融发展和监管强大合力，补齐监管短板，避免监管空白。三是采取措施处置风险点，着力控制增量，积极处置存量，打击逃废债行为，控制好杠杆率，加大对市场违法违规行为打击力度，重点针对金融市场和互联网金融开展全面摸排和查处。四是为实体经济发展创造良好金融环境，疏通金融进入实体经济的渠道，积极规范发展多层次资本市场，扩大直接融资，加强信贷政策指引，鼓励金融机构加大对先进制造业等领域的资金支持，推进供给侧结构性改革。五是提高领导干部金融工作能力，领导干部特别是高级干部要努力学习金融知识，熟悉金融业务，把握金融规律，既要学会用金融手段促进经济社会发展，又要学会防范和化解金融风险，强化监管意识，提高监管效率。六是加强党对金融工作的领导，坚持党中央集中统一领导，完善党领导金融工作的体制机制，加强制度化建设，完善定期研究金融发展战略、分析金融形势、决定金融方针政策的工作机制，提高金融决策科学化水平。金融部门要按照职能分工，负起责任。地方各级党委和政府要按照党中央决策部署，做好本地区金融发展和稳定工作，做到守土有责，形成全国一盘棋的金融风险防控格局。"这6项任务也是今后一段时期内金融研究的主要内容。

2016年12月，中央经济工作会议上强调：要把防控金融风险放到更加重要的位置，下决心处置一批风险点，着力防控资产泡沫，提高和改进监管能力，确保不发生系统性金融风险。进入 2017 年以后，相关金融监管部门强化了对金融风险的监管。

2017 年 4 月 13 日，中国人民银行在太原召开的金融稳定工作会议上强调，2017 年金融稳定工作任务更加艰巨，要加强重点领域风险防控，进一步摸清风险底数，坚决整治金融乱象，更加重视防范风险交叉传染和系统性金融风险。要充分发挥存款保险制度在处置风险中的平台作用。要抓紧做好补体制机制短板工作，切实强化中央银行的金融稳定职能。要继续深化金融业改革开放，积极参与全球金融治理。要以高度的责任感，时刻保持对风险的敏感性，不断增强在复杂情况下的执行力，上下联动，稳中求进，及时处置化解可能出现的相关金融风险。

2017 年 3 月以后，中国银监会陆续推出整治"三违反""三套利""四不当"的相关文件，明确提出要有效防控"十大风险"。3 月 29 日，银监会办公厅出台了《关于开展银行业"违法、违规、违章"行为专项治理工作的通知》（银监办发〔2017〕45 号），要求在银行业等金融机构中全面开展"违反金融法律、违反监管规则、违反内部规章"行为专项治理工作。同日，中国银监会还出台了《关于开展银行业"监管套利、空转套利、关联套利"专项治理的通知》（银监办发〔2017〕46 号），要求对银行业同业业务、投资业务、理财业务等跨市场、跨行业交叉性金融业务中存在的杠杆高、嵌套多、链条长、套利多等问题展开专项整治。4 月 6 日，中国银监会出台了《关于开展银行业"不当创新、不当交易、不当激励、不当收费"专项治理工作的通知》（银监办发〔2017〕53 号文），要求对银行同业业务、理财业务、信托业务中的"四不当"现象展开整治。4 月 7 日，中国银监会出台了《关于提升银行业服务实体经济质效的指导意见》（银监发〔2017〕4 号），提出四项政策要求：深入实施差异化信贷政策和债权人委员会制度；多种渠道盘活信贷资源，加快处置不良资产；因城施策保持房地产市场平稳健康发展；积极稳妥开展市场化债转股等。4 月 10 日，中国银监会出台了《关于银行业风险防控工作的指导意见》（银监发〔2017〕6号），明确要求严防信用风险、流动性风险、债券波动风险、同业业务风险、银行理财风险、房地产领域风险、地方政府债务风险、互联网金融风险、外部冲击风险、重大案件和群体事件风险"十大风险"。4月12日，银监会又出台了《关于切实弥补监管短板提升监管效能的通知》（银监发〔2017〕7号），提出了强化风险源头遏制、强化非现场和现场监管、强化信息披露监管、强化监管处罚和强化责任追究等政策措施。此外，还有诸多防控金融风险的制度在制定完善过程中，将陆续出台。

在2017年1月10日出台了《证券公司风险控制指标管理办法（2016年修订）》和《上市公司重大资产重组管理办法（2016年修订）》等政策制度后，中国证监会于4月18日出台了《期货公司风险监管指标管理办法》，5月3日出台了《区域性股权市场监督管理试行办法》，就防控证券期货市场中的相关风险点提出了具体政策要求。5月5日，中国证监会在福建召开了清理整顿各类交易场所"回头看"工作交流会，重申了"回头看"的政策要求，进一步推动了各地政府分类处置违法违规交易场所，以有效防范和化解金融风险，切实维护金融安全和稳定。

2017年1月4日，中国保监会出台了《保险公司合规管理办法》，以促进保险公司的合规经营和防范风险。1月24日，中国保监会出台了《关于进一步加强保险资金股票投资监管有关事项的通知》，以进一步明确保险机构股票投资监管政策，规范股票投资行为，防范保险资金运用风险。5月5日，中国保监会出台了《关于保险资金投资政府和社会资本合作项目有关事项的通知》，既积极鼓励保险资金介入PPP项目投资，又强调要有效防控保险资金运作风险。

毋庸赘述，2017年将是中国金融防控系统性风险之年。对中国金融改革发展来说，在这一年中，防控风险是重中之重的工作。这是"稳中求进"工作总基调在金融领域中的具体落实。有鉴于此，我们组织了中国社会科学院金融研究所的研究人员从金融活动的各个角度对中国金融运行中风险点展开梳理排查并提出相关防控建议。毫无疑问，防控系统性金融风险是一项长期而艰巨的任务，我们的研讨也还是初步的，因此，其中难免存在挂一漏万的不足之处，希望同仁予以批评指正，以推进此项研讨的深化。

王国刚

2017 年 5 月 16 日

目 录

第一章　防控系统性金融风险：新内涵、新机制和新对策[*]

防控系统性风险是中国经济金融运行中一项至关重要的政策取向，也是党的十八大以来中央始终关注的重大经济金融问题。2012 年 12 月，在安排 2013 年经济工作中，中央经济工作会议强调："要高度重视财政金融领域存在的风险隐患，坚决守住不发生系统性和区域性金融风险的底线。"2013 年 12 月，在布局 2014 年经济工作中，中央经济工作会议强调指出：要"着力防控债务风险。要把控制和化解地方政府性债务风险作为经济工作的重要任务，把短期应对措施和长期制度建设结合起来，做好化解地方政府性债务风险各项工作。"2014 年 12 月，在"准确把握经济发展新常态"的背景下，中央经济工作会议明确指出："从经济风险积累和化解看，伴随着经济增速下调，各类隐性风险逐步显性化，风险总体可控，但化解以高杠杆和泡沫化为主要特征的各类风险将持续一段时间，必须标本兼治、对症下药，建立健全化解各类风险的体制机制。"2015 年 12 月，在落实"三去一降一补"的供给侧结构性改革中，中央经济工作会议强调指出：要"防范化解金融风险。对信用违约要依法处置。要有效化解地方政府债务风险，做好地方政府存量债务置换工作，完善全口径政府债务管理，改进地方政府债券发行办法。要加强全方位监管，规范各类融资行为，抓紧开展金融风险专项整治，坚决遏制非法集资蔓延势头，加强风险监测预警，妥善处理风险案件，坚决守住不发生系统性和区域性风险的底线。"2016 年 12 月，在落实"稳中求进"工作主

---

* 本章作者王国刚。

基调的背景下，中央经济工作会议再次强调："要把防控金融风险放到更加重要的位置，下决心处置一批风险点，着力防控资产泡沫，提高和改进监管能力，确保不发生系统性金融风险。"

2012 年以来，在推进经济"稳中求进"的过程中，中国采取了一系列积极举措防控和化解金融风险，取得了一些积极重要的成果，守住了不发生系统性金融风险的底线。但防控系统性金融风险的情势依然严峻，丝毫不能掉以轻心。要深刻理解和把握"把防控金融风险放到更加重要的位置"，就需要深入探讨系统性金融风险的新内涵、新特点和新机制等，在此基础上，选择新的政策举措予以应对。

一　系统性金融风险的新内涵

在金融学说发展史上，"系统性风险"概念最初由美国学者威廉·夏普在《投资组合分析的简化模型》一书中提出。20 世纪 60 年代，他在推进哈里·马科维茨资产选择理论深化、创立资本资产定价模型的过程中，把马科维茨资产选择理论中的资产风险分解为资产的"系统性风险"（又称"市场风险"）和"非系统性风险"。其中，系统性风险是指由证券市场总体价格变动所引致的某种特定金融资产的价格变动；非系统性风险则是指仅引致某种特定金融资产价格变动的特殊因素。他的研究强调，在金融投资中，资产组合至多只能消解组合范畴内的金融产品的非系统性风险，不可能消解这些金融产品的系统性风险，即投资对任何一种或若干种金融产品而言，投资者都必须承担系统性风险。此后几十年间，系统性风险和非系统性风险成为金融理论和实务中的重要范畴。

各个学者从不同角度对系统性风险和非系统性风险做出了大致相同的界定。美国学者米什金认为："非系统性风险是一项资产特有的风险"，系统性风险则是各项资产都有的风险，因此，"非系统风险对资产组合总的风险不起作用。换句话说，充分多样化资产组合的风险完全来自该资产组合中资产的系统性风险。"① 美国学者弗兰克·J.法博齐和弗朗哥·莫迪利亚尼认为："系统性风险是资产的收益率变动中可以归因于某一共同因素的部分，也叫作不能分散的风险或市场风险。系统性风险是通过挑选大量资产达到分散化的证券组合所能获得的最低限度的风险。由此可见，系统性风险是源于不能够分散掉的一般的市场和经济情况"；"资产的收益率变动中能够被分散掉的部分称为非系统性风险，也叫作可分散风险，剩余风险或公司特有风险。"②《中华金融辞库》的作者认为：系统风险是指"最终无法消除的风险。一般由外部因素变化引起，而无法控制。系统风险对所有企业、所有投资产生相似的影响。系统风险包括下列几种类型：利率风险；购买力风险；经济周期风险"；与此对应，非系统风险是指"最终可被消除的风险。一般只与个别企业和个别投资项目相联系，由企业投资项目本身的种种不确定性引起，而无法控制，不对所有企业或所有投资项目产生普遍影响。非系统风险包括经营风险和财务风险"③。《金融学（第三版）》作者认为："资产组合的风险分为两类：系统性风险和非系统性风险。所谓非系统性风险，是指那种通过增加持有资产的种类数量就可以相互抵消的风险。……系统性风险则是无法通过增加持有资产的种类数量而消除的风险。"④

　　从这些界定中可以看出，系统性风险是相对于非系统性风险而言的概念，它具有五个方面的特点：第一，从金融行为看，它指的是金融投资领域，相对于资产组合（或证券组合，下同）而言。在这一领域中，凡是影响到各种金融资产交易价格波动的因素属于系统性风险范畴，凡是仅影响单一金融资产交易价格的因素属于非系统性风险范畴。第二，从金融主体看，它指的是介入金融投资的各类主体，即进行资产组合的主体。凡是影响到各类金融投资主体的金融投资行为的

---

① 引自［美］米什金著《货币金融学》，中国人民大学出版社 1998 年版，第 95 页。
② 引自［美］弗兰克·J. 法博齐、弗朗哥·莫迪利亚尼著《资本市场：机构与工具》，经济科学出版社 1998 年版，第 179 页。
③ 引自戴相龙、黄达主编《中华金融辞库》，中国金融出版社 1998 年版，第 251 页。
④ 引自黄达编著《金融学（第三版）》，中国人民大学出版社 2012 年版，第 575 页。

因素属于系统性风险，凡是只影响到单个金融投资主体的金融投资行为的因素属于非系统性风险。第三，从金融机制看，它指的是金融产品的交易价格波动从而使金融投资的收益率变动。凡是影响到各种金融资产交易价格波动从而使金融投资收益率变动的因素属于系统性风险，凡是只影响到单一金融资产交易价格波动从而使金融投资收益率波动的因素属于非系统风险。第四，从金融主体的行为结果看，它指的是金融投资者调整资产组合以防范风险的可能程度。凡是金融投资者不可能通过资产组合等机制予以分散化解的风险属于系统性风险，凡是金融投资者可以通过资产组合等机制予以分散化解的风险属于非系统性风险。第五，从风险的承受者看，它指的是在金融市场中展开金融投资的微观主体。不论是系统性风险还是非系统性风险都是面对从事金融投资的具体公司或个人而言的，并不直接指向宏观经济运行或宏观金融运行所面临的风险问题。正因为系统性风险具有这些特点，所以，一些人更直接地把经济金融运行中由宏观因素所引致的风险称为系统性风险，如制度风险、政策风险、体制机制风险、流动性风险、价格风险、利率风险、汇率风险以及经济周期风险等。

在金融理论中，风险通常被定义为金融资产（或金融机构）在未来运作中所面对的不确定性。这种不确定性越高则风险越大，反之亦反。在这一场合中，风险通常与收益相对称。但在经济金融运行的现实中，风险更多地被界定为金融资产（或金融机构）在未来运作中面对的资产价值（或资产收益）损失的可能性。风险越大则资产价值（或资产收益）面对的损失可能性越大，反之亦反。

首先，在宏观面上，金融风险还常常与经济金融运行秩序的稳定、金融危机等相连接，即金融风险越大，引致经济金融运行大幅波动的可能性越大，引致金融危机的可能性越大，反之亦反。与此对应，防控系统性金融风险成为维护经济金融的可持续（或健康）运行发展、防范金融危机爆发的一个关键机制。其次，在宏观面上强调防控系统性金融风险时，与其对应的概念，通常不是"非系统性风险"，而是区域性金融风险或局部性金融风险。最后，在宏观面上强调防控系统性金融风险时，常常与一国（或地区）的经济金融安全相连接，尤其是强调要防控由国际因素引致的经济金融运行秩序动荡和金融危机。显然，从这些角度研讨的系统性金融风险已经超出了上述关于系统性风险和非系统性风险的范畴。换句话说，这些类型的系统性金融风险已不是用上述投资组合理论中的系统性风险所能解释的。

2007—2008 年美国从次贷危机到金融危机的演化，给世界各国和地区上演了一出惊心动魄的全场景惨剧。这次金融危机由系统性金融风险所引发，同时，带有 21 世纪金融运行的特色。第一，金融市场交易脱实向虚埋下了系统性金融风险的隐患。进入 21 世纪以后，在新经济效能减退的背景下，美国经济开始显露衰退迹象。为了保障经济增长，美国出台了包括超低利率、放松抵押条件等一系列措施来刺激次级住房抵押贷款市场发展。众多金融机构为了谋取高额利润，通过证券化机制，持续将次级住房抵押贷款证券化，并通过信用增级等机制创立了多级的 CDO（包括 CDO 平方和 CDO 立方等）将低级证券资产以较高的利率水平售出，在"金融创新"名义的掩盖下掀起了一轮金融交易的热潮。但是，不论是资产证券化还是证券化中的信用增级，都只是金融机制中的技术手段，它们本身并无消解金融产品风险的功能（次级住房抵押贷款的违约风险达到优级住房贷款的 7 倍左右），更不用说，资产证券化过程中从产品设计、销售到交易都还要付出相当数量的成本（这些成本也将转化为相关金融机构的经营风险）。在证券化产品交易火爆的年份里，美国的金融活动日益脱离实体经济部门，直至系统性风险爆发引发了金融危机，才在惨痛教训面前认识到"金融应服务于实体经济"[①]。第二，系统性风险从而金融危机主要由金融机构等微观主体引发。从 2007 年 3 月美国抵押贷款公司——新世纪金融公司宣布破产到 2007 年 7 月美国第五大投资银行贝尔斯登公司宣布破产，次贷危机主要是由作为微观主体的金融机构陷入财务困境所引致的；从 2008 年 9 月 15 日美国第四大投资银行雷曼兄弟公司陷入严重财务危机并宣布申请破产保护到美国财政部以

---

① 参见王国刚《止损机制缺失：美国次贷危机生成机理的金融分析》，《经济学动态》2009 年第 4 期。

巨额资金出手救助众多大型金融机构，次贷危机向金融危机的转变依
然主要由作为微观主体的金融机构财务危机所引致。在次贷危机爆发
之前，美国的主要宏观经济政策和金融政策并没有发生实质性变化，
价格、利率和汇率也没有发生大幅波动，因此，此轮危机是由微观主
体自身的因素引发的。正因如此，所以，在危机中提出了"系统重要
性金融机构"的范畴，在危机缓解过程中"系统重要性金融机构"
成为各国和地区重点关注的对象。第三，有毒资产成为传染和扩散危
机的重要机制。2007 年 8 月 9 日，美联储向金融体系注入 240 亿美元
资金标志着次贷危机的爆发。在随后 1 年多时间内，美国和其他西方
国家沿着解决流动性紧张的思路展开危机救助，美联储和相关国家的
央行多次向金融市场注入了大量资金，同时，大幅降低利率（联邦基
金利率降低到近乎 0 的水平），试图缓解危机引致的经济金融动荡，
但未能奏效，最终在 2008 年 9 月爆发了金融危机。在此之后，美国
财政部和美联储将重心转向治理有毒资产，一方面美国财政部以优先
股名义向花旗银行、国际集团公司（AIG）等系统重要性大型金融机
构投入巨额资金，以增强它们抵御有毒资产冲击的能力；另一方面美
联储实施了多轮的量化宽松政策，大量购买有毒资产，减轻有毒资产
对金融市场走势的严重冲击。仅在 2009 年 3 月 18 日，美联储就动用
了上万亿美元购买国债和抵押贷款相关债券（其中，购买房产抵押债
券及机构债券共计 8500 亿美元，同时，在此后的 6 个月内购买长期
国债 3000 亿美元）。在这个过程中，与有毒资产的传染扩散相连接，
金融加速器理论、金融危机传染理论等引起了各方的关注。第四，资
产负债表衰退既是有毒资产的成因又是有毒资产的结果。在治理金融
危机过程中，美国和其他西方国家都提出了"去杠杆"、抑制金融泡
沫的政策主张。他们认为，过度负债引致了金融机构运作中资产负债
表的衰退；在金融市场价格快速下跌的背景下，证券类资产陷入严重
亏损境地，由此，有毒资产形成；有毒资产既使得陷入困境的金融机
构资产负债表进一步恶化，又将其他金融机构拖入困境，由此，引发
全面金融危机。要修复金融机构的资产负债表，就必须降低它们的杠
杆率，抑制由有毒资产交易所形成的金融泡沫。

恩格斯早在 1890 年就曾指出：归根结底，生产活动具有决定性意义，金融一旦与生产活动相分离，就有了自己的发展规律。在这种条件下，"金融市场也会有自己的危机，工业中的直接紊乱对这种危机只起从属的作用"。① 由美国次级住房抵押贷款证券化所引致的次贷危机和金融危机实际上是金融市场运行和金融交易严重脱实向虚的必然恶果。从危机的形成和扩散的进程中可以看出，这种系统性金融风险主要是指建立在高杠杆和脱实向虚基础上的金融交易通过资产—债务联动机制和扩散传染机制在金融市场价格持续下行条件下所引发的有毒资产多米诺骨牌效应和金融危机。这一界定有着五个方面有机关联的含义：第一，条件。这种系统性金融风险发生的基本条件有二：一是金融交易和金融活动发生了较为严重的"脱实向虚"现象，从而出现了较为严重的金融为自己服务和金融泡沫的现象；二是金融交易和金融活动在规模上和交易频率上严重依赖于市场参与者的借债数额，从而使高杠杆成为支撑金融繁荣的基础性条件。第二，机制。在金融交易和金融活动中，如果市场参与者运作的资金大量来自于借款，那么，市场参与者和那些不直接参与市场交易但为市场参与者提供债务资金主体之间就形成了资产—债务链条的联动机制。这一机制既然有着将资金聚入金融市场的功能，也就有着将风险扩散传染到金融市场之外的功能，由此，使得市场参与者和债务资金供给者形成一个庞大的利益共同体和联动体系。第三，触发点。在金融市场交易价格上行的区间，由于价差较大且为正，金融投资有着较为合意（甚至高额丰厚）的收益，所以，由债务性资金介入的金融交易活动不容易暴露出系统性风险。但在交易价格持续下行的区间，价差缩小甚至为负，金融投资的收益大幅降低甚至亏损，同时，受债务资金的成本和期限制约，众多投资者（相关金融机构和个人，下同）就可能争先恐后地集中抛售。这不仅将在预期恐慌中引致市场秩序的混乱，而且将引致投资者持有相关金融资产的意愿大大降低，由此，又将加剧集中抛售的程度。第四，对象。金融资产原先是投资者交易的对象，买入

---

① 引自《马克思恩格斯全集》第 37 卷，人民出版社 1971 年版，第 485 页。

方通过持有它们后再卖出而获利，卖出方通过交易调整证券组合降低风险。但在价格持续下落过程中，这些金融资产失去了获利空间，转变为价值亏损的载体，由此，成为眼下的有毒资产和投资者争相抛售的对象。第五，效应。通过资产—债务链条的联动机制，每个投资者的金融交易行为都链接着其他经济主体经营活动和经济利益，众多投资者在有毒资产上的亏损将通过众多的链条以多米诺骨牌效应的方式向其他经济主体扩散，由此，使得系统性金融风险凸显，严重的话将引发金融危机。不难看出，这种系统性金融风险不是由外部因素所引致的，它是在金融市场之中产生的，可称为内生型系统性金融风险。

二　系统性金融风险的新机制

金融运作总是存在风险，其中既有从实体经济部门转移来的风险，也有金融运作自身形成的风险，因此，防控风险是金融运作的永恒主题。但另一方面，在各种经济机制安排中，金融机制以识别风险、评价风险、分散（或组合）风险和管理风险而立足，并依此而发展。从这一功能的逻辑关系上看，又似乎不太可能发生系统性金融风险。要破解这一谜团，弄清其中的机理，就必须弄清金融的基本内涵、机制和功能。

金融是在资产权益基础上以获得这些权利的未来收益为标的而进行的交易过程和这些交易关系的总和。这一界定包含了四个方面的含义：

第一，金融以"资产权益"为基础。资产权益是指依附于资产上的各种权利和对应的收益。当这些资产的权益还只依附于资产之上从而尚未分离出来成为相对独立的交易对象时，与其对应的金融活动是不存在的。只有当资产权益从资产中分离出来并以交易对象的方式形成了一个独立的运行过程时，对应的金融活动才可能存在和发展。尽管金融现象林林总总、纷繁复杂甚至扑朔迷离，但寻源追本，总可以找到它们与资产权益的种种内在联系。这些资产最初依附于实物之上，属于实体经济部门范畴。在金融机构作为法人机构出现后，资产权益也相应地拓展到了金融部门。

在金融领域中，虽然金融产品种类繁多，常常令人眼花缭乱，但从资产权益的性质上看，它们可归于股权类、债权（或债务）类和信托类。诸如股权证书、股票属于股权类，存款、贷款、债券、租赁、保险、担保等属于债权（债务）类，信托计划、资产管理计划等属于信托类。在这些基本类型的基础上，通过将性质、权限、期限和条件等组合形成了证券类金融衍生产品和交易类金融衍生产品。诸如优先股、投资基金、可转换债和资产证券化证券等属于证券类衍生产品，诸如互换、远期、期货和期权等属于交易类衍生产品。

不论是在历史的演化中还是在现实的运行中，金融领域中的各种权益和金融产品都以实体经济部门（尤其是实体企业）的资产权益为根基。所谓金融机制具有防范和化解风险的功能，首先是指通过资产权益的交易、组合（配置）和管理，金融成为实体经济部门防范和化解各种风险的主要机制。因此，一旦偏离了实体经济部门对资产权益交易、组合（配置）和管理的需求，金融就将成为无源之水。

第二，"以获得这些权利的未来收益为标的"，是指金融交易的目的。各种金融交易的目的不在于简单地获得对应的资产权利，更重要的还在于获得对应资产的收益。由于这些资产的未来收益受到诸多不确定因素的影响，同时，确定这些未来收益直接关系着交易是否贯彻等价交换原则和交易各方的利益得失，所以，时间（对"未来"的界定）和风险（对"不确定性"的衡量）就成为衡量资产价值（从而，资产定价）的主要因素。

毋庸赘述，在经济活动中价值由实体企业创造，金融活动、金融交易等本身并不创造价值，这决定了无论何种资产权益就其自身而言均不创造价值。资产权益中的未来收益实际上是从实体企业创造的价值中以让渡方式转移过来的。由此，实体企业未来创造的价值从而利润越多，转移给资产权益的未来收益可能也就越多，反之亦反。不仅如此，这些转移给资产权益的未来收益在金融交易中通过收益对比还决定了资产权益的价值。从这个意义上说，资产权益的价值高低是由它们的未来收益多少决定的，因此，资产定价说到底是由实体企业转移的未来收益界定的。

专业性金融机构作为独立法人，它们的经营成本、税收和利润及其他开支也是从实体企业创造并以让渡方式转移的价值中支付的。这些价值的转移通常通过金融产品的交易而实现。这决定了实体企业的经营运作状况从而创造的价值多少从根本上决定了金融机构的经营运作展开和发展前景。

第三，"交易过程"，由从资产权益买卖各方的交易意向表示到实现交易的各种活动、程序、手续和结果等构成。不同类型的资产权益交易在交易内容、交易程序、交易手续和交易结果等方面差异甚大，这决定了它们有着不同的交易过程。

从金融产品设计、发行到交易、登记、结算等，金融交易均需花费一定数额的成本。金融交易的链条越长，则交易成本可能就越高。对具体的金融机构来说，这些成本主要通过交易价格来承担。在交易价格高于"买入价＋经营成本"的条件下，金融机构将获得由差价所提供的经营利润，反之亦反。不难看出，金融产品交易价格的涨跌对金融机构的经营状况有着至关重要的意义。对金融机构而言，所谓的市场风险也主要指金融产品交易价格变化所引致的盈亏可能性。

第四，"这些交易关系的总和"，是由资产权益交易过程中的各种机构、规则、机制、行为等构成的。不同类型的资产权益交易，参与的机构类型不同、遵循着不同的规则、运用着不同的机制、有着不同的行为特点，这决定了它们彼此间的交易关系不尽相同。

金融风险既由市场交易而引发又取决于金融制度的安排和金融监管的力度。在金融制度安排有效、金融监管强有力的条件下，即便金融市场运行中存在某些风险也不至于酿成系统性风险；反之，金融机构经营运作中所面临的风险在传递扩散中就可能发展成为系统性风险，2007—2008 年美国次贷危机到金融危机的演化过程就是一个实例。因此，制度安排、体制机制格局、金融监管强度等对防控系统性金融风险有着决定性意义。

从美国金融危机爆发的内在机理看，内生型系统性金融风险并非由宏观经济因素所引致，而是由经营性金融机构在金融市场中的金融交易行为所引发的。引致这种系统性金融风险的内在因素主要有三个：资金、资本和负债。其中，资金在性质上，或者属于资本性资金，或者属于债务性资金。在金融市场运作中，这两种不同性质的资金有着不同的作用机理。

第一，从资金角度看，在市场经济中，所有与供求关系相关的价格变化总与资金相关联。资金作为货币资产，既有着货币功能又有着金融功能。从货币功能看，在金融市场中，资金数量代表着对金融产品的需求量。资金数量越大则需求越旺盛，在需求大于供给的条件下，金融产品的价格上行可能性越大，反之亦反。在金融市场运行中，流动性主要有两层含义，即资金数量和金融产品的变现能力；二者中资金数量占据关键地位。正因如此，在系统性金融风险发生的初期，相关国家或地区总是以加大央行投放资金为主要应对之策；在防控系统性金融风险中，相关国家或地区也屡屡将央行的货币政策松紧作为一个主要关注之点。

但对市场交易中具体的投资者（包括金融机构，下同）而言，资金和流动性却有着为逐利性所决定的另外一层含义，即资金不仅代表着需求能力（或购买力）而且应当符合投资者的预期获利要求。这体现了资金的金融属性。为这一属性所决定，资金只有在投资者感到预期获利要求有可能得到满足（或实现）时，才可能接受金融产品的市场价格（买入相关金融产品）；如果这些金融产品的价格走势与其预期大致符合，那么，在持有一段时间后，它们将卖出这些金融产品，收回投资本金并以价差方式获得盈利。这意味着，在金融产品交易价格上行区间，投资者乐于将手中掌握的资金投入到购买金融产品之中去（因此，在相当多场合，究竟是资金多了引致金融产品交易价格上行还是金融产品交易价格上行吸引了大量资金入市，其中的因果关系是一个不容易说清的问题，实际上，它们更多的是持续互动的过程）。一旦投资者感到交易价格已达到或超过预期获利要求的水平，它们就将减少乃至暂停对金融产品的买入，宁愿持币待购。当较多投资者做出这种选择时，交易价格就将下落。在交易价格下落过程中，对那些曾经以较高价位购入金融产品的投资者来说，可选择的解决方案有两个：或者以较低的市场价格卖出手中产品（"割肉出货"），或者继续持有这些产品等待交易价格的回升。但如果他们投入交易中的资金是借入的且有着即将到期的制约，那么，选择方案就仅剩"割肉出货"了。在交易价格持续下行区间，大批投资者为了回避投资风险宁愿持有资金而不愿买入金融产品，由此，即便央行放松流动性，向市场注入更多的资金，也可能难以改变金融市场中资金紧缺的格局。2007 年8 月以后美联储出手救市，不断向金融市场和金融机构投入巨额资金，但依然无法改变次贷危机和金融危机演化扩散的走势，使美国陷入了流动性困境，就是一个明证。

对具体的投资者而言，将手中持有的金融产品卖出意味着与这些金融产品对应的风险消解了。不同的是，在卖出价高于买入价的条件下，这些风险以投资获利的结果结清了；在卖出价低于买入价的条件下，这些风险以投资亏损的结果结清了。另外，对金融市场而言，交易价格越高则风险越大，交易价格越低则风险相对越低，因此，随着交易价格下落，市场风险也在降低。在这个过程中，西方金融理论中的风险—收益对称性是不适用的。

第二，从资本角度看，资本性资金是投资者的自有资金，它具有三个特点：一是非借贷性。对任何投资者而言，资本只能是自有的，不能从他人那里借入，这决定了资本性资金在数量上的增加只能通过盈利转入过程来实现。二是非付利性。资本性资金既然是投资者自有的资金，也就不存在向他人支付资金利息的问题，因此，与借贷资金相比，它的资金成本可以视为 0（但从机会成本角度看，那又是另外一个问题）。三是无期限性。资本性资金作为自有资金，不存在像借贷资金那样的偿付期限限制，因此，是投资者可以长期（或无限期）稳定使用的资金。

受这些特点制约，对单个投资者而言，在金融产品交易价格上行区间，他能够投入市场运作的资本性资金是有限的，对交易价格进一步上涨的作用也是有限的；在金融产品交易价格下行区间，他能够通过卖出金融产品从而退出市场交易的资本性资金也是有限的，对交易价格下跌的作用依然是有限的。在这种条件下，金融交易中资金增加主要依靠新的投资者入市，交易价格的上行程度也严重依赖于新入市的投资者所带入的资金数量。另一方面，在交易价格下行中，投资者的预期起着关键作用。如果多数投资者预期交易价格还将反弹，则惜售引致交易量缩减，交易价格下降将出现迟缓趋势；如果多数投资者预期交易价格下落不可避免从而加速出货，则交易价格会有较快下行的趋势。

由于资本性资金是投资者自有的，所以，在金融产品交易中的投资损失风险，由投资者自己承担，即便血本无归也不具有放大扩散效应，一般不会拖累到其他的经济主体。因此，资本性资金的金融投资不具有引致系统性金融风险从而金融危机的效应。

第三，从债务角度看，债务性资金是投资者从其他经济主体手中借入的，它的特点有三个：一是它可突然放大投资者手中可投资运作的资金数额，放大的程度取决于借入的债务性资金数量与资本性资金数量之比。如果投资者手中自有资金数额为 1 万元，再借入 1 万元的债务性资金，则可投资的资金数额就增加到了 2 万元，与自有资金相比，放大了 1 倍。二是付利性。债务性资金通常有着明确的利率规定，投资收益率只有在高于这一利率水平条件下，投资者的市场运作才能获利，由此，资金成本决定了需要实现的最低投资收益率水平。三是期限。债务性资金通常有着明确的期限界定。投资运作的风险越大，资金借出方规定的借贷期限可能越短，这限制了投资者运用这笔资金入市投资的可操作时间。

受这些特点制约，对单个投资者而言，在交易价格上行区间，他运用的资金数量可以放大，由此，他对交易价格进一步上涨的作用随之扩大；在交易价格下行区间，他通过卖出金融产品从而退出市场交易的资金也是倍加的，对交易价格下跌的作用也有着放大效应。在这种条件下，金融交易中资金增加可以不依靠新入市的投资者提供，只需要已有投资者加大借债规模就可实现，由此，交易价格的上行程度与投资者投入交易中的债务性资金数量成一定比例。另一方面，在交易价格下行中，如果多数投资者预期交易价格短期内还将反弹，则惜售引致交易量缩减，交易价格下降将出现迟缓趋势；但如果预期交易价格的反弹时间长于借款期限，则投资者依然可能加速出货，由此，将加剧交易价格的下跌幅度。在前一场合下，借贷资金入市很容易引致金融产品交易中的价格泡沫；在后一场合下，借贷资金突然大量离市，严重加大了金融市场运行的下跌波动风险，很容易引致市场动荡。

由于债务性资金是投资者借入的，它既有期限规定又有利率规定，所以，在金融产品交易中，投资者对价格下行的敏感程度将远超过资本性资金投资的场合。内在机理是，如果交易价格下跌幅度较大，他不仅可能损失资本性资金，而且可能承担负资产的结果。这决定了，在交易价格下行中可能发生"踩踏性恐慌抛售"风险。同时，由于借入的资金是其他经济主体的，一旦难以偿付到期本息，投资者的市场操作结果就可能拖累到放款的债权人。因此，债务性资金的金融投资具有放大金融风险、引致系统性金融风险从而金融危机的可能性。

第四，从资产角度看，投资者操作的资产 = 资本 + 负债。在没有借款的条件下，资产 = 资本，他投资于金融市场的操作效应就是资本性资金的运作的市场效应；在借入资金的条件下，他投资于金融市场的操作效应就是债务性资金介入运作中的市场效应。但如果将视野扩展到资产负债关系中的资金借出者，则情形就将发生实质性变化。

《新帕尔格雷夫经济学大辞典》作者指出：资产和负债的概念非常重要，"它是复杂市场发展和利润导向型经济发展的先决条件，也是对信息系统的一大改进"；"资产和负债还对理解经济系统的描述和动态分析做了重大贡献。每一负债是或应当是另一资产平衡表的资产，因为每一债务既是贷方的资产，又是借方的负债。把社会的所有资产平衡表加总，就可得出总的资产平衡表，它仅仅由一边的实质资产和另一边的社会资本净值构成。……银行存款当然是持有者的资产，也是银行的负债，所以如果把所有资产，包括银行，全部加起来，存款就会消失"。①

---

① 引自《新帕尔格雷夫经济学大辞典》，经济科学出版社1992年版，第140—141页。

在资产＝资本的条件下，任何一个投资者在金融市场中的投资损失都仅涉及他自己的资本数额减少。即便是投资的资本性资金全部损失殆尽（这种情形在金融投资中几乎是不存在的），也不会直接影响到其他投资者的资产损失，因此，不会引致系统性金融风险。不难看出，资本本身不具有传递金融风险的功能，是防范金融风险的内在防火墙机制。

在资产—负债机制中，任何一个投资者的债务性资金都来自于另一个（或另几个经济主体）的资产，即 A 的负债是 B 资产的构成部分；如果 B 的资产中也有负债，那么，这些债务性资金又是 C 的资产构成部分，如此等等。由此，在资产—债务基础上形成了"资产—债务（资产）—债务（资产）—债务（资产）……"的链条。在经济金融运行中，通过资产—负债链条，各类主体形成了经济权益联动的庞大网络体系。这个网络体系大致沿着几条线索展开：其一，居民部门将消费剩余资金以存款方式存入商业银行等金融机构，形成了后者的负债；其二，商业银行等金融机构以贷款等方式将吸收的存款贷放给工商企业和非银行金融机构等，租赁公司向工商企业和其他机构提供租赁设备、房产和其他资产，形成了后者的负债；其三，政府财政部门通过发行国债或地方政府债券等方式，从居民部门、实体企业和商业银行等金融机构手中获得债务性资金，形成政府财政的负债；其四，实体企业和各类金融机构通过发行公司债券、理财产品和保险凭证等债务性证券，从居民部门和其他经济主体手中获得债务性资金，形成各自的债务；其五，各类金融机构建立在信用关系或金融产品基础上以资金拆借、债券回购、同业存借款等方式展开的彼此间相互借款，形成相互间的债务；其六，商业银行等金融机构以按揭贷款、消费贷款等方式向居民部门投放的各类贷款，形成居民部门的债务。此外，工商企业彼此间通过商业交易在相互赊账的基础上以预付款、定金、后付货款、多次交易一次结算等方式形成了大量的债权债务关系，在借款等背景下形成的担保关系也形成众多的债权债务链条。这一庞大的资产—债务网络覆盖了介入经济金融运作的所有个人（家庭）、实体企业、金融机构、社会中介机构和政府财政部门。在这一网络中，每一个主体的债务能否按时偿付和如数偿付都直接影响着债权方的正常经济金融活动，影响着后者的资产价值变化，因此，彼此间存在着密切的联动效应。

第五，从相关理论角度看，西方金融学家提出的金融脆弱性、金融加速器和危机传染等理论认识均建立在资产—负债联动机制的基础上。

1963 年，美国经济学家海曼·P. 明斯基在《"它"会再次发生吗?》一文中提出了"金融不稳定假说"，开辟了金融脆弱性理论的研究。它强调，不稳定性是现代金融体系的基本特征。这一方面是由商业银行等信用创造机构的高负债经营特点所决定的，另一方面是由银行信贷选择中遵守所谓的摩根规则（商业银行等金融机构的放贷主要依据借款人已有的信用记录，而对它们未来经营状况的预期并不特别重视）所决定的。在信用机制中信贷资金使用与偿还在时间上的分离，决定了以商业银行为代表的信用创造机构和借款人之间存在由资产—债务联动的内在不稳定性，由此，商业银行的经营活动自身也就有了突出的脆弱性。从历史角度看，尽管金融危机很大程度上是由经济周期性波动引致的，但金融体系的内在不稳定性也是引致金融危机的一个主要成因。

1989 年，伯南科和格特勒发表的《代理成本、净值与经济波动》一文标志着金融加速器理论的诞生。这一理论认为，对实体企业而言，外部融资的代理成本高于内部融资形成了外部融资的额外费用。这一费用主要由两个因素引致：一是在信息不完全的条件下，银行要获得相关企业投资项目的信息有着较高的成本；二是资本市场的不完全信息，引致了借贷市场中资金分配缺乏效率和项目投资难以达到最优。外部融资的较高代理成本决定了投资严重依赖于企业资产负债表，即企业较高的现金流量和净资产对投资规模有着直接或间接的正面效应。在经济金融运行中，当实体企业受到市场的正向冲击或负向冲击从而资产净值升高或降低时，信贷市场会将这些冲击对经济金融的效应加速放大。这可称为金融加速器效应。从系统性金融风险角度看，在金融加速器理论中有三个要点值得特别关注：一是代理成本具有逆经济周期特点，即在经济繁荣扩张时期，它有着下降趋势；在经济衰退萧条时期，它有着上升趋势。二是资产负债表状况是制约实体企业投资的一个决定性因素，它对实体企业投资的制约力度在经济衰退萧条时期比繁荣扩张时要大。三是代理成本对中小企业的影响要大于对大型企业，因此，金融传导机制对中小企业的影响力度更加明显。

金融危机传染理论与资产—负债机制密切相连。它认为，金融危机的传染渠道主要包括贸易、流动性不足、共同贷款人、金融资产和财富效应五个方面。其中，流动性不足渠道是指，在投资者大量举债条件下，为了偿付到期债务，投资者只得低价出售资产所引致的金融市场价格持续走低和金融投资恐慌状况。共同贷款人渠道是指，跨国银行在出现信贷资产（或其他金融资产）严重损失的条件下，不得不大量收缩对他国的信贷规模所引致的本国金融危机传导到他国的情形。金融资产渠道是指，在信息不对称条件下，当金融资产价格下跌时，众多缺乏充分信息的投资者将以"羊群效应"方式追随有着信息优势的投资者，纷纷出售资产，由此加剧了资产价格的下跌；在金融资产价格下跌中，拥有信息优势的投资者受到资金借贷的紧缩性约束，只能减少投资，这又进一步抑制了资产价格下跌趋势的加剧。财富效应渠道是指，在金融资产价格下行过程中，如果出现收入效应大于替代效应的情形，投资者就将通过大幅变现方式来减少金融资产头寸的风险，由此将引致金融市场流动性不足和交易价格下跌趋势加剧。不难看出，资产—负债联动机制是金融危机在一国内传染乃至在国际间传染的一个主要机制。

第六，从资产—负债联动机制引致系统性金融风险的触发条件看，在经济金融运行中，资产—债务联动机制是客观存在的，但它并不会时时刻刻引发系统性金融风险；另外，在经济金融运行的不同层面、不同时点也时常发生（有时甚至频发）债务违约事件，但也没有屡屡引致系统性金融风险的爆发。从这个意义上说，资产—负债联动机制只是决定了发生系统性金融风险的潜在可能性。它转化为必然性需要三个依次递进的条件发生：

其一，金融资产价格持续大幅下跌。在金融市场运行中，金融产品交易价格的涨跌波动属正常现象。众多投资者正是看到了交易价格的涨跌波动才介入市场交易，同时，在交易价格波动中必然发生一部分投资者盈利另一部分投资者亏损的情形，因此，在通常情况下，交易价格的涨跌波动不至于引发系统性金融风险。但如果交易价格持续下跌的幅度超出了一般投资者资产所能承受的限度，金融资产成为有毒资产，使得他们的资产负债表恶化乃至衰退，那么，投资者的亏损转化为不能偿付到期债务，由此，资产—负债的联动机制就将使得投资者的亏损风险向其他经济主体（包括没有进入金融市场交易的主体）扩散。在这种条件下，爆发系统性金融风险的危险性就大大增加了。

其二，系统重要性金融机构资产负债表衰退。在投资者结构中，系统重要性金融机构起着四梁八柱的稳定器作用，是抵御系统性金融风险爆发的一个主要机制。一方面系统性重要金融机构的市场操作对其他投资者有着示范效应，常常是"羊群效应"的发起者；另一方面，系统性重要金融机构的体量较大，它们投资的取向、规模和结构等对市场走势变化有着至关重要的影响。在交易价格持续大幅下行走势中，如果系统性重要金融机构能够在合意的低位持续买入金融产品，不仅有利于抑制交易价格下行的趋势，而且可能逆转市场走势并获得满意的投资收益。但如果在交易价格持续下行的过程中，系统性重要金融机构的投资损失超出了资产负债表所能承受的程度（资产负债表出现了严重恶化乃至衰退），有毒资产大规模形成，为了避免更加严重的损失，它们就可能大量抛售金融资产，那么，市场行情的加剧下跌一旦失去了作为稳定器的系统重要性金融机构反向对冲，不仅资产—负债的联动机制将加速运转，而且系统性金融风险转化为金融震荡乃至金融危机的现实必然性将大大提高。

其三，资产—负债联动机制传递中的持续扩散效应。在系统性重要金融机构失去稳定器功能的背景下，如果央行等宏观调控部门继续维持流动性思维，则资产—负债联动机制传递中的扩散效应将借助金融脆弱性而加速发挥作用，那么，系统性金融风险转化为金融危机就将成为现实。反之，如果央行等宏观调控部门能够急速出手，买入有毒资产，切断资产—负债联动机制在各经济主体间的传递，同时，有效支持系统重要性金融机构的资产负债表修复，则系统性金融风险转化为金融危机的概率将大为降低。

综上所述，经济金融运行中系统性金融风险的形成已不再局限于作为宏观调控因素的函数范畴。在资产—负债联动机制已将各个经济主体（甚至一国或地区之外）的权益链接为一张庞大的网络系统的条件下，金融市场的价格持续大幅下跌，将使微观主体的金融投资操作中的脆弱性凸显和资产负债表衰退，作为投资者争先恐后抛售的直接结果是，系统性金融风险转化为金融大动荡乃至金融危机。

三　系统性金融风险的新动态

间接金融是中国金融体系的一个主要特征。通过"存款→贷款→存款……"的货币乘数机制，在不断创造资金的同时，也在持续不断地创造着债权债务关系和延伸并加重着资产—债务链条。从表 1-1 中可见：第一，中国经济金融运行中的资金主要是由商业银行等存贷款金融机构创造的。到 2016 年底，M2 余额为 1550066.67 亿元，其中中国人民银行（以下简称"人行"）发行的流通中货币（M0）仅为 68303.87 亿元，剩余的 1481762.8 亿元均由商业银行等存贷款金融机构创造，占 M2 的比重高达 95.59%。这些资金通过存贷款机制进入经济金融运行，均属债务性资金。第二，中国经济金融运行中债务性资金增长快速。1999—2016 年的 17 年间，M0 增长了 4.08 倍，M2 却增长了 12.18 倍（这一增长率也远高于同期 GDP 增长率）。第三，2008 年以后，债务性资金总额不仅没有减少反而加快了增长的速度。与 2007 年底相比，2016 年底的 M0 增长了 1.25 倍，但同期的 M2 则增长了 2.84 倍，这是引致 M2/M0 的倍数从 13.30 倍上升到 22.69 倍的主因。由于 M2-M0 的剩余部分为"各类存款"，因此，中国货币供应量中的主要部分由各类经济主体在商业银行等存贷款金融机构中"存款"性资产构成。

表 1 - 1　　　　　　　　各层次货币供应量（1999—2016 年）　　　　单位：亿元

年份	M0	M1	M2	M2 - M0	M2/M0
1999	13455.5	45837.30	117638.10	104182.6	8.74
2000	14652.65	53147.15	132487.52	117834.87	9.05
2001	15688.80	59871.59	152888.50	137199.7	9.75
2002	17278.43	70882.19	183246.94	165968.51	10.61
2003	19746.23	84118.81	219226.81	199480.58	11.10
2004	21468.49	95971.01	250802.79	229334.3	11.68
2005	24032.82	107279.91	296040.13	272007.31	12.32
2006	27072.62	126028.05	345577.91	318505.29	12.77
2007	30334.32	152519.17	403401.30	373066.98	13.30
2008	34218.96	166217.13	475166.60	440947.64	13.89
2009	38246.97	221445.81	610224.52	571977.55	15.96
2010	44628.17	266621.5	725851.79	681223.62	16.26
2011	50748.46	289847.70	851590.90	800842.44	16.78
2012	54659.77	308664.23	974148.80	919489.03	17.82
2013	58574.44	337291.05	1106524.98	1047950.54	18.89
2014	60295.53	348056.41	1228374.81	1168079.28	20.37
2015	63216.58	400953.44	1392278.11	1329061.53	22.02
2016	68303.87	486557.24	1550066.67	1481762.8	22.69

资料来源：中国人民银行网站。

　　人行从 2010 年开始了"社会融资规模"的统计工作，2012 年正式对外公布，2014 年将统计数据分为"社会融资存量规模"和"社会融资增量规模"。从表 1 - 2 中可见：第一，2014—2016 年的社会融资存量规模与表 1 - 1 中 M2 余额的数字基本一致。如果说表 1 - 1 中 M2 的数字反映的是经济金融运行中资金来源的话，那么，社会融资存量规模则在较大程度上反映了这些资金的使用情况。由此，表 1 - 1 中 M2 的资金来源通过表 1 - 2 中的"人民币贷款""外币贷款"等科目具体地落实到了经济金融运行的各个环节。第二，在社会融资存量规模中债务性资金占据高位。在 2016 年的 155.99 万亿元社会融资存量规模中，"非金融企业境内股票"融资仅为 5.77 万亿元，占比 3.69%，其余的部分资金均通过债务性金融产品路径投入到了经济金融运行的各个方面，这决定了中国经济金融发展是在高债务资金供给的条件下展开的。第三，通过表1-1的资金来源和表1-2的资金使用，商业银行等金融机构以资金为载体将城乡居民、实体企业、金融机构和政府财政连接成了一个庞大的利益攸关网络，其中，每一方获得的债务性资金同时就是对手方的资产构成部分，因此，资产—负债联动机制发挥着至关重要的作用。

表1-2　　　　　　　　　　社会融资存量规模　　　　　　　单位：万亿元

年份	社会融资存量规模	人民币贷款	外币贷款（折合人民币）	委托贷款	信托贷款	未贴现银行承兑汇票	企业债券	非金融企业境内股票
2014	122.86	81.43	3.47	9.33	5.35	6.76	11.69	3.80
2015	138.28	92.75	3.02	11.01	5.45	5.85	14.63	4.53
2016	155.99	105.19	2.63	13.20	6.31	3.90	17.92	5.77

资料来源：中国人民银行网站。

然而，表1-1和表1-2所显示的资金来源和资金使用只是中国金融体系中资产—负债联动机制的一部分。从表1-3看，银行业金融机构的资产和负债总额明显大于表1-1中M2和表1-2中社会融资存量规模的同期数额。以2016年为例，表1-3中的资产总额大于表1-1中同期M2的数额为682465.33亿元、负债总额大于数为598161.33亿元。毫无疑问，银行业金融机构的一部分资产是它们经营活动中的自用资产（如办公楼、营业门店、设备等）和投入子公司经营运作等，但差额如此之大，不是自用资产和对子公司投资所能解释的。一个可解释的理由是，银行业金融机构通过放贷等路径向非银行业机构投放的贷款等资金超过了"社会融资存量规模"，因此，中国经济金融运行中的资产—负债联动机制所覆盖的债务总额大于"社会融资存量规模"。不仅如此，如果将缺乏官方权威性连续统计的其他活动所涉及的资产或负债计算在内，则资产—负债联动机制所覆盖的资产总额可能数倍于"社会融资存量规模"。其中包括：①与财富管理相关联的各类理财。根据中国银行业协会于2016年8月发布的《中国资产托管行业发展报告（2016）》披露，2016年6月末中国银行业资产托管规模达到了 103.5 万亿元，同比增长 53.6%。该报告强调指出："近 6 年托管规模平均增长率达 52.89%，业务范围囊括了基金、保险、信托、银行理财、养老金、跨境投资、社会公益、交易支付等多个领域，并不断向创新型投融资领域延伸。"假定进入财富管理的资金均托管于银行业，那么，表 1 - 4 中反映的财富管理规模与银行业资产托管规模也就大体一致。这些进入财富管理范畴的资产，虽然有些是以股权投资名义展开运作的，但其中相当大的部分是以债务性资产运作的，因此，对相关主体而言，它们也属资产—债务联动机制覆盖范畴。②A 股市场中的"两融"。中国股市中融资融券以融资为多，每个交易日的融资余额通常在 1 万亿元左右，2015 年 6 月 18 日高达 22666.35 亿元。③各种形式的一卡通。全国各地高校、企事业单位、公交地铁、高速公路等使用的一卡通实际上是一种债务性资金。它们虽然彼此分散，但加总在一起的金额惊人，也应属资产—债务联动机制覆盖范畴。④网络购物平台中的预付款和第三方支付中的沉淀资金也是不容小视的大额资金。此外，各种购物卡、航空里程积累、手机积分、消费预付款和最近兴起的共享单车定金等也都属于资产—负债联动机制的范畴。

表 1 - 3　　　　　　　银行业金融机构资产—负债总额　　　　单位：亿元、%

年份	资产总额	资产增长率	负债总额	负债增长率
2004	315989.8	14.0	303252.5	13.8
2005	374696.6	18.6	358070.4	18.1
2006	439499.7	17.3	417105.9	16.5
2007	525982.5	19.7	495675.4	18.8
2008	623912.9	18.6	586015.6	18.2
2009	797690.5	26.3	743348.6	26.8
2010	942584.6	19.7	884379.8	19.0
2011	1132873	18.9	1060779	18.6
2012	1336224	17.95	1249515	17.79
2013	1513547	13.27	1411830	12.99
2014	1723355	13.87	1600222	13.35
2015	1993454	15.67	1841401	15.07
2016	2232532	15.80	2148228	16.40

资料来源：中国银监会网站。

表 1-4　　　　　　　　　中国财富管理市场规模　　　　　单位：万亿元

年份	银行理财	私人银行	信托市场	券商资管	公募基金	期货资管	私募产品	保险资金运用	合计
2007	0.9	—	0.71	0.08	2.23			2.67	6.59
2008	1.4	0.29	1.2	0.09	2.57			3.05	8.60
2009	1.7	0.82	1.98	0.14	2.45			3.74	10.83
2010	2.8	1.10	3.04	0.14	2.42			4.60	14.14
2011	4.6	1.88	4.81	0.28	2.19			5.52	19.28
2012	7.1	2.63	7.47	1.89	2.87			6.85	28.81
2013	10.2	3.60	10.91	5.2	3	—	—	8.28	41.19
2014	15	4.66	13.98	7.95	4.54	0.013	2.13	9.30	57.57
2015	23.5	6.32	16.3	11.89	8.4	0.10	5.07	11.18	82.76
2016.9	26.28	6.32	17.29	15.77	8.83	0.27	6.66	12.83	94.25

资料来源：转引自王国刚主编《中国金融发展报告（2017）》，社会科学文献出版社 2017 年版，第 130—131 页。

　　由上可见，中国经济金融运行中的资产—负债联动机制覆盖了各类经济主体数百万亿元的资产或负债。尽管如此，只要触发条件不形成，发生系统性金融风险的概率依然停留于潜在可能性的范围内。

　　在实行金融分业经营的体制下，银行业、证券业、信托业和保险业等金融产业受制于制度规定和行政规范，经营运作集中于主业范畴内展开，形成了各家金融机构的"条条"经营和各个金融市场的"块块"运行格局，与此对应，金融风险的传递在较大概率上集中于"条"内或"块"内。实践中的实例表现在 1998 年的期货市场整顿和证券市场整顿、1999 年的保险业整顿、1999 年银行业剥离了 13000 亿元的不良资产、2004 年的证券公司重组调整、2005 年以后股权分置改革中的 A 股市场调整、2007 年之前信托公司的多次整顿等。这些金融产业整顿中，即便某个"条"或"块"出现了问题，相关金融风险也主要局限于对应的"条"或"块"，不至于直接穿透和传递扩散到其他"条块"的金融运作，给其他金融产业的发展走向带来实质性影响。

近年来，随着金融创新延展和金融改革深化，在金融混业经营背景下，中国金融体系发生了一系列重要变化：第一，金融产品复杂化。在积极推进金融创新的背景下，涌现出了一大批由多种金融性质和金融机制复合而成的新型金融产品。其中，既有标准化的证券（如资产证券化债券）也有各种非标产品（如信贷资产、信托贷款、委托债权、承兑汇票、信用证、应收账款、各类受益权、带回购条款的股权性融资等），既有明股实债的非规范产品也有"期货加保险"的准期权产品，既有通过风险分级（或增信）所形成的结构化产品也有通过资产组合所形成的资产包（或资产池）产品。这些新型金融产品在扩展金融市场规模、活跃金融交易的同时，也增加了金融产品运作的环节，拉长了金融服务的链条，提高了金融产品运行的成本和风险。第二，金融各业的合作愈加突出。不仅银证合作、银保合作、银信合作、银基合作等更加活跃，而且新增加了证保合作、证信合作、证基合作等。在此基础上，推出了一系列跨机构、跨市场和跨行业的金融运作方式和金融产品，使得金融机制、金融运作更加复杂化，同时，也使得金融运作的链条更加延长。第三，各种类金融机构和非金融机构纷纷介入金融活动。所谓类金融机构，是指以从事金融活动为主营业务同时又不持有金融机构牌照的法人机构。主要类型有四个：一是在美欧等发达国家中被界定为金融机构（从而纳入金融监管范畴）但在中国却不在金融机构范畴内的法人机构，如投资公司、投资管理公司、投资顾问公司、私募基金管理公司等；二是曾经列入金融机构但因体制调整又不再列入金融机构的法人机构，如中资融资租赁公司、外资融资租赁公司、典当公司等；三是由地方政府批准设立的各种金融服务公司，如上海陆家嘴金融发展有限公司、上海陆家嘴国际金融资产交易市场股份有限公司、各种财富管理公司等；四是网商、电商利用互联网优势所设立的专门从事金融活动的机构，如第三方支付机构、P2P机构等。非金融机构主要指上市公司等实体企业将本应投入经营运作的资金转为金融交易或其他金融活动。从WIND提供的数据中看，上市公司营业收入中来自于经营活动收益比重，在2006年为近80%，到2015年已降低到65%左右，金融活动已成为一些上市公司的重要收入来源。

在金融机构、类金融机构和非金融机构的既彼此合作又相互竞争中，资产—负债的联动机制已将金融的"条"和"块"编织成了一张庞大的金融运作蛛网，几乎所有的居民、企业、社会中介、金融机构和政府部门都进入了这张网中。如果这张金融运作蛛网有着足够的张弛力度和弹性，那么，它抗风险的能力还是比较强硬的，潜在的系统性风险还不至于转变为现实。但近年来，这张蛛网的各条线均已显示绷紧的趋势，脆弱性正在逐渐提高。几个突出的实例是：

（1）2013 年的"6·20"事件。进入 2013 年以后，商业银行的流动性紧张状况就开始显现。6 月 20 日银行间市场同业隔夜拆借利率突然飙升了 578.4 个基点，达到 13.4440% 的历史高点，由此，引致了一场"钱紧"的风波。紧接着 24 日和 25 日 A 股市场股价以每天 -5% 的速度连续暴跌；债券市场价格大幅下挫，收益率急剧攀升。25 日，人行紧急发布公告，一方面强调市场流动性总体充裕；另一方面，向满足宏观审慎要求的金融机构提供流动性救助，由此，金融市场中投资者恐慌情绪才得到缓解。这次事件初现了中国货币市场、股票市场和债券市场等金融市场价格走势的内在联动机制。

（2）2015 年股市暴跌事件。2014 年 11 月 22 日，人行降低了存贷款基准利率，A 股市场拉起了一轮上涨行情，到 2015 年 6 月 12 日，上证综合指数从 2400 点上涨到 5178 点，涨幅高达 115%，一些股票价格的涨幅甚至超过了 5 倍。此后，股市走势急转直下，到 9 月 30 日，上证指数跌到 3052.8 点（跌幅 -40.9%）、中小板指数跌到 6779.7 点（跌幅 -43.5%）、创业板指数跌到 2082.7 点（跌幅 -46.6%）。引致此轮股市断崖式暴跌的一个主要成因是，在股市上行期间，场外巨额信用资金通过各种配资平台涌入股市交易，其中既有通过证券公司、信托公司等资产管理通道进入股市的银行理财资金，也有以证券公司、信托公司和保险公司等金融机构资产管理业务名义进入股市的，还有以互联网金融通道进入股市的。配资的比例大多为本金的 3 倍（最高的可达 10 倍）、配资成本为 15%—20%。这实际上意味着通过信用资金投资于股市，中国金融各业（乃至非金融机构）的资金运作（从而资产运作）防火墙已被打通并形成了一个联动网络，由此，股市暴跌也就直接冲击了中国整个金融体系。面对股市暴跌可能引致的系统性金融风险爆发，中国政府果断处置。进入 7 月以后，中国人民银行、财政部、国资委、公安部、证监会、银监会、保监会等部门联手出击，采取了一系列措施（包括非常举措）防控了股市暴跌可能引致的金融动荡。对此，2015 年 9 月 22 日习近平总书记在访美期间于西雅图说道：前段时间，中国股市出现了异常波动；中国政府采取了一些稳定市场的措施，遏制了股市的恐慌情绪，避免了一次系统性风险。[①]

（3）金融运作的脱实向虚。在中国各层次货币供应量中，M1 = M0 + 工商企业等单位活期存款。从表 1 - 1 中可见，2012 年的 M1 数额为 308664.23 亿元，2016 年达到了 486557.24 亿元，4 年间 M1 的数额增长了 57.63%，远高于同期 GDP 的增长幅度；尤其是，2015—2016 年的两年间 M1 从 400953.44 亿元增加到 486557.24 亿元，增长了 21.35%，每年增加的绝对额高达 5 万亿—8 万亿元，超过了 2002 年的余额。据此，实体企业应当不缺短期流动性资金。但 2016 年的实际情况却形成了一个矛盾反差，在实体企业疾呼严重缺乏资金、融资难问题更加突出的同时，金融机构、类金融机构等却苦于"资产荒"的困境，运作中的资金难以寻找到质量和收益均符合投资意图的资产展开交易，各类商业银行委外投资的资金数额持续扩大（一些商业银行投资类资产的比重已超过资产总额的 50%[②]），金融运作链条不断延长。其中，有三个情势值得特别关注：其一，2015—2016 年中 M1 的快速增加，在很大程度上，并非因工商企业的流动性资金增加所引致，它实际上是金融机构和类金融机构中拟用于金融交易的资金所构成。其二，金融机构、类金融机构的交易性资金大幅增加，突出反映了资金面上脱实向虚的情形加重，是金融泡沫的一种表现方式。

---

① 引自中国新闻网 2015 年 9 月 23 日。

② 参见王国刚主编《中国金融发展报告（2017）》，社会科学文献出版社 2017 年版，第 37—38 页。

其三，金融机构和类金融机构的金融交易资金大幅增加的一个直接后果是实体企业的资金成本处于加重趋势，金融效率进一步降低。这些现象表明，由金融机构、类金融机构彼此之间资产—债务链条所形成的联动机制正向实体经济部门渗透。在这种渗透中，一些有实力的实体企业也利用金融杠杆积极介入到金融交易活动中，展开了脱实向虚的跨产业"发展"；通过金融交易，与金融机构、类金融机构等形成了依金融市场价格波动而利益联动的关系。

（4）同业负债扩展。同业业务原本指存贷款金融机构之间以资金融通为基础的各项业务往来，具体内容包括同业拆借、同业存款、同业借款、同业代付、买入返售（卖出回购）等。但在金融创新的背景下，近年来，此项业务扩展到了非银行金融机构，由此，引致了三个相互关联的现象严重发生：第一，同业存款和同业放款联动成为货币创造的重要机制。同业存款和同业放款是银行间创造货币的一个重要机制。它原先主要存在于银行间资金拆借范畴，资金借贷的期限较短（很少有超过一个月的）。但在非银行金融机构加入到这一业务范畴后，由于非银行金融机构属于资金需求者，不仅有着融入资金的强烈要求，而且有较长期限和较大规模的融入资金需求，由此，利用同业存贷款的创造货币功能，持续大规模地创造期限较长、规模较大的资金就凸显出来了。第二，以投资为目的的融资突起。随着非银行金融机构（尤其是证券公司、资产管理公司和信托公司等）的介入同业业务，同业业务重心很快从以融资为主要取向转换成了以投资为主要取向，在监管套利、空转套利、关联套利（"三套利"）的不当激励下，投资规模持续扩大。2013 年底推出同业存单以后，这一产品成为激发"三套利"的重要载体。2014—2016 年的 3 年间，同业存单的月发行量分别为 0.16 万亿元、0.91 万亿元和 1.4 万亿元，年底余额规模分别为 0.6 万亿元、3 万亿元和 6.3 万亿元[①]，增长速度之快令人瞠目。第三，依托于主动负债的资金支持，金融为自己服务的比重持续提

① 参见中信建投《同业负债杠杆出清有利于降低资金运用风险》，《上海证券报》2017 年 5 月 4 日。

高。同业存贷款、同业存单和票据贴现等是存贷款金融机构的主动负债，负债资金中的相当大比重转为金融投资。这种同业投融资中有着多重操作链条，在"三套利"的驱动之下，这些链条的数量和长度都在增加，由此，强化了资产—负债联动机制的延伸，既加重了实体企业获得资金的成本，抬高了资金流入实体企业的门槛，也大大加重了金融泡沫，同时，还给相关金融机构和金融市场运行带来新的风险。

（5）实体企业盈利水平降低。实体企业是创造价值的主体。2012年3月以后，工业品出厂价格指数（PPI）增长率持续54个月下跌。从图1-1中可见，此轮PPI增长率下行的累计值在2016年3月达到最低点的87.24，虽然从2016年9月以后PPI增长率同比转为正值且有着加速的趋势（2017年2月达到107.8），但累计值依然处于负数（94.11）。在经营成本不变的条件下，工业品出厂价格的下行意味着工业企业的利润减少，由此，尽管2014年以后政府出台了包括降低税费、降低贷款基准利率、降低社保缴费等一系列措施，但工业企业的利润增长率在2015年依然呈现负增长（最低值为2015年2月的-4.2%）。在价格结构中，利润是实体企业（乃至金融机构）防范市场风险的第一道防火墙。实体企业的利润增长率下行，不仅引致了它们抵御市场风险和经营风险的能力降低，而且引致了金融交易的收益率水平降低（这又引致了各类金融活动主体防范金融市场价格下行风险的能力降低），金融资产买卖交易中的价差期望值已从2015年的几十个基点降低到了2016年的十几个基点（甚至几个基点），收益率越来越薄且还在延续。这使得金融体系的脆弱性更加严重，给潜在的系统性金融风险浮出水面增添了概率。一旦发生金融市场交易价格持续下跌，就可能通过金融加速器机制和传染效应引致金融市场和金融体系的大动荡。

金融市场的大动荡，不仅将严重扰乱正常的经济金融运行秩序，给经济社会生活带来一系列严重后果，使30多年来改革开放所取得的经济金融成就遭受严重损失（相当多的成就可能毁于一旦），而且将严重阻碍供给侧结构性改革的深化，严重影响到中国改革开放的进一步深化和经济金融的进一步发展。毫无疑问，防控系统性金融风险已是金融运行和国民经济运行的当务之急，理应放在更加突出的位置。

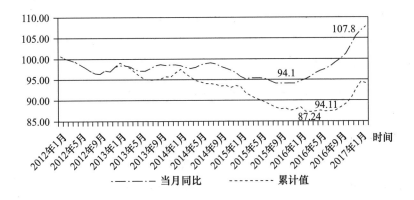

图 1-1　PPI 走势（2012—2017 年 2 月）

资料来源：国家统计局。

四　防控系统性金融风险的新对策

防控系统性金融风险是一项复杂又艰巨的系统工程。2015 年以后，国务院和金融监管部门等出台了一系列防控系统性金融风险的政策举措，其中包括：2015 年 2 月 17 日，国务院公布的《存款保险条例》；2015 年 6 月 22 日，国务院办公厅转发的《银监会关于促进民营银行发展指导意见的通知》；2015 年 7 月 18 日，中国人民银行等十部门发布的《关于促进互联网金融健康发展的指导意见》；2015 年 8 月 7 日，国务院出台的《关于促进融资担保行业加快发展的意见》；2015 年 9 月 1 日，国务院办公厅出台的《关于促进金融租赁行业健康发展的指导意见》和《关于加快融资租赁业发展的指导意见》；2015 年 10 月 19 日，国务院出台的《关于进一步做好防范和处置非法集资工作的意见》；2016 年 4 月 12 日，国务院办公厅出台的《关于印发互联网金融风险专项整治工作实施方案的通知》；2016 年 8 月 22 日，国务院发布的《关于印发降低实体企业成本工作方案的通知》；2016年9月20日，国务院出台的《关于促进创业投资持续健康发展的若干意见》；2016年10月10日，国务院出台的《关于积极稳妥降低企业杠杆率的意见》和《关于市场化银行债权转股权的指导意见》，等等。这些举措的落实将大大降低系统性金融风险发生的可能性，因此，是积极的、必要的，但仅靠这些举措还不足以充分有效地防控系统性金融风险。要充分有效地防控系统性金融风险，还需要建立和完善六个机制：

第一，建立金融数据和金融信息的精准性统计机制。要有效防控系统性金融风险，就要对各种金融数据做到心中有数。但从表1-1至表1-4看，中国究竟有多少金融资产并无清晰完整的统计数据。如果将证券业、保险业、信托业、租赁业和基金业等的金融资产考虑在内，则中国经济金融运行中的金融资产（从而与金融产品对应的负债）数额更是一个谁都说不清道不明的数额。在这种条件下，不仅金融资产的存量、流量和增量等的动态难以把握，而且根据金融资产的存量变化、流向变化和增量变化等选择有效对应的防控风险举措（包括预警举措、消解举措等）也难以做到。金融监管部门的诸多举措在很大程度上不是防患于未然而是陷入持续应对"救火"的事务性监管工作中。要改变这种状况，形成系统完整及时的金融统计数据，在体制机制方面，应打破目前金融数据统计由"一行三会"等各家监管部门分而治之的格局，建立全国统一的金融数据统计机制，将各类金融活动产生的信息和数据汇总到1家金融数据统计中心进行统计、管理和公开披露；在内容上，不仅应包含各类金融市场（包括证券交易所、期货交易所、银行间市场、柜台市场、产权交易市场和股权交易市场等）中的各类数据，也不仅应包括金融交易和金融活动中的资产、负债等各种总量数据，而且应按照资产—负债联动机制的流程，统计各个环节和主体各自的资产—负债数据，以弄清各个节点上的金融风险状况；只要不涉及泄密，就应尽可能及时完整地公开披露相关金融统计数据，保障经济金融运行中的各方面主体能够充分利用这些数据展开分析和研讨，尽早发现金融交易和金融活动中的风险漏洞，采取可选择的应对之策。

第二，强化对系统重要性金融机构的流动性监管。流动性风险是引致系统性金融风险转化为金融大动荡的一个主要成因。在资产—负债联动机制展开过程中，系统重要性金融机构起着抵御风险扩散作用和稳定金融运作秩序的作用，它们的资产流动性状况直接影响着金融风险的传递速度和程度。金融市场的竞争贯彻着优胜劣汰的规则，一些中小微金融机构在市场竞争中可能被淘汰出局，这时常引致金融运行中的波动和资产—负债联动扩散中的涟漪扩展。在系统重要性金融机构金融运作比较稳定的条件下，这些小微涟漪传递比较容易被系统重要性金融机构的应对性操作所化解或阻止，不至于在进一步传递扩散中形成大的风浪。但在系统重要性金融机构的资产流动性紧张的条件下，它们缺乏足够的能力化解这些风险涟漪，金融风险就可能冲破系统重要性金融机构的防线，同时，加重金融市场运作中各方的恐慌心理，在金融加速机制的作用下微小涟漪就有可能通过蝴蝶效应形成较大的系统性金融风险。目前，中国的系统重要性金融机构主要由工、农、中、建、交等国有控股商业银行构成，它们是经济金融运行中的资金拆出方（与此对应，其他金融机构主要是资金拆入方）。强化对工、农、中、建、交等国有控股商业银行的流动性监管，可选择的机制有三个：其一，全面加强对资产流动性的监控，既包括对这些系统重要性金融机构的资产负债率、资本充足率、存贷比和流动性资产结构等的监控，也包括对它们拆出资金的流向、流量和流速的监控。其二，增强公开市场操作。在实时监控这些系统重要性金融机构的基础上，根据它们经营运作中对资金的需求状况，人行以它们为交易对手方，通过公开市场操作，及时调控流动性。其三，增强再贷款和再贴现。一旦这些系统重要性金融机构出现流动性紧张，人行应及时出手予以救助，以支持它们在金融体系中稳定功能发挥。通过这些流动性监控，大致上可以把握金融机构之间的资产—负债联动链条长短、涉及的金融资产规模和相关资产走向，从而为有效防控由这些链条断裂引致的系统性金融风险提供预警信号。

第三，强化对金融市场运行态势的监控。金融市场的运行秩序属于公共品范畴，直接关系到市场参与者各方的利益和操作选择。在通常情况下，金融监管部门不应对金融市场的价格走势给予太多的关注和干预，以维护市场机制在调节供求关系和配置金融资源中的决定性作用。但这并不意味着金融监管部门不需要重视金融市场的价格走势动态和供求关系动态。在信息技术高度发展的今天，利用现代电子技术实时监控金融市场的动态走势并非难事。关键在于，金融市场的异动常常由非常态成因引致，一旦价格持续下落的时间较长，就可能严重恶化市场参与者的资产负债表，使得处于交易中的金融资产转化为有毒资产，触发潜在的系统性金融风险浮出水面。要避免此类现象发生和进一步恶化，金融监管部门就需要密切注视金融市场的价格走势，分析异动的成因，了解参与者的交易行为变化，及时选择适当的政策举措，防止异动现象的延续。强化金融市场动态监控，需要落实三个机制：其一，利用现代电子技术和信息传输技术，实时监控金融市场走势动态。其二，及时把握金融市场的资金流向、流量和流速，防范巨额信用资金、境内热钱和配资平台资金等在短期内频繁进出金融市场炒作所引致的交易价格异常波动。其三，强化对银行间市场、证券交易所市场、期货市场和其他金融市场之间联动效应和跷跷板效应的追踪分析，一旦发现异常，及时出手，阻断金融风险在各类市场中扩散传染。

第四，强化"去杠杆"。2008 年美国金融危机之后，高杠杆的负面效应就引起了世界各国和地区的广泛关注，由此，以降低杠杆率为主要内容的"去杠杆"也就成为防控系统性金融风险的一项主要机制。资产—负债联动机制扩散传递的主要通道在于负债链条的持续延伸，与此对应，缩短金融负债链条就成为有效防控系统性金融风险的一个重要举措。强化"去杠杆"，需要落实五个机制：其一，增加实体企业内源性融资能力，鼓励它们将经营运作的税后利润转为直接投资，提高它们的资本（或净资产）在资产总额中比重。其二，限制上市公司等实体企业将外源融入的资本性资金转为金融市场的短期炒作资金，鼓励它们专心从事主营业务操作，抑制脱实向虚的势头。其三，加快发展长期公司债券，增加实体企业和金融机构的准资本性资金，改善它们的负债期限结构，减弱短期资金偿付引致的财务风险。其四，缩减金融机构服务于实体企业的债务链条，降低金融运作成本和实体企业债务成本。其五，强化股权投资的规范运作，严禁明股实债，防控潜在的债务风险。

第五，增强实体企业的盈利能力。实体企业是国民财富的创造者、价值和利润的创造者。实体企业运行状况和盈利能力高低对金融体系的健康发展有着根本性意义。近年来，中国经济金融运行中发生的脱实向虚倾向和金融机构为自己服务（从而金融泡沫）增强的倾向，与图1－1所显示的实体企业主营收入从而利润降低有着密切关系。在深化供给侧结构性改革过程中，增强实体企业的盈利能力，不仅对提高经济金融运行的质量和效率举足轻重，而且对防控系统性金融风险也至关重要。一个显而易见的事实是，在实体企业有着较高盈利水平期间，资产—负债联动机制中的各方资产负债表相对较好，金融风险爆发的可能性极低；反之，随着资产负债表恶化，金融风险爆发的概率逐渐提高。2017年3月，中国人民银行等5部门出台了《关于金融支持制造强国建设的指导意见》，强调要高度重视和持续改进对制造强国建设的金融支持和服务，积极发展和完善支持制造强国建设的多元化金融组织体系，创新发展符合制造业特点的信贷管理体制和金融产品体系（包括股权融资、债券融资和资产证券化等）。增强实体企业的盈利能力，需要落实三个机制：其一，鼓励技术创新、组织创新、产品创新和营销创新，建立支持创新所需的各项机制。其二，深化体制机制改革。以最大限度地发挥生产力和创造新的生产力为生产关系改革的基本取向，充分调动科技人员、管理人员和第一线劳动者的积极性和创造性。其三，尊重经济规律的内在要求，建立符合市场经济规则的激励机制和制约机制，鼓励竞争，奖优罚劣，落实淘汰机制和破产制度。

第六，完善和改革金融监管框架。中国现存的金融监管框架以机构监管为主，监管重心集中于金融机构的业务行为。这意味着类金融机构和非金融机构的金融活动游离于金融监管之外，难以做到金融风险的监管全覆盖。《"十三五"规划纲要》中指出：要"健全符合我国国情和国际标准的监管规则，建立针对各类投融资行为的功能监管和切实保护金融消费者合法权益的行为监管框架，实现金融风险监管全覆盖"。为此，金融监管框架改革的基本取向不应停留于"一行三会"彼此间监管职能调整之中，而应以实现机构监管为主向以行为监管（或功能监管）为主的转变为重心。金融监管向行为监管为主的转变，需要解决好三个基础性问题：其一，科学合理地划分金融行为类型。金融功能划分是实现功能监管的基础。按照金融产品的特性和金融交易的特性，金融行为可分为货币（包括汇率）、支付清算、标准化证券、存贷款和各种非标准的债务凭证（如商业票据、银行票据等）、信托、保险、股权投资和金融统计等类型。其二，根据金融行为类型划分，科学合理地界定各家金融监管部门的职能和监管边界，将金融机构、类金融机构和非金融机构的金融行为均纳入监管对象的范畴，既避免金融监管的"真空""缺失"或"盲区"的存在，又避免各家金融监管部门彼此间的掣肘或行为不协调，实现金融监管对各种金融行为（从而金融风险）的全覆盖。其三，根据金融产品和金融行为的复合特性（包括金融衍生品），实施金融监管部门的联合监管，实现对每个金融活动的程序、条线和节点的复合监管，避免因某个节点崩垮可能引致的整个金融蛛网的崩散。

第二章　银行业业务结构变化与风险分析[*]

　　近年来，中国经济进入了增长速度换挡期、结构调整阵痛期、前期刺激政策消化期的"三期叠加"阶段，与此同时，随着金融市场化加速，金融业外部环境快速演变。多重冲击之下，银行资产负债结构迅速变化，导致面临的风险挑战也越发复杂化。在传统信贷业务风险之外，非信贷业务的快速发展，使市场风险和流动性风险越发突出。

一　资产负债结构变化

（一）资产端结构

1. 表内贷款增速回落，惜贷、慎贷并存

　　上市银行表内贷款总体增速从 2014 年的 11.76% 降至 2015 年的 10.40%，大型商业银行、股份制商业银行分别比年初收缩 1.6 个和 1.17 个百分点至 9.06% 和 13.62%，城市商业银行有所上升。究其原因，一方面，沿海发达地区，部分行业出现了集中的风险爆发，银行不得不对这部分行业开始收缩新增贷款，存量贷款在到期之后的处理也更加审慎。另一方面，在经济下行的背景下，实体经济萎缩，实体企业生产规模有所缩减，对于商业银行信贷的需求有所减少，导致各家银行贷款规模增速降低。此外，随着金融市场化的不断加深，直接融资渠道的持续增加，在一定程度上分流了商业银行的客户资源。

　　＊ 本章作者曾刚。

表 2 - 1 上市银行贷款增速 单位:%

银行	2014 年增速	2015 年增速
工商银行	11.23	8.21
建设银行	10.30	10.97
农业银行	12.13	9.91
中国银行	11.49	7.72
交通银行	5.06	8.34
招商银行	13.98	11.87
兴业银行	17.31	11.33
民生银行	15.25	12.60
浦发银行	14.42	9.97
中信银行	12.44	15.54
平安银行	20.61	18.26
光大银行	11.32	16.04
华夏银行	14.41	13.74
北京银行	15.09	14.23
南京银行	18.38	43.04
宁波银行	22.38	21.32
大型商业银行	10.66	9.06
股份制商业银行	14.79	13.62
城市商业银行	17.39	20.97

资料来源:万得资讯。

2. 买入返售投资下降,应收款项类投资扩大

如果以"买入返售 + 应收款项"来衡量银行非标投资,2015 年 16 家上市银行非标总资产较 2014 年末增加 2.95 万亿元,其中买入返售资产减少 3566 亿元,而应收账款类资产则持续增长,全行业在 2014 年和 2015 年的应收款项类投资增速分别为 60.13% 和 58.57%,主要是证券定向资产管理计划大幅扩张。以中信银行为例,2015 年全年应收款项类投资较 2014 年增长 70.25%,而证券定向资产管理计划则增长了 82.39%,占比达 74.1%。另外,以"非标"为基础资产的买入返售业务从 2013 年开始被逐渐限制,2014 年的"127 号文"要

求买入返售业务项下的金融资产应为债券、央票等标准化的、高流动性资产，从而，银行转向应收款项类投资等"非标"创新。

表 2-2　　　　　　　　　上市银行非标投资　　　　　单位：亿元，%

银行	应收款项类投资	买入返售金融资产	应收款项类投资增速	买入返售增速
工商银行	3521.43	9963.33	6.15	112.68
建设银行	3695.01	3107.27	116.33	13.51
农业银行	5574.20	4718.09	6.76	-7.38
中国银行	6067.10	766.30	40.87	-25.72
交通银行	3236.79	762.92	52.98	-57.25
招商银行	7160.64	3439.24	75.18	-0.31
兴业银行	18349.06	2259.24	159.00	-68.30
民生银行	4512.39	5706.57	92.51	-15.57
浦发银行	13250.32	1102.18	51.06	-43.82
中信银行	11122.07	1385.61	70.25	2.06
平安银行	3076.35	1172.91	24.92	-34.34
光大银行	5234.27	1530.45	56.76	-46.62
华夏银行	774.60	2452.97	-61.49	99.21
北京银行	1270.79	1387.22	20.03	4.16
南京银行	2084.74	89.67	43.33	38.15
宁波银行	712.31	109.81	-0.45	-35.71
大型商业银行	22094.53	19317.91	32.55	25.99
股份制商业银行	63479.70	19049.17	73.28	-28.23
城市商业银行	4067.84	1586.70	25.99	-3.69

资料来源：万得资讯。

3. 标准化债券投资大幅增加

16 家上市银行债券投资（交易＋可供出售＋持有到期）2015 年累计投资 21.65 万亿元，较 2014 年末多增 4.11 万亿元，累计同比增速 23.44%。其中大型商业银行债券投资增长 2.89 万亿元，同比增速 20.77%。股份制商业银行投资增加 0.93 万亿元，增速为 30.45%。而城市商业银行势头迅猛，债券投资增加 0.27 万亿元，增速高达

53.37%。随着利率市场化的推进，债券等在银行资产结构中的比重将越来越高，利用债券资产获取相对高收益成为各家银行的核心竞争能力。另外，从安全因素考虑，标准化投资的安全性更高。2015 年由于央行连续降准降息，导致银行贷款、同业资产收益率显著下降；而投资类资产收益降幅非常小，中小银行更是逆势反弹，部分银行甚至已超越贷款收益率，尤其经风险调整后的实际收益率，相比贷款、同业资产等的吸引力大幅提高。

4. 同业拆借、现金和存放央行资产下降

连续降准后国有商业银行、股份制商业银行和城市商业银行资本充足率分别从年初的 14%、11.3% 和 11.8%，升至 14.3%、11.5% 和 12.1%。在资产配置上，国有银行、城市商业银行分别减少了 4.1%、5.4%，反映了资金环境宽裕，银行主动减少低收益的同业和现金类资产，而股份制银行的相关资产配置增长了 0.55%。

（二）负债端结构

1. 吸收存款大幅下降

2015 年上市银行吸收存款在总负债中的占比为 74.1%，自 2010 年以来一直处于下降趋势。其原因主要在于伴随着利率市场化的不断推进，商业银行被动负债成本不断上升，另外，直接融资渠道不断完善，互联网金融的冲击也在一定程度上分流了商业银行的资金。在此过程中，银行为应对资产规模持续扩张的需要，大幅加大主动负债规模，包括扩张同业负债以及近年来发行同业存单和金融债，与此同时表外理财业务规模也出现了飞速的发展。

表 2 - 3　　　　　　　　上市银行存款增速　　　　　　　　单位:%

银行	2014 年吸收存款增速	2015 年吸收存款增速
工商银行	6.40	4.66
建设银行	5.53	5.97
农业银行	6.11	8.02
中国银行	7.80	7.75
交通银行	- 3.08	11.29

续表

银行	2014 年吸收存款增速	2015 年吸收存款增速
招商银行	19.07	8.09
兴业银行	4.49	9.53
民生银行	13.88	12.26
浦发银行	12.58	8.45
中信银行	7.46	11.69
平安银行	25.98	13.09
光大银行	11.22	11.68
华夏银行	10.67	3.72
北京银行	10.59	10.78
南京银行	41.58	36.89
宁波银行	20.08	16.04
大型商业银行	5.66	6.80
股份制商业银行	12.61	9.91
城市商业银行	18.35	17.81

资料来源：万得资讯。

2. 同业负债大幅上升

2010—2015 年，同业负债占比分别达到了 11.78%、13.88%、15.08%、14.12%、15.03%、16.89%，处于不断上升趋势。由于同业负债具有较高流动性的特点，使得其可以在一定程度上缓解商业银行对于资金的短期流动性需求。在资产负债期限错配严重加剧的情况下，使得商业银行在负债端主动性不断加大，降低系统性风险发生的可能。另外，伴随着存款等被动负债成本的不断提高，主动负债等可以在一定程度上降低银行总体负债成本，增加利润空间。

表 2 - 4　　　　　上市银行同业负债变化　　　单位：亿元，%

银行	同业和其他金融机构存放款项	拆入资金	同业和其他金融机构存放款项增速	拆入资金增速
工商银行	17882.67	4775.93	61.57	10.44
建设银行	14393.95	3217.12	43.35	58.95

续表

银行	同业和其他金融机构存放款项	拆入资金	同业和其他金融机构存放款项增速	拆入资金增速
农业银行	12219.01	3157.59	47.01	40.39
中国银行	17643.20	2644.46	−0.89	40.46
交通银行	12142.10	2418.44	18.80	13.54
招商银行	7115.61	1787.71	2.02	88.97
兴业银行	17657.13	1036.72	39.24	27.86
民生银行	9203.80	703.95	8.45	63.53
浦发银行	10429.48	995.89	36.95	57.83
中信银行	10685.44	492.48	55.25	150.65
平安银行	3111.06	121.43	−19.29	−10.39
光大银行	5410.66	603.05	6.68	64.12
华夏银行	2702.00	641.41	−4.97	50.43
北京银行	3897.09	384.69	24.43	59.74
南京银行	984.06	50.39	16.36	−41.57
宁波银行	686.33	202.01	−20.78	43.55
大型商业银行	74280.93	16213.54	29.31	28.57
股份制商业银行	66315.18	6382.64	21.88	61.83
城市商业银行	5567.47	637.09	14.93	36.19

资料来源：万得资讯。

3. 应付债券力度加大

自2013年同业存单推出以来，发行量持续增加，债券融资增速高位运行并持续提升，而由于2015年商业银行存单发行规模高达3万亿元左右，应付债券同比增速由2014年的45.33%上升至2015年的63.39%，占比由2014年的2.48%上升至2015年的3.62%。随着存款的不断流失，负债压力上升，银行加大主动负债的力度。在经济新常态下，商业银行负债运行总体体现出主动负债逐渐取代被动负债的大趋势，由于主动负债具有流动性大，成本低的优势，使得其在银行负债业务中的占比逐年增加。

表 2 - 5　　　　　　　　上市银行应付债券变化　　　　　单位：亿元,%

银行	应付债券	应付债券增速
工商银行	3066.22	9.67
建设银行	4155.44	- 3.73
农业银行	3827.42	17.71
中国银行	2829.29	1.76
交通银行	1701.06	31.31
招商银行	2515.07	136.92
兴业银行	4148.34	123.28
民生银行	1812.33	40.19
浦发银行	3999.06	172.66
中信银行	2891.35	116.60
平安银行	2129.63	410.09
光大银行	2100.61	134.24
华夏银行	668.93	180.60
北京银行	1746.39	207.56
南京银行	868.87	153.63
宁波银行	1440.57	184.39
大型商业银行	15579.43	7.87
股份制商业银行	20265.32	136.57
城市商业银行	4055.83	187.05

资料来源：万得资讯。

二　信用风险分析

（一）不良贷款现状及特征

总体上看，过去几年中，在经济持续下行的背景下，商业银行信贷资产质量不断恶化。截至 2016 年末，商业银行不良贷款余额 15123 亿元，较上季末增加 183 亿元，继续小幅上升；商业银行不良贷款率 1.74%，较上季末下降 0.02 个百分点，全年不良贷款率基本保持稳定。

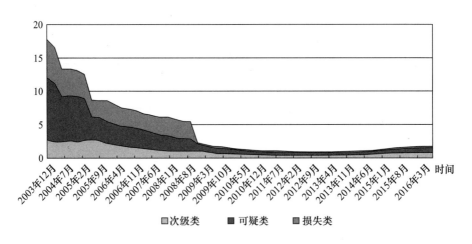

图 2-1 中国商业银行不良贷款率及其构成

资料来源：WIND。

分机构看，截止到 2016 年 9 月末，农村商业银行不良贷款率最高，为 2.74%；外资银行最低，为 1.41%。从不良贷款余额来看，国有大型商业银行的不良贷款规模最大。在实践中，或是出于银行监管评级方面的考虑，或是出于绩效考核的原因，商业银行有较强的粉饰不良贷款的动机，具体的方法包括债务重组（续贷）、科目调整（将事实上的不良贷款放入关注类贷款）、不良贷款出表（通过同业业务、理财等业务，将不良贷款暂时出表）和资产管理公司通道（与资产管理公司进行交易，但并不是不良贷款的最终转移，只是临时性的代持）等。所以，目前公布出的不良贷款余额和不良贷款率有可能大幅地低估了真实的不良贷款水平。但这应该不会误导不良贷款的趋势。掩盖不良贷款的最简单方法就是将实际的不良贷款放入到关注类贷款科目，导致该类贷款规模和占比迅速上升。关注类贷款余额从2014 年 9 月末的 1.83 万亿元上升到 2016 年 9 月末的 3.4 万亿元，占比则从 2.47% 上升到了 4.10%。如果把关注类贷款均看作潜在不良贷款，则商业银行的不良贷款余额将上升到 5 万亿元左右，不良贷款率则可能在 6% 左右。

总结此轮银行业不良贷款暴露，有如下一些特点。

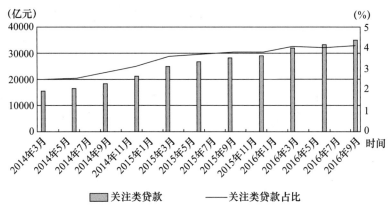

图 2-2 商业银行关注类贷款余额与占比

资料来源：WIND。

1. 客户结构特征

企业客户是信用风险的主要来源，从小微企业到大型企业风险全面蔓延，单户亿元以上大额不良贷款问题突出。受国内外经济增速放缓影响，小微企业面临成本上升、资金紧张等问题，因抗风险能力较弱，对经济环境变化高度敏感，此轮商业银行信用风险反弹首先表现为小微企业违约率上升，部分以小微企业为主要客户的地区中小银行的不良压力相对较低。随着风险不断扩散，许多中型企业、大型企业也开始陆续出现违约现象，商业银行不良贷款余额快速增长，信用风险集中爆发。个人类贷款信用风险较低，资产质量相对较好，截至 2016 年年末，不良贷款率仅为 0.79%。其中，信用卡不良贷款率为 1.84%，汽车贷款不良贷款率为 2.15%，住房按揭不良贷款率为 0.39%。

2. 行业结构特征

不同行业不良贷款率差异较大。一些行业如批发零售业、信息技术服务业和制造业等不良贷款率相对较高，不良资产问题较为突出。这些行业通常与经济周期密切相关，周期性明显；2015 年，批发和零售业及制造业的不良贷款率分别为 4.25% 和 3.35%；批发和零售业、制造业、建筑业、采矿业不良贷款率上升较快，2015 年比 2013 年分别上升了 2.09 个、1.56 个、0.89 个、2.82 个百分点，采矿业不良贷款率上升速度最快；公用事业（包含水电燃气、卫生、社保、水利、环境、教育等行业）不良贷款率较低，2013 年和 2015 年不良贷款率都在 0.5% 以下，且近年有所下降。

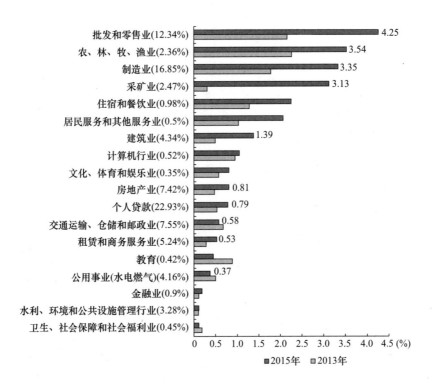

图 2 - 3　不同行业不良贷款率比较

注：括号中为占不良贷款余额的比重。

资料来源：WIND。

3. 地域结构特征

信用风险由东部发达地区向中西部地区逐步扩散。在经济下行时期，以外向型经济为主的区域最先受到冲击。在我国江浙民营经济较为活跃、外贸企业较多的地区，违约风险最先显现，不良贷款开始反弹。随着经济下行压力的不断增大，不良反弹的现象开始呈现从长三角地区逐步向珠三角、环渤海、中西部地区多方扩散的态势。从四大行年报披露信息来看，大型商业银行不良贷款的区域结构特征十分明显。以农业银行为例，不良贷款的反弹最先发生在长三角地区，2012

年末，长三角地区不良贷款余额较 2011 年末增加了 32.6%，不良贷款率也从 2011 年末的 0.98% 上升至 2012 年末的 1.19%。随后，珠三角、环渤海等东部经济发达地区、西部地区不良贷款余额开始上升。从 2014 年开始，西部地区、东北地区不良贷款余额也开始反弹，不良贷款余额快速增长，信用风险全面扩散。

4. 风险程度特征

风险程度加深，风险形态劣变。从工、农、中、建四大国有商业银行公开数据得知，自 2011 年底起，四大行逾期/不良贷款比率已由接近或低于 1，反转为超过 1，并呈稳定上升趋势。截至 2016 年 6 月末，五大行的逾期贷款总额 9054 亿元，逾期贷款比不良贷款高出 52.8%，达到 2009 年以来的最高水平。逾期贷款作为资产质量恶化的领先指标，表明借款人受到的流动性约束不断增强，在经济下行期会大概率反映在未来不良资产中。上述数据显示，一方面随着国有商业银行资产净化的股改红利逐步释放，前瞻性风险分类政策已调整为按银监会规定逾期 90 天作为不良分类底线的方式；另一方面也说明尚有较大比例的逾期贷款并没有"显性"反映为不良，进入移交处置环节不良贷款的整体质量从逾期时间、风险特征上已较过去显著下降，后期清收处置难度必将进一步提高。

5. 风险传染性特征

一是隐性集团、担保圈等风险凸显。福建、浙江、山东等地，多家企业相互担保或连环担保形成的隐蔽性极强、风险关联度极高的利益链条或利益集团逐渐浮出水面，一旦利益链上某一环节资金链断裂，风险快速传染，引发多米诺骨牌效应，导致隐性集团、担保圈内企业信用风险集中大量爆发，成为商业银行区域性、系统性风险的高危点。二是上下游产业链风险传染性增强。当前商业银行信用风险已开始从钢铁、光伏、船舶等困难行业向其上游、下游行业和相关产业继续蔓延，信用风险沿着产业链呈不断扩散趋势，商业银行风险防控的难度越来越大。三是金融机构间风险传染性增强。随着大型商业银行股改红利逐渐释放以及经济下行影响叠加，不良贷款余额 2013 年后出现快速上升，股份制银行、城商行以及外资银行不良贷款余额虽然上升幅度相对较小，但不良贷款率却保持了快速上涨，资产质量同样不容乐观。在金融机构普遍面临不良管控压力的情况下，企业难以获得新增贷款或者借新还旧贷款，在多家金融机构均有授信的企业一旦出现风险信号，共担风险的金融机构间由于信息不充分、激励不相容，容易陷入"囚徒困境"，基于自身利益考虑，触发单方抽贷、停贷、压贷行为，导致企业风险状况进一步恶化，资金链断裂，进而导致多家金融机构贷款全部彻底形成不良。

（二）不良贷款的发展趋势与风险评估

对不良贷款未来的发展趋势，我们有如下几点判断：

一是不良资产风险在短期内还将进一步上升。由于不良贷款风险的暴露具有一定的滞后性，在经济继续下行的背景下，未来一段时期内我国商业银行资产质量会进一步恶化，不良贷款风险进一步上升。但仍在可控范围内，且有逐步放缓的迹象。

2016 年 9 月末，上市银行平均不良率水平为 1.55%，较 2015 年底上升约 6 基点。2016 年 9 月末，上市银行不良贷款余额为 1.14 万亿元，较年初增加约 500 亿元。2016 年以来，尽管不良贷款率和不良贷款余额仍持续小幅上升，但不良贷款余额增速有明显放缓趋势，前三季度增速为 18%，远低于 2015 年 48% 的水平，也低于 2016 年前两季度的 29%。上市银行中，国有大行不良贷款率最高，为 1.72%；股份行次之，为 1.63%；城商行最低，为 1.38%，三类银行分别较 2015 年底提高 12 基点、9 基点和 8 基点。我们预计，不良贷款余额和不良贷款率的上升趋势在未来会进一步减缓，部分地区可能会在 2017 年内出现拐点。

二是不同区域和不同行业未来信用风险走势存在差异。从传导路径来看，此轮风险从产业链自下而上蔓延的特征较为明显，下游行业集中的长三角、珠三角地区也因此成为风险暴露的起点。考虑到长三角、珠三角地区风险暴露时间较早（从 2011 年第四季度算起，到 2016 年底已经有 5 年时间），加之这些地区的企业多以民营中小企业为主，行业市场化程度较高，过剩产能的调整较为充分，预计其已接近风险拐点，不良贷款率可能在短期内（2017 年中）逐步见顶企稳。

但以重化工和资源型行业为主的中游、上游行业，一方面因为其调整开始的时间相对较晚，另一方面因为这些行业多半为国有企业主导，行业市场化程度相对较低，仅仅依靠市场自发的调整，难以在短期内有效出清过剩产能，而必须要国家层面的供给侧结构性改革加以推动。预计在过剩产能有效去除之前，这些行业以及这些行业所集中的地区将继续面临不良贷款上升的挑战，预计时间为3—5年。

三是房地产行业的风险值得关注。总体上看，目前房地产相关贷款（尤其是个人按揭贷款）的不良贷款率相对较低，但在过去几年中，由于企业有效信贷需求不足，导致商业银行将大量的信贷资源投向了房地产相关领域，占全部新增贷款的比重迅速上升，2016年以来甚至超过了50%以上。截止到2016年9月末，我国商业银行按揭贷款余额估计在18万亿元左右（6月末为16.55万亿元），加上4万亿元左右的公积金贷款（2015年末，公积金贷款余额为3.3万亿元），居民部门的按揭贷款存量在22万亿元左右。占全社会未清偿债务（社会融资存量扣除股权类融资）的比重约为15%。从居民部门整体负债的角度看，计入消费信贷之后，整个居民部门负债（含经营性贷款）占全社会债务的比重约为25%，剔除经营性贷款之后的占比在19%左右。居民部门整体的债务负担水平不算太高。

再看实际的风险暴露情况，截至2015年底，我国住房按揭违约率仅为0.39%，房地产业贷款违约率为0.81%，均远低于银行整体的不良水平，我们认为，短期内住房按揭以及房地产业贷款的风险暴露都不大，预计银行未来仍然有一定的信贷投放动力。不过，需要强调的是，尽管短期风险不显著，对按揭贷款的过快增长（2016年全年增速高达86.4%，上半年更是达到了110%）以及房地产价格的快速上涨仍需高度警惕。毕竟从全球范围经验来看，房地产价格波动对金融体系稳定有着至关重要的影响。居民部门杠杆率在短时间内迅速上升，偿付负担持续超过收入增长，都可能成为潜在风险的诱因。从防控风险考虑，商业银行的确需要适度提高房地产相关贷款的准入条件、加强对借款人资质审核，从之前单纯追求业务规模扩张，逐步转向质量并重。

四是信用风险仍在可承受范围。截至 2016 年末，商业银行加权平均核心一级资本充足率为 10.83%，加权平均一级资本充足率为 11.3%，加权平均资本充足率为 13.31%；同期，商业银行贷款损失准备金为 26676 亿元，拨备覆盖率为 176.40%，贷款拨备率为 3.08%，均处于国际同业较高的水平。此外，再考虑银行业目前的盈利状况，2016 年商业银行实现净利润 16490 亿元，平均资产利润率为 0.98%，平均资本利润率为 13.38%，这在一定程度上保证了银行消化不良的能力。

（三）不良贷款处置与化解

随着不良贷款的持续上升，如何加快不良资产的处置速度、提高处置效率，成为决策部门和商业银行亟须解决的一个问题。尽管从发展历程看，中国银行业对大规模不良贷款的处置并不陌生，但考虑到目前的市场环境和 20 世纪末已有很大的不同，因此，在推动相关工作时，有必要厘清一些基本原则，以便为不良资产处置创造更为良好的外部条件。

首先，要坚持市场化和法治化原则。在经济新常态下处理不良资产，不仅关乎银行发展，也关乎企业健康，更关乎社会主义市场经济体制的建设与完善。要坚持市场化改革方向，明确贷款市场是金融市场的一个组成部分，引导商业银行用投资银行的眼光对不良贷款进行价值重估，结合债务人上下游企业、供应链金融融资状况，通过引入战略投资者、并购基金、产业基金等，利用重组、并购等方式对不良贷款进行市场化处置，实现不良贷款价值的最大化。对于没有回收价值的不良贷款，要采取相应法律程序进行核销，确保"于法有据"。要把握好"早暴露、早处置、早见顶"的原则，避免采用行政干预方式，尽量不采取延后风险暴露的债务置换方式。

其次，应审慎推进债转股。债转股可以作为不良资产处置的一种手段，但要把握好以下原则：一是债转股要有利于推进国有企业改革，理顺国有企业与银行之间的关系，硬化国有企业预算约束，从源头上铲除不良贷款产生的土壤；二是债转股要对国有企业和民营企业同等对待，不能采取差别化的歧视性政策；三是债转股不能依靠行政命令推进，要出台相应的法律法规，依照市场化原则、采取法制化手段进行。

最后，尽快增设衡量不良贷款的前瞻性指标。我国现行的不良贷款衡量指标是一种从事后反映银行资产质量的指标，具有一定的滞后性。国际经验显示，通过分析违约概率的行业、地区、客户、产品分布，可以对商业银行的信用风险做出前瞻性判断，以利于风险处置。面对不良资产不断增加且还会持续较长时间，迫切需要制定能够前瞻性反映贷款质量的指标，如违约概率（PD）等，作为现有不良贷款指标的补充。

三　非信贷业务及风险防范

随着金融市场的深化、金融脱媒的发展以及企业去杠杆的不断推进，传统信贷资产业务在商业银行总资产中的比重迅速下降，非信贷资产业务的占比不断提升，不仅为银行贡献了重要的短期利润来源，也成为银行中长期转型的重要方向。

（一）非信贷业务发展背景

从发展背景来看，银行非信贷业务的迅速发展与金融市场化加速推进以及监管强化的外部环境有关。近年来，面对日益复杂的经营环境，我国商业银行纷纷加快业务转型和产品创新。一是金融"脱媒"的挑战。债券市场、股票市场以及非银行金融机构快速发展，使得银行间接融资在社会融资结构中的占比从 2002 年的 95.5% 一路下降到目前的 60% 以下，商业银行传统信贷业务受到严重的挤压。二是净利差收窄，降低了贷款资产收益率水平。随着利率市场化改革不断推进，银行净利差水平持续收窄，即使不考虑信用风险和监管成本因素，传统存贷款业务的盈利空间在过去几年中也在迅速下降。三是信用风险上升和有效信贷需求不足并存，既降低了银行信贷投放的主动性，也限制了信贷投放增长的空间。四是监管强化，信贷规模控制、存贷比限制以及特定客户类型的贷款禁入政策等，对银行直接的信贷投放形成约束，需要转换资产形式来规避监管限制。此外，通过转换资产形式（或调整会计科目），来降低资产的风险加权系数或实现出表，以此可以降低监管资本要求，等等。在上述这些背景下，银行为提升资金回报，纷纷将债券投资、同业投资、资管理财以及投资银行等非信贷业务作为重点发展方向和利润增长点。

（二）非信贷资产业务概况

实践中，对非信贷资产业务，有狭义和广义两种界定。狭义的非信贷资产主要关注资产负债表，即银行资产负债表中除信贷资产以外的其他资产，目前主要包括买入返售金融资产、拆出资金、存放同业及其他金融机构款项、交易性金融资产、可供出售金融资产、持有至到期投资、应收款项类投资、衍生金融资产和贵金属等非信贷资产业务。更广义的非信贷资产，则将表外业务（目前主要是资产管理类业务）也包括在内。从本质上讲，驱动表内非信贷资产和表外业务的基本动因是一致的，二者的风险特征和所产生的影响也有交叠之处，为了分析的全面起见，我们在此主要以广义口径的非信贷资产业务作为讨论的对象。

1. 表内非信贷资产业务

近几年来，随着内外部环境的变化，商业银行非信贷资产占比迅速上升。一是在实体经济有效信贷需求低迷的情况下，银行不得不将更多的资产配置到金融市场，大量投资于债券等金融工具；二是通过与证券公司、信托公司、保险公司和基金公司等非银行金融机构的合作，来突破经营地域和业务准入方面的限制，在扩大收益来源的同时降低监管成本；三是利用市场资金充沛的环境，通过金融同业业务进行期限错配，获得套利收入。

上述趋势，在银行的资产负债表上体现为资产结构的变化，投资类资产占比迅速上升，贷款占比显著下降。投资类资产可以分为三类：一是标准化债券的投资。传统上，此类投资风险较低。但实践中，金融机构为提高收益水平，在债券投资上使用了一定的杠杆操作，埋下了潜在的流动性风险隐患。二是买入返售，这是商业银行调剂资金余缺的传统交易方式。但近年来，远远超出了流动性管理的需要，成为部分比较激进的银行机构放杠杆、扩规模的重要手段。三是同业投资，根据银监会"127 号文"的界定，同业投资是指除标准化债券投资以外的，涉及商业银行理财产品、信托投资计划、证券投资基金、证券公司资产管理计划、基金管理公司及子公司资产管理计划、保险业资产管理机构资产管理产品等 7 个特定目的载体的投资行为，最近几年发展速度非常快。截至 2016 年第三季度末，商业银行的总资产（不含对中央银行债权）中，对非金融企业的债权占比49%，对居民部门债权占比 19%，对银行同业和其他金融机构（非银行金融机构）债权占比 32%。对其他金融机构的债权增长尤其值得关注，从 2012 年的 3 万亿元，急速飙升到了 2016 年第三季度末的25 万亿元。

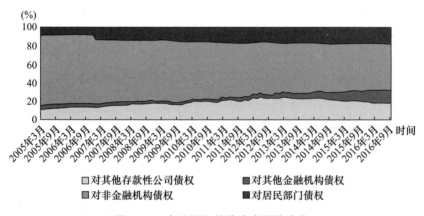

图 2 - 4　商业银行整体资产结构变化

资料来源：WIND。

从具体的金融机构来看，截至 2016 年 6 月末，16 家上市银行非信贷资产在总资产中的占比已达到 34.96%，个别银行的非信贷资产占比甚至已经超过信贷资产规模。分机构看，股份制商业银行和城市商业银行增速明显快于大型商业银行。在各类型上市银行中，大型商业银行的非信贷资产占比最小，平均不到 32%；股份制商业银行次之，占比约在 43%；城市商业银行则显著高于前面两类银行，占比接近50%。这说明规模越小的上市银行，越有动力和活力发展非信贷资产业务，以扩大总资产规模和盈利能力。背后的逻辑不难理解，对于小银行而言，由于受到经济地域以及客户群数量的局限，在经济结构调整过程中，有效信贷需求下降的挑战会更为突出，这意味着小银行会面临更为急迫的资金运用压力。在信贷投放难以增长以及中间收入业务难以快速提升的情况下，增加非信贷资产的持有成为小银行短期内获取利润来源的唯一可行路径。因此，不可以简单从非信贷资产占比更高，就认为小银行创新意识更强，事实上这是一种不得已的选择。在风险控制能力偏低的情况下，非信贷业务的过度发展，其实会给中小银行带来更大的风险，必须对此加以关注。

2. 表外理财、资管

我国人民币银行理财业务始于2004年9月光大银行首推的"阳光理财计划"。根据中债登发布的数据，截至2016年6月底，全国共有454家银行业金融机构有存续的理财产品，存续的理财产品总数为68961只；理财资金账面余额26.28万亿元，较2016年年初增加2.78万亿元，增幅为11.83%。2016年上半年，理财资金日均余额25.14万亿元。

按收益类型划分，截至2016年6月底，非保本浮动收益类产品的余额约20.18万亿元，占整个理财市场的比例为76.79%，较2016年年初上升2.62个百分点；保本浮动收益类产品的余额约3.86万亿元，占整个理财市场的比例为14.69%，较2016年年初下降0.8个百分点；保证收益类产品的余额约2.24万亿元，占整个理财市场的比例为8.52%，较2016年年初下降1.82个百分点。在目前的实践中，我们将非保本类型的产品视为银行的表外业务，从趋势上看，理财产品中，表外业务占据绝对比重且在持续提高。

从理财产品的资产配置情况看，截至2016年6月底，债券、银行存款、非标准化债权类资产是理财产品主要配置的前三大类资产，共占理财产品投资余额的74.70%，其中，债券资产配置比例为40.42%。从债券投资情况来看，债券作为一种标准化的固定收益资产，是理财产品重点配置的资产之一，在理财资金投资的12大类资产中占比最高。其中，利率债（包括国债、地方政府债、央票、政府支持机构债券和政策性金融债）占理财投资资产余额的6.92%，信用债占理财投资资产余额的 28.96%。从非标资产配置来看。截至 2016 年 6 月底，投资于非标债权类资产的资金占理财投资余额的 16.54%。其中，收/受益权所占比重最大，占全部非标债权类资产的 33.18%。

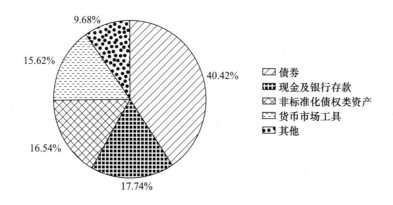

图 2-5　理财资金的资产配置结构

注：其他类包含权益类投资、公募基金、私募基金、金融衍生品、产业投资基金、新增可投资资产、理财直接融资工具、代客境外理财投资 QDII、另类资产。

资料来源：中债登。

原则上，表外理财的风险并不由银行承担，但实践中，由于刚性兑付普遍存在，理财产品同样会给银行带来一定的风险。此外，由于基于对理财表外业务的定位，监管上对理财资金运用的限制明显弱于银行自有资金，使其成为一种比银行信贷更为灵活、成本也更低的新型融资手段。也正因此，将理财视为"影子银行"的观点一直不绝于耳。

（三）非信贷业务风险特征与防范

随着非信贷业务的快速发展，商业银行的业务模式和风险开始趋于复杂化，而且，其风险影响不仅局限于金融机构层面，还会带来宏观层面的风险。

1. 容易导致局部市场的泡沫和剧烈波动

非信贷业务中，债券投资、买入返售与金融市场相关，而同业投资中，各类资产产品最终的资金流向，绝大部分也配置在了债券等金融市场工具上。这一方面意味着银行资产的价值与金融市场变动休戚相关；另一方面也意味着，通过非信贷业务，尤其是同业投资业务，商业银行的资金（或通过商业银行筹集的资金，如理财资金）可以进入更广泛的投资领域，甚至包括公开或非公开的权益市场。在流动性充裕的情况下，这类业务的过度发展，可能使巨额资金在局部市场上快速集聚，加剧其泡沫化程度，并形成巨大的危害。

2. 削弱宏观审慎监管的效力

一方面，随着非信贷业务的发展，不同行业、不同机构之间的关联度大大上升，很容易将某个机构或某个市场的风险传导到其他机构或整个市场。与传统的信用风险不同，对非信贷业务风险的关注，更多地在于市场风险和流动性风险，以及这些风险经由同业交易而产生的外溢程度。总体上看，非信贷业务的快速发展，扩大了单个机构金融风险外溢的范围，明显加大了潜在的系统性风险。

另一方面，非信贷业务过快发展也削弱了中央银行对货币、信贷的控制力度。传统上，中央银行的数量控制是基于信贷创造货币的逻辑。因此，以控制货币供给数量为中介目标的传统货币政策操作，往往会将规模控制的重点放在银行的信贷规模上。但在实践中，银行表内外的非信贷资产扩张，同样会有货币创造功能。随着非信贷资产占比越来越大，接近甚至超过信贷规模，中央银行基于宏观审慎目的而进行的规模控制效力就越来越低。

3. 削弱了微观审慎监管的效力

非信贷业务中，有一部分是与金融机构的监管套利有关。比如，早期为了规避存贷比和合意贷款规模限制，银行先后与信托、证券以及基金子公司进行通道合作，形成了一轮非信贷业务发展的浪潮。最近几年来，随着内外部环境变化，利用非信贷业务绕贷款规模的现象明显减少，但利用与其他金融机构的交叉产品（主要是各类资管类产品）来提高资本充足率（信贷资产出表），降低不良资产率（不良贷款出表）以及拓展银行资金运用范围等，成为新的发展方向。

这些业务的发展严重削弱了微观审慎监管的有效性。相当数量的风险未被合理计算并纳入监管，尤其是信用风险和流动性风险有可能被严重低估。鉴于非信贷业务的快速发展以及风险积累，建议尽快完善相关的监管和管理制度。

从监管角度讲，应抓紧研究制定针对非信贷资产风险管理的监管指引，明确商业银行非信贷资产的监管范围，细化风险五级分类的具体标准，规范非信贷资产拨备计提和清收处置的流程等，尽快改变目前监管指引缺失、监管要求零散模糊的现状，使银行业的非信贷资产风险管理能够统一标准、有章可循。此外，应强化跨部门的监管协调机制，在信息共享、定期沟通的基础上，协调各监管部门的主要监管政策，以保持监管要求的一致性，降低监管套利空间，并加强对资金跨市场流动的监控和管理，降低金融市场的波动性。

从商业银行角度讲，一是要在转型发展过程中加强对非信贷资产的风险管理。利率市场化环境下，商业银行依赖传统存贷利差的发展模式已不可持续，以资产管理、债券和衍生品交易、同业拆借、投行业务为代表的"交易型业务"，正在迅速改变商业银行的资产结构，非信贷资产种类不断丰富、规模持续增长。商业银行不仅要继续夯实对传统信贷资产质量的把控，还要主动适应业务创新发展的进程，注重对各类新型非信贷资产类型的风险管理，以保障业务创新不偏离方向、发展转型健康持续。二是要整合全行资源，建立集中的协调管理机制。由于各类非信贷资产分散在不同业务部门，需要建立涵盖多个相关业务和管理部门，分工明确、集中有效的协调管理机制，集中汇总各相关部门风险管理信息，统一对内风险管理和对外信息披露的数据口径，并将非信贷资产纳入全面风险管理范畴。三是强化非信贷业务管理。通过制定专门的制度办法来统一标准，据此在全行各部门、各层级推行非信贷资产风险管理工作，完善非信贷业务的风险管理标准、流程、分工等。

第三章　基金业风险特征和应对之策[*]

一　我国证券投资基金行业发展的现状

（一）公募基金

中国基金行业在过去几年经历了一个快速发展的阶段。自 1998 年我国证券基金行业开始发端以来，基金行业的发展经历 2003 年的扩容和 2007 年的牛市扩张后保持了一个相对稳定的发展态势。2014 年在互联网金融的推动下，互联网货币基金呈爆炸式发展起来，使得证券基金行业开启了第二个高速发展的阶段，当年基金行业资产净值规模一举突破 3 万亿元和 4 万亿元两个大关至 4.45 万亿元。2015 年是我国基金行业规模增长最快的年份，当年，基金行业资产规模总额增长 87%，一举突破 8 万亿元至 8.35 万亿元。其中，货币市场基金资产飙升 109% 达 4.58 万亿元。2016 年以来，由于利率水平保持低位以及监管当局对银行间市场的监管趋于严格，货币基金的规模有所回落，证券基金的资产规模整体呈现平稳增长。截至 2017 年 3 月 5 日，证券基金管理的资产净值规模为 9.27 万亿元。

从证券投资基金行业的结构上看，截至 2017 年 3 月 5 日，证券基金管理的基金只数为 4024 只。其中货币型基金规模最大，为 4.48 万亿元，占比为 48.3%。股票型基金、混合型基金、债券型基金分别为 0.64 万亿元、2.15 万亿元、1.9 万亿元，资产净值占比分别为 6.95%、23.2% 和 20.48%。另类投资基金和 QDII 基金规模十分有

---

[*] 本章作者郑联盛。

限，分别为 227 亿元和 771 亿元。

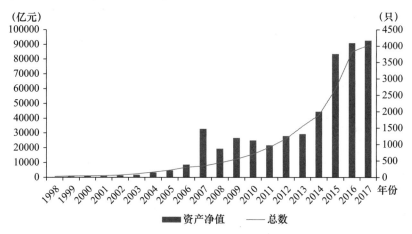

图 3-1 我国证券投资基金只数与资产净值

资料来源：WIND。

表 3-1 我国证券投资基金行业结构

科目	全部基金	股票型	混合型	债券型	货币型	另类投资	QDII
数量（只）	4024	642	1877	1011	341	27	126
规模（亿元）	92689	6437	21496	18981	44777	227	771

资料来源：WIND。

从单体基金公司对比看，前十大基金公司管理规模都超过 3000 亿元，前十大基金公司分别为天弘基金、工银瑞信基金、易方达基金、华夏基金、南方基金、建信基金、博时基金、招商基金、中银基金和嘉实基金。以货币基金为主导的基金公司有天弘基金、工银瑞信基金、建信基金、招商基金、中银基金等，其余几大基金公司股票资产占比相对较高。

表 3-2 我国证券基金行业前十大基金公司

基金公司	数量（只）	规模（亿元）
天弘基金	52	8450
工银瑞信基金	103	5521

续表

基金公司	数量（只）	规模（亿元）
易方达基金	112	4181
华夏基金	101	4032
南方基金	119	3858
建信基金	84	3779
博时基金	176	3773
招商基金	125	3528
中银基金	76	3418
嘉实基金	114	3382

资料来源：WIND。

（二）私募基金

随着我国资本市场的深入发展，阳光私募基金也迎来了快速发展的历程。与公募基金相似，私募基金的两个发展高潮是 2007 年的股票市场"牛市"和 2014 年后的市场繁荣。私募基金在 2014—2015 年经历了一个爆发式增长的阶段，这主要在于这个时期我国股票市场迎来了新的上升周期。

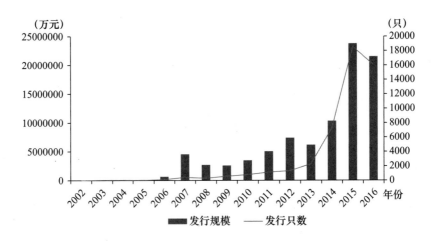

图 3-2　私募基金发行只数和发行规模

资料来源：WIND。

从资产管理规模比较，私募基金管理资产规模已经基本和公募基金规模相当。截至 2017 年 1 月底，中国证券投资基金业协会已登记私募基金管理人 18048 家。已备案私募基金 47523 只，认缴规模 10.98 万亿元，实缴规模 8.40 万亿元。私募基金从业人员 28.05 万人。截至 2017 年 1 月底，按正在运行的私募基金产品实缴规模划分，管理规模在 20 亿—50 亿元的私募基金管理人有 463 家，管理规模在 50 亿—100 亿元的有 166 家，管理规模大于 100 亿元的有 147 家。

私募基金对于二级市场行情相对比较敏感。随着 2015 年股票市场在 5—6 月和 8 月的大幅波动以及 2016 年初熔断的影响，私募基金在 2016 年出现了发行规模下行的情况。2016 年发行规模为 2152 亿元，相比 2015 年的 2376 亿元下降了 10.4%。2016 年下半年以来私募基金发行规模、发行只数的增速都在放缓，与资本市场对于再融资特别是定向增发的监管强化存在较强相关性。

（三）基金子公司

2012 年以来，基金公司子公司迎来了一个爆发式增长的阶段。基金子公司是由基金管理公司控股，经营特定客户资产管理、基金销售以及中国证监会许可的其他业务的有限责任公司。其中经营特定客户资产管理业务特指投资于未通过证券交易所转让的股权、债权及其他财产权利以及中国证监会认可的其他资产，这是目前各基金子公司的主要业务。

由于数据统计的约束，目前根据基金业协会的数据，只能得到 2015 年第二季度末至 2016 年第三季度末前 20 家基金子公司专户的资产管理规模。2012 年基金子公司才开始发展起来，但是，到了 2015 年第二季度末，前 20 家基金子公司专户管理规模就达到了 4.5 万亿元，与 2014 年经历了 16 年发展的公募基金规模相当（4.45 万亿元）。2015 年以来，基金子公司专户管理规模呈现持续快速增长的态势，2016 年 6 月底，前 20 家基金子公司专户管理规模超过了 7.38 万亿元。

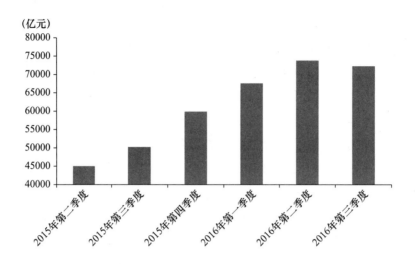

图3-3　基金子公司专户管理资产规模

资料来源：中国证券投资基金业协会，笔者计算。

二　基金行业的风险特征

（一）公募基金的风险特征

公募基金行业整体不存在系统性风险。从基金行业各个子行业的情况看，公募基金规模达9.38万亿元，但是，公募基金监管较为严格，基金公司和相关基金整体运营规范，风险应对机制较为充足。从结构看，公募基金逻辑上存在系统性风险的领域是货币型基金的规模较大，是银行间市场的重要参与者，可能受市场整体流动性的影响较为显著，由此可能存在流动性风险问题。这是公募基金第一风险点。

由于数据原因，基金类作为银行间市场一类机构进行统计，2012年以来，基金类的交易规模（以规模占绝对主导地位的质押式正回购为例）与整个市场的交易规模的比例大致是7%—16%，均值大致为10%。如果考虑了公募基金、私募基金等规模大致相当，那么，公募基金在银行间市场的交易占比就更低。为此，公募基金及其中的货币基金对于银行间市场的流动性具有依赖性，但是，其对银行间市场的流动性的冲击相对是较弱的。

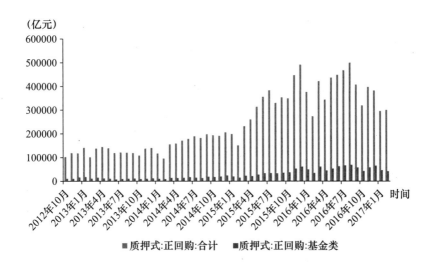

图 3-4　银行间市场质押式正回购及基金类规模

资料来源：WIND。

公募基金第二个风险点是保本基金及其担保与反向担保问题。此前，由于 2015 年和 2016 年初股票市场的大幅波动使得投资者风险偏好明显下降，公募基金募集较为困难。为了促进公募基金产品的募集，保本基金成为 2016 年后新增基金发行的重要品种。2017 年 2 月初，存续的保本基金共有 151 只，资产净值约 3200 亿元。保本基金的保本功能基本是在产品成立之时进入担保机制，公募基金每年按基金资产净值的一定比例向担保人支付费用，担保机构承担"保本"责任。在具体操作时，由于市场潜在波动的考虑，担保机构并不是特别愿意承担全部"保本"责任，为了实现"保本"功能，基金公司与担保机构签署"抽屉协议"实现反向担保，一旦出现亏损主要由公募基金公司来承担相应的风险。但是，这种反向担保实际上是基金公司从管理中介变化为信用中介，而公募基金的资本金在市场出现下行之时可能无法应对比资本金大数百倍的管理资产的价格下跌。

公募基金第三个风险点是对于二级市场的价格形成机制的影响，但是，这个影响不会引发系统性的风险。比如，一家基金公司对于二级市场股票持仓过于集中，这可能使得标的股的价格决定出现扭曲。

公募基金第四个风险点是定制公募基金的出现。定制基金模式成为银行等金融机构委外资金的典型模式。2016 年委外定制基金大量涌现，公募基金发行数量不断刷新纪录。定制公募基金实现了基金公司与其他金融机构特别是商业银行的跨界合作，通过借助于公募基金在固定收益、股票市场等的专业能力来定制特定的公募基金产品，一方面提升商业银行等金融机构资产的保值增值，另一方面可以实现商业银行等金融机构的避税。截至 2016 年 12 月 9 日，年内公告成立的基金数突破 1000 只大关，这也是公募基金 19 年来首次出现单年度成立基金数破千的情况，年度基金数量增加接近 40%。特别是第四季度以来，多只百亿级委外定制基金密集成立，推动年内新基金首发规模突破万亿元大关，连续两年新基金首发规模超万亿元。定制基金的规模快速膨胀，强化了基金与银行的跨界融合，但是也使得风险传递链条跨越了至少基金和银行两个部门。定制基金的跨界风险是一个值得警惕的风险点。

（二）私募基金的风险特征

私募基金在 2015 年随股市上涨经历了较快发展，私募基金规模与公募基金规模等量齐观，但是，由于私募基金及其产品的监管整体呈现备案制，投资对象既有来自二级市场，也有一级以及一级半市场，还有未上市的股权、票据、应收账款、期货、大宗商品等品种，基本覆盖了所有金融市场和产品。同时，监管的整体力度要低于公募基金，除了公募基金可能具有的相关风险之外，私募基金的风险可能比公募基金更为复杂。不过，这些问题不是具有系统性冲击的问题，不会引发系统性风险。

一是自融。很多企业主体缺乏顺畅的融资渠道，就借助于自己设立的或关联机构设立的私募基金来为自身的项目融资，不仅规避了传统融资渠道的约束，同时还可以获得成本相对较低的融资资源。但是，这种自融式的私募基金可能导致未来现金流出现断裂、投资项目不达预期以及庞氏骗局式的自融甚至欺诈，最后导致虚设融资项目、进行保本承诺甚至非法集资以及非法发行证券等问题。

二是公募化。部分私募基金没有坚持合格投资者标准，存在大量投资低于 100 万元的个人投资者，在互联网金融兴起之后，部分私募基金以互联网理财为名将项目资金募集从私募化"拆分"为公募化产品，这使得私募基金的资金募集呈现公募化的特征。在此过程中，私募基金可能弱化投资风险提示、隐匿重要信息披露等问题，最后导致较为严重的投资权益保护问题，甚至引发较大的社会群体事件。

三是法律风险。目前，合伙制成为私募基金主流的组织架构，但是，作为承担无限连带责任的一般合伙人却往往是有限公司，有限责任公司股东以出资为限向公司承担有限责任。那么，在基金出现投资重大失误时，公司制一般合伙人如何承担无限责任，这是一个潜在的法律风险。

（三）公募基金子公司的风险特征

基金行业风险最为显著的领域是基金公司子公司领域。一方面管理资产规模较大，另一方面基金子公司综合化经营使得其与金融体系的内在关联性较为复杂，是基金行业存在系统性风险的重要环节。

一是公募基金子公司渠道化。《证券投资基金管理公司子公司管理暂行规定》只对基金公司子公司的注册资本有限制（不低于 2000 万元），并没有对业务提出风险资本和净资本要求。由于没有资本金限制，成本低，基金子公司在通道业务上占据优势地位。公募基金子公司法定具有开展专项资产管理业务的资格，但是，专项资产管理业务很大一部分是风险低、人才需求少、规模提升快的通道类业务，这使得整个公募基金子公司的作用呈现渠道化的特征，而非真正的资产管理业务专业机构。公募基金子公司以最低 2000 万元的注册资本金就管理上百亿元甚至千亿元级的资产规模，渠道化业务占主导、主动管理业务占比较低，偏离了监管机构放开公募基金子公司监管约束的初衷。

二是公募基金子公司信托化。信托公司在我国是具有综合化经营的金融机构，而其他类型的金融机构基本是分业性质的。相关法律法规对公募基金子公司的业务范围没有作出具体限制，从各家公募基金子公司的实践来看，银行资产池、股权质押、定向增发、同业投资、基建项目、PPP 项目、私募股权投资、投贷联动等无所不包、无所不能，几乎成为全能型信托机构。

三是公募基金子公司影子银行化。公募基金子公司涉及非传统信贷业务，成为影子银行的组成部分。部分公募基金子公司以信托化操作手法与银行合作，实现了银行部门表内业务表外化和（或）表外业务信贷化。基金公司子公司发行资产管理计划，银行投资资产管理计划，但是，本质是银行将表内资金转化为表外业务，本质是委托贷款；或者是表外理财业务通过基金公司子公司来进行非传统信贷业务，本质是信用业务。公募基金子公司对房地产部门、对地方政府平台及其相关项目等提供了较大规模的资金。公募基金子公司与银行关联起来，从事"银行的影子"业务，并成为影子银行的一个组成部分。

三　基金行业的监管进展

自 2016 年以来，监管当局对于基金行业的监管及时性和有效性较为显著，对于基金行业的相关风险进行了较有针对性的监管。

（一）公募基金的监管进展

1. 货币基金流动性风险在去杠杆中明显缓释

金融部门去杠杆最为典型的表现是债券市场的去杠杆，直接导致基金行业货币基金的风险缓释。此前银行间市场加杠杆导致风险累积，2016 年以来违约现象加速出现，刚性兑付的打破使得信用利差的风险暴露，监管部门趋严监管使得银行间市场风险特别是流动性开始"水落石出"，信用债违约、国债期货跌停、批发市场流动性紧张等成为日益显性化的风险。债券市场去杠杆过程中，银行和包括基金在内的非银行金融机构资产负债表以至于表外业务的调整呈现出风险缓释的特征。

2016 年 8 月，监管当局开始致力于挤压银行间市场的杠杆风险和流动性风险。人民银行从 2016 年 8 月开始进行逆回购操作，与货币基金紧密相关的银行间市场流动性相对紧张成为一种"常态"，12 月甚至出现了国债期货价格的大幅下降。在去杠杆和挤出风险的过程中，银行间市场进行了一次对此前低估的信用利差重新定价的过程，去杠杆呈现出了一定的绩效。在这个过程中，货币基金的规模在明显下降，货币型基金的净值总规模从最高的4.6万亿元下降至2017年1月的3.6万亿元，降幅约为22%。同时，基金类机构在银行间质押式回购中的交易规模从2016年8月的6.88万亿元下降至2017年2月的4.2万亿元，降幅更是高达39%。

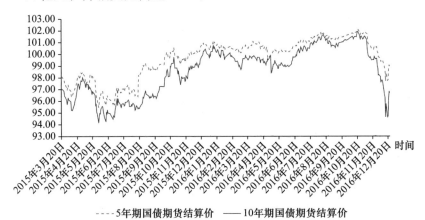

---- 5年期国债期货结算价   —— 10年期国债期货结算价

图3-5 国债期货价格走势

资料来源：WIND。

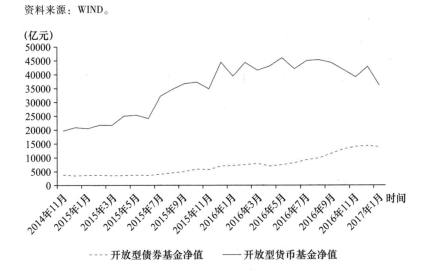

---- 开放型债券基金净值   —— 开放型货币基金净值

图3-6 开放型债券基金与开放型货币基金净值总规模变化

资料来源：WIND。

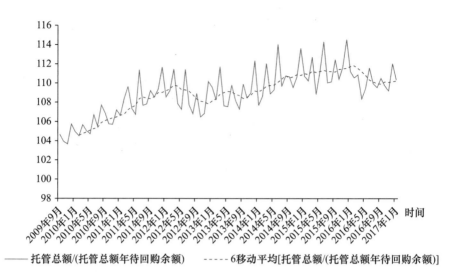

——托管总额/(托管总额年待回购余额)　　-----6移动平均[托管总额/(托管总额年待回购余额)]

图3-7　债券市场杠杆率走势

资料来源：WIND 与作者计算。

基金行业的流动性风险更基础的是货币基金本身的流动性风险，即遭遇到持有人巨额赎回的风险。由于自 2016 年 8 月以来，金融市场去杠杆的进程仍在持续。2017 年货币政策的基调是稳健中性，2016 年以来金融市场去杠杆的进程仍在继续，公开市场利率的调整仍然延续去杠杆的政策趋势。另外，美联储加息及其加息预期的强化是国内资金市场微加息的重要外部环境。由于两个趋势力量都在进程之中，预计进一步上调公开市场利率仍存在较大可能性，这使得货币市场的流动性可能面临较为持续的相对紧张状态。这个环境可能导致投资机构的流动性风险，从而决定货币基金可能存在大量赎回的风险，较为轻的冲击是基金出现负偏离，较为严重的冲击则是基金公司必须以自有资金去填补窟窿，这可能使得注册资本金较低的基金行业面临较大的市场风险。

2. 定制基金审慎管理逐步强化

对于快速发展的定制基金而言，跨界的潜在风险以及基金自身风险控制角度使得监管当局对于定制基金的监管在强化。监管层已对有关新基金申报特别是委外基金申报的窗口做出指导，基金公司申报产品将更加审慎，申报数量和节奏将受到控制。同时，委外定制基金的信息披露要求更加严格、更加细致，这对未来一段时间定制基金发行速度将形成直接的约束。对于定制基金的主要委外者，银行在2017年将受到宏观审慎评估体系（MPA）的明显约束，2017年其银行表外理财资金将纳入MPA考核指标，预计未来银行委外资金的规模将会有所缩减，直接导致定制基金发行速度的下降以及整个环节风险的可控性。

3. 保本基金及反向担保的监管将逐步强化

2016年8月8日，证监会发布通知，就修订《关于保本基金的指导意见》（以下简称《指导意见》）公开征求意见。此次《指导意见》修订的主要内容包括：一是完善保本基金管理人相关审慎监管要求，对基金管理人和基金经理的投资管理经验做出规定。明确要求保本基金的基金经理应当具备两年以上混合型或债券型公开募集证券投资基金管理经验，或者在证券基金经营机构从事股票和债券投资管理工作且担任投资经理两年以上。二是加强风险监测，及早解决风险隐患。新增风险监控的规定要求基金管理人每日监控保本基金的净值变动情况，定期开展压力测试，及时化解风险。三是完善保本基金投资策略相关风险控制指标，降低保本基金运作风险，从严要求稳健资产的投资范围、剩余期限以及风险资产的放大倍数。四是适度控制保本基金规模，降低行业风险。明确基金管理人管理的保本基金，合同约定的保本金额乘以相应风险系数后的总金额，不得超过基金管理人最近一年经审计的净资产的5倍（保险资管公司为1倍）。同时规定，证券公司担任基金管理人的，应按照合同约定的保本金额乘以相应风险系数后总金额的20%计算特定风险资本准备。明确基金管理人及其子公司的特定客户资产管理业务不得募集保本产品。

对于担保和反向担保问题，《关于保本基金的指导意见》（征求意见稿）要求完善担保相关监管要求，增强担保实效。适度降低担保机构对外担保资产总规模，同时要求基金管理人审慎选择担保机构，并在定期报告中对担保机构的情况进行披露。但是，《关于保本基金的指导意见》（征求意见稿）并没有对反向担保的性质、风险及其监管提出具有针对性的监管举措。

保本基金监管更大的变化发生于 2017 年 1—2 月。1 月 6 日，财政部和国家税务总局发布《关于资管产品增值税政策有关问题的补充通知》，要求 2017 年 7 月 1 日（含）以后，资管产品运营过程中发生的增值税应税行为，以资管产品管理人为增值税纳税人，按照现行规定缴纳增值税。这意味着保本基金此前规避增值税的操作在 7 月 1 日后就难以实施。更重要的是，2 月 10 日证监会发布了《关于避险策略基金的指导意见》，将此前指导意见征求意见稿中的"保本基金"名称调整为"避险策略基金"，同时取消连带责任担保机制；完善对避险策略基金的风控要求；限定避险策略基金规模上限，防范相关风险；完善基金管理人风控管理要求。这两项政策的出台，将使得保本基金的发展潜力被大大弱化，未来恐难出现快速增长的态势。

（二）私募基金的监管进展

1. 私募基金执法检查、登记以及募集管理等不断强化

针对私募基金违法违规操作以及结构性运作等风险，监管部门和自律组织都出台了较为有效的监管举措。2016 年 1 月 15 日，证监会发布《2015 年私募基金检查执法情况通报》，披露了检查发现的五类问题（分别是登记备案信息失真、资金募集行为违规、投资运作行为违规、公司管理失范、涉嫌违法犯罪），公布了对 30 家机构、8 个相关责任人的处罚情况，以及对 9 家私募管理人立案稽查、21 家私募管理人涉嫌违法犯罪线索移送公安机关或地方政府的情况。2016 年 2 月 5 日中国基金业协会发布《关于进一步规范私募基金管理人登记若干事项的公告》，从取消私募基金管理人登记证明、加强信息报送、法律意见书、高管人员资质要求四个方面加强规范私募基金管理人登记相关事项，并致力于尽快颁布私募基金募集、基金合同内容与必备条款、私募基金管理人从事投资顾问服务、托管、外包等一系列行业行为管理办法和指引，不断完善私募基金行业自律管理的规则体制。为了规范私募投资基金的募集行为，促进私募基金行业健康发展，保护投资者及相关当事人的合法权益，2016 年 4 月 15 日证券基金业协会发布了私募投资基金募集行为管理办法，并于 7 月 15 日开始实施。

2. 私募资产管理规定夯实监管制度基础

私募资产管理业务运作规定强化了私募基金运作的法律基础，私募基金的规范化达到较高的程度。证监会于 2016 年 7 月 15 日发布《证券期货经营机构私募资产管理业务运作管理暂行规定》，将 2015 年 3 月中基协发布实施的"八条底线"升级为证监会规范性文件，被业内人士称为"新八条底线"。"新八条底线"对资管产品的销售推介、杠杆率、结构化安排等都提出了较高要求。比如，新规进一步压缩了结构化资管产品的杠杆倍数，强调信息和风险披露，不得宣传预期收益率，资管计划名称中不得包含"保本"字样。重申禁止资金池业务，不允许不同资管计划混同操作，提高投顾模式门槛。在这个暂行规定出台之后，保本、结构化和投顾三大类产品成为整改重点，结构化产品锐减，投顾类业务随之萎缩，监管的强化进一步规范了私募资管业务的合法运行，避免了监管套利，引导行业提高风控水平。

（三）公募基金子公司的监管进展

公募基金子公司的监管在 2016 年被有效地强化，公募基金子公司通道业务受到较大的约束。2016 年 5 月中旬监管部门对《证券投资基金管理公司子公司管理规定》和《基金管理公司特定客户资产管理子公司风险控制指标指引》进行意见征求，拉开了对基金子公司的监管序幕，此后在监管强化和行业自律的基础上，基金子公司资产管理规模开始有所下降。

2016 年 12 月 2 日，证监会正式下发《基金管理公司子公司管理规定》及《基金管理公司特定客户资产管理子公司风险控制指标管理暂行规定》（以下简称《暂行规定》）。《暂行规定》严格要求，基金子公司净资本不得低于 1 亿元、不得低于净资产的 40%、不得低于负债的 20%，调整后的净资本不得低于各项风险资本之和的 100%，这将极大地约束基金子公司较为无序的扩张进程。《暂行规定》将主要通过净资本指标来限制基金子公司相关业务的无序扩张，推动基金公司在有效控制风险的前提下，审慎开展私募资管业务，回归专户资产管理的本源。《暂行规定》出台意味着通道业务将受到较大的制度约束，可能无法继续成为基金子公司的主导方向，未来基金子公司必须寻找转型方向。当前基金子公司调整的主基调为按照准备金调整业务，瞄准非标股权、资产证券化、股权投行及标准产品投资等领域，但是，如果成为专户资产管理的专业化管理机构，基金子公司任重道远。此外，新规还禁止基金母子公司之间、受同一基金母公司管理的不同子公司之间的同业竞争。

四　结论与建议

（一）基金行业基本没有系统性风险点

整体而言，我国基金行业整体没有系统性风险，其较为显著的风险点较少，主要集中在四个方面：一是公募基金中的货币基金规模较大，在货币市场的配置占比较大，使得货币基金整体以及货币市场存在一定的流动性风险，但是，该风险不是特别显著。二是私募基金规模较大，同时规范性相对较低，可能引发"羊群效应"，这是私募基金较为显著的风险点。三是公募基金子公司是整个基金行业风险较为凸显的领域。四是基金行业整体呈现结构性和杠杆化的趋势，公募基金、私募基金和公募基金子公司都发行了大量的结构性产品，使得部分结构性产品带有较大的杠杆效应。

（二）基金行业稳定重在监管深化

针对基金行业的主要风险点，监管机构以及自律组织基本出台了具有针对性的监管举措，这有效地降低了基金行业的风险水平，基本排除了重大的风险点，使得整个行业不具有系统性风险的威胁。

但是，基金行业的稳定发展需要监管体系进一步完善监管框架，深化相关的监管制度，强化微观监管标准，以保障公募基金、私募基金和公募基金子公司的稳健运行，使得基金行业平稳健康可持续发展。

对于公募基金：一是继续严格监管公募基金，重点警惕货币基金的流动性风险及银行间市场流动性变化对其的影响。二是明确公募基金定制基金的相关监管标准，防止出现基金与银行等机构的跨界风险传染。三是强化公募基金避险策略基金（保本基金）反向担保的监管约束，防止担保机构以及基金公司担保头寸过大引致重大风险。四是进一步完善公募基金的结构性产品监管，防止出现过大的杠杆比率，加强投资者教育和权益保护。五是继续要求公募基金稳健投资，防止出现持股过度集中的状况。

对于私募基金：一是继续完善登记、募资、托管、投顾、外包等环节的规范性管理，并强化现场检查和专项整治的管控作用。二是强化私募基金资产管理的全流程覆盖，重点把控销售推介、资金募集、杠杆率、结构化安排、信息披露等环节，保障私募基金资产管理业务运作的规范性和稳健性。三是有效进行私募基金自融、公募化、结构性等风险应对，强化法律制度规范等基础设施建设，消除制度规范引致的潜在法律风险。

对于公募基金子公司：一是强化《证券投资基金管理公司子公司管理规定》和《基金管理公司特定客户资产管理子公司风险控制指标指引》两个制度规范的执行和检查，降低整个领域的风险暴露水平，降低基金子公司与其他金融部门的内在关联性。二是引导公募基金子基金去通道化、去信托化，逐步转型为专户资产管理专业机构。三是引导公募基金子基金差异化发展，形成各具特色的资产管理业务体系。

第四章 保险业风险分析及政策建议[*]

本章主要从三个方面分析保险业存在的突出风险，并提出相关政策建议。一是我国保险资金运用风险及政策建议；二是我国万能险发展存在的风险及政策建议；三是债券保险的主要风险点与规范发展政策建议。

一 我国保险资金运用风险及政策建议

2016 年，我国保险市场规模快速增长，已跃居世界第 2 位。全国保费收入从 2011 年的 1.4 万亿元增长到 3.1 万亿元，年均增长 16.8％。行业总资产从 2011 年的 6 万亿元增长到 2016 年的 15.1 万亿元，年均增长 20％。但随着投资环境的变化和市场竞争的加剧，2016 年保险业投资收益率为 5.66％，同比下降两个百分点，实现行业利润 2000 亿元左右，同比下降三成。部分保险公司还出现了集中举牌、跨领域跨境并购等激进投资行为。随着英国脱欧、特朗普上台、美联储加息等"黑天鹅"事件的频频上演，全球政治、经济、金融环境的不确定性显著上升。同时，我国经济增长下行压力依然较大，低利率环境仍将持续一段时间，保险业资产端和负债端的矛盾突出。因此，随着保险业参与金融市场和实体经济的不断深入，保险资金运用将面临利差损风险、流动性风险、资产负债错配风险等多重风险，防控风险的重要性和紧迫性日益凸显。

———————

* 本章作者郭金龙、袁中美、陈晓。

（一）我国保险资金运用现状

2006—2016 年，我国保险资金运用余额由 1.78 万亿元增长至 13.39 万亿元，平均增速为 22.36%，明显高于保费的增长速度。

在资产配置方面，我国保险资金运用结构配置不断优化，主要呈现以下特点：一是坚持以固定收益投资为主，但传统固定收益类资产占比不断下降。其中，银行存款占比由 2004 年的 47.05% 降至 2016 年的 18.55%，债券类资产占比由 2008 年的 57.48% 降至 2016 年的 32.15%。二是权益类资产的投资比例明显上升，但增幅不大。股票和证券投资基金占比由 2006 年的 5.13% 上升至 2015 年的 15.18%，2016 年受股市波动的影响又下降了两个百分点，距离 30% 的监管比例上限还有一倍以上的增长空间。三是另类投资首次成为险资配置的第一大类资产。自 2013 年以来，我国保险资金主要通过基础设施投资计划、不动产投资计划、资产支持计划等工具对接具体融资项目。截至 2016 年底，保险机构共发起设立各类债权、股权和项目资产支持计划 651 项，合计注册规模 16524.9 亿元，主要投向为交通、能源、不动产等基础设施以及医疗、养老等民生建设领域。此外，在"一带一路"建设、长江经济带发展、京津冀协同发展、振兴东北老工业基地、棚户区改造等领域，保险资金也以债权计划、股权计划等多种方式分别提供 5922.6 亿元、1358.6 亿元、736.4 亿元、227.7 亿元、968.1 亿元的投资[①]。四是境外投资还有较大的提升空间。目前，我国保险资产的海外配置以香港资本市场与发达国家核心城市的不动产资产为主。截至 2016 年，险资境外投资余额从 2015 年的约 360 亿美元提高到 492.1 亿美元，占行业上季度末总资产的 2.33%，但距离 15% 的监管比例上限仍有较大的增长空间。由此可见，我国保险资金运用的策略不断调整和完善，资产配置结构的演变表明了其正逐步践行"多元化投资、价值投资、责任投资"的理念。

---

① 《中国保险资产管理业协会负责人谈保险资金运用》，新华网，http：//news. china. com/finance/11155042/20170207/30237176. html，2017 年 2 月 7 日。

表 4 - 1　　　　2004—2016 年我国保险资金运用的资产配置结构　　单位:%

年份	银行存款	债券	股票和证券投资基金	其他投资
2004	47.05	39.75	6.18	7.02
2005	36.65	46.83	7.86	8.66
2006	33.67	47.92	5.13	13.28
2007	24.41	43.73	9.45	22.41
2008	26.47	57.48	5.39	10.66
2009	28.11	50.44	7.37	14.07
2010	30.21	49.49	5.69	14.61
2011	32.06	46.96	5.27	15.72
2012	34.21	44.54	5.29	15.97
2013	29.45	43.42	10.23	16.90
2014	27.12	38.15	11.06	23.67
2015	21.78	34.39	15.18	28.65
2016	18.55	32.15	13.28	36.02

资料来源:中国保监会网站。

在投资收益方面,我国保险资金运用的收益率除受 2008 年全球金融危机影响呈现大幅波动以外,长期处于低位波动状态。如表 4 - 2 所示,在 2004 年至 2016 年间,我国保险资金运用的平均收益率为 5.32%,但经历了 2007 年取得的最高收益率 12.17% 到 2008 年取得的最低收益率 1.91% 的大幅波动。2008 年后,随着宏观经济复苏和资产配置结构的调整,我国保险资金运用的收益率开始缓慢回升。特别是 2012 年保监会出台了一系列保险资金运用新政,陆续放开了投资创业板、优先股、创业投资基金、支持历史存量保单投资蓝筹股,增加境外投资范围等,资产配置结构的进一步优化使得保险资金在 2015 年取得了 7.56% 的较高收益率。然而,受 2016 年宏观经济下行和资本市场波动的影响,我国保险资金运用的收益率同比下降了 1.9 个百分点。从相对收益来看,金融危机后我国保险资金运用的收益率均高于 5 年期国债的到期收益率,绝大多数年份还高于 15 年期国债的到期收益率,但除 2009 年外,2008—2012 年的保险资金运用的收益率都低于 5 年期定期存款利率。若考虑到通货膨胀等因素的影响，我国保险资金运用的实际收益率更低。

表 4 - 2　　　　2004—2016 年我国保险资金运用的收益率　　　单位:%

年份	保险资金运用的收益率	5 年期国债的收益率	15 年期国债的收益率
2004	2. 87	NA	NA
2005	3. 60	NA	NA
2006	5. 80	NA	NA
2007	12. 17	NA	NA
2008	1. 91	1. 81	3. 27
2009	6. 41	2. 96	4. 01
2010	4. 85	3. 54	4. 09
2011	3. 57	3. 04	3. 70
2012	3. 39	3. 22	3. 85
2013	5. 04	4. 46	4. 79
2014	6. 30	3. 51	3. 84
2015	7. 56	2. 70	3. 16
2016	5. 66	2. 85	3. 47

資料来源：中国保监会网站。

（二）我国保险资金运用的风险及原因分析

根据对保险资金投资运作各环节中可能存在的各种风险因素的判断，即从诱发风险的角度区分和辨识保险资金运用风险，目前保险资金运用主要面临六类风险，即资产负债错配风险、利差损风险、市场风险、信用风险、流动性风险和偿付能力不足风险。

1. 资产负债错配风险

我国保险资金的资产负债错配风险主要表现为期限错配、收益错配、信用错配、流动性错配、币种错配等问题。一直以来，国内资本市场都缺少长久期、高收益的优质资产，导致保险业长期面临着"长钱短配"的问题。2013—2015 年，行业 15 年以上的资产负债缺口分

别为 2.45 万亿元、2.97 万亿元和 5.4 万亿元①。根据保监会 2016 年
8 月对 204 家保险机构的资产负债管理情况进行摸底调研发现，在期
限匹配情况上，寿险公司传统、分红、万能账户调整后的资产负债久
期缺口分别约为 −2.16 年、−3.97 年、−0.39 年，产险公司调整后
的资产负债久期缺口约为 2.19 年②。从长期来看，资产久期低于负债
久期是常态，特别是在长期低利率的环境下，估计新增保单资金投资
以及存量保单资金再投资规模将达到 4 万亿元，面临资产收益率下降
带来的较大配置压力。而且，自 2014 年以来，部分保险公司集中发
展高现金价值的中短存续期产品。随着理财资金的不断融入，债券收
益率的持续下行，负债成本大于资产收益率的情况日渐严重，很多保
险公司采取了加杠杆、加久期、加风险来获得收益。这些短期限资金
主要投向收益高、流动性低、期限较长的不动产、基础设施、信托等
另类资产，"短钱长配"现象凸显。同时，保险资金境外资产配置比
例的提高还可能导致资产负债币种错配带来的汇率风险。到目前为
止，境外投资以欧美核心城市房地产为主，由于房地产市场复苏和美
元指数走强，目前尚未出现明显的风险征兆。但如果从长期来看人民
币汇率扭转当前贬值预期而重新走强，上述海外投资可能出现汇兑
损失③。

2. 利差损风险

利差损风险是指保险资金投资运用收益率低于有效保险合同的平
均预定利率而造成亏损。因此，造成利差损的原因：一是预定利率偏
高；二是投资收益偏低。从我国保险行业的发展历史来看，早在 20
世纪 90 年代就曾集中大规模出现利差损风险。从 1996 年 5 月开始，

---

① 陈文辉：《清醒认识保险资金运用的风险》，http：//business.sohu.com/20160830/
n466830659.shtml，2016 − 8 − 30。
② 《保险业资产负债管理"硬约束"提上日程》，http：//www.ciicapital.com/html/In-
suranceColumn/PolicySupervise/2017/0227/38387.html，2017 − 2 − 27。
③ 陈武：《我国保险资产负债错配存在六大风险》，http：//www.china1baogao.com/
news/20160612/4581873.html，2016 − 6 − 12。

央行连续 8 次降息，一年期存款利率从 10.98% 下降至 2002 年的 1.98%①。但 1996 年初部分险企卖出的保险产品的预定利率高达 10%，在当时的保险资金投资收益率普遍不到 5% 的情况下，中国人寿、中国平安以及中国太保等险企都受到利差损风险的严重影响。此后，监管机构将人身险保费预定利率下调为 2.5%，并保持多年不变，才使得利差损风险对我国保险业的影响逐步消退。然而，近年来随着我国经济下行压力增加，央行持续推行宽松货币政策刺激经济增长，银行 1 年期存款基准利率自 2015 年以来多次下调后仅为 1.5%。同时，保险市场上出现的万能险产品的结算利率一度达到 6%—8%，再加上手续费佣金等费用，资金成本甚至更高达到 10%，保险公司的负债成本已远远超过债券等固定收益类资产收益水平。由此可见，随着保险费率市场化改革的持续推进，如何在低利率甚至负利率时代防止利差损风险将是我国保险业面临的重大课题。

3. 市场风险

（1）资本市场剧烈波动导致投资收益大幅缩水

2016 年 1 月 4 日，A 股开市第一天就因两次触及熔断机制的两级阈值提前停市，我国股市和汇市均出现巨幅波动（业内将其称为"第三次股灾"）。随后，股权争夺、险资举牌、借壳上市、高送转减持、深港通开闸等不断上演，资本市场开始大幅震荡。2016 年，沪指下跌 12.31%，深证成指下跌 19.64%，创业板指下跌 27.71%。而从 2015 年资本市场的情况来看，沪指上涨 9.51%，深证成指上涨 14.98%，创业板指上涨 84.81%②。资本市场的剧烈波动对于保险行业的直接影响是导致投资收益缩窄，短期内对于业绩冲击影响相对较大。因此，2016 年保险行业的利润总额减少 824 亿元，投资收益率从 2015 年的 7.56% 下降到 5.66%。这主要是因为 2016 年我国保险资金运用中股票和证券投资基金所占比重为 13.28%，该部分资金或受资本市场影响较

---

① 《保监会对利差损风险倒悬一颗心》，http：//business. sohu. com/20160923/n468998226. shtml，2016 – 9 – 23。

② 《利润、投资收益双降，2016 保险少赚超 800 亿》，http：//www. p5w. net/money/bxzx/201702/t20170215_ 1713806. htm，2017 – 2 – 15。

大。从保险公司举牌的情况来看，多只举牌的概念股先后出现跌停，安邦系、富德生命人寿、中融人寿、前海人寿等都遭遇了大面积浮亏。作为重要的机构投资者，保险公司业务规模的增长必然使得大体量的保险资金进入资本市场寻找增值空间，只有实现两者之间的互利共赢才能更好地促进保险业的长期稳定发展。

（2）跨市场、跨行业的风险交叉传染

随着保险资金参与金融市场和服务实体经济的广度、深度不断提升，保险资金运用风险已经与经济金融风险深刻交织交融在一起，风险日益复杂、传染和叠加。一是金融产品由简变繁，可能通过银行、券商、保险等资管产品层层包装，跨领域、跨产品传递风险加大。尤其是在互联网金融快速发展的初级阶段，一些互联网理财和P2P平台利用保险为其增信，而部分保险机构没有建立独立风险审核体系和人才储备，缺乏对P2P等信用风险识别能力，一旦出现违约，保险机构就将面临巨额赔付，目前保险业离有效管控互联网风险还有较大差距。二是交易环节由少变多，风险的影响因素更加复杂，大量非标准化的金融产品大多都在场外交易，缺乏透明度，风险管控难度更大。三是投资链条延长，风险隐蔽性增加。一些跨领域的投资行为，从局部看是合规的、风险可控的，但从整体看，可能存在一定风险，比如杠杆在累积，这样导致风险跨监管、跨行业叠加，应对难度加大①。

（3）境外投资不确定因素增多

自2012年10月《保险资金境外投资管理办法实施细则》颁布以来，保监会出台了一系列新政逐步拓宽保险资金境外投资范围，推动保险业进行海外布局。2013年，中国平安以2.6亿英镑买下伦敦地标建筑伦敦劳合社大楼，由此拉开政策落地后新一轮险企海外投资的序幕。2014年6月，中国人寿购得伦敦金丝雀码头10 Upper Bank Street大楼。尤其是2014年10月以来，安邦保险先后收购纽约华尔道夫酒店、比利时FIDEA保险公司及Lloyd银行、韩国东洋人寿、荷兰VIVAT保险公

---

① 陈文辉：《清醒认识保险资金运用的风险》，http：//business. sohu. com/20160830/n466830659. shtml，2016 – 8 – 30。

司、美国信保人寿、黑石旗下地产投资信托企业 Strategic Hotels & Re-
sorts Inc. 集团和韩国安联人寿等①。由此可见，资本共赢无疑是我国保
险公司境外投资的主要动因，投资形式集中于发达国家的不动产投资和
公司股权收购等领域，非常适合保险公司长期投资的风险收益偏好和大
规模配置的需要。然而，境外投资面临的风险更加复杂化、多元化，投
资项目直接受所在地区经济和地缘政治影响，业务发展和经营效益面临
诸多不确定性。

目前，我国保险资金境外投资比例不足行业总资产的3%，投资风
险总体不大。但是，当前国际政治、经济、金融局势瞬息万变、错综复
杂，保险资金的走出去战略还面临着当地监管规则、法律环境、管理体
制以及汇率变动等多种复杂风险因素，境外投资经验和人才的缺乏使得
风险管控难度加大。以在英国的投资为例，保险资金在英国投资了
19.52亿英镑，其中不动产17.44亿英镑，占比89.3%。英国退欧公投
之后的一周之内，英国有6只房地产基金宣布暂停赎回，两周之内有2
只地产基金将估值下调5%—15%。同时，投资失败的案例也时有发
生。以中国平安为例，自2007年起中国平安先后向比利时富通集团投
资约238亿元，获得近5%的股份。2008年全球金融危机爆发后，富通
股价下跌逾96%，富通集团被比政府国有化，并以低价出售，中国平
安因此损失超过90%②。此后，中国平安先后通过多种渠道谋求挽回损
失，却始终无果，这一失败的案例也为我国保险企业的境外投资敲响了
警钟。尽管未来新兴市场是经济增长和资产增值的重要源泉，但保险资
金在新兴市场的投资将面临更大的政策风险、汇率风险、市场风险以及
投资决策风险等。

4. 信用风险

根据保监会的统计，我国保险资金约80%配置于信用类资产，保
险公司面临的信用风险正加速上升。主要体现在：其一，保险机构是债

①　《保险业境外投资额约360亿美金险资出海或大提》，http://finance.sina.com.cn/
roll/2016-03-16/doc-ifxqhmvc2505656.shtml，2016-3-16。

②　《中国平安投资富通集团巨亏228亿元索赔比利时政府》，http://gegu.stock.cnfol.
com/120926/125，1332，13308778，00.shtml，2012-9-26。

券市场的主要投资者，随着债券收益率下滑，保险机构风险偏好上升，加大了对公司信用类债券的投资，而许多公司信用类债券的发行主体都来自传统产业，受经济下行和结构调整的影响，这些发行主体的信用风险增加，债券违约进入多发期。2015 年，发生 22 起实质性违约事件，涉及金额 120 亿元。2016 年违约开始加快，仅前 5 个月共有 30 只债券违约，涉及本金超过 200 亿元。同时，违约债券呈蔓延趋势。债券违约集中在产能过剩及周期性强的行业，违约债券发行主体开始由民营企业向国有企业、中央企业扩散，违约券种涵盖企业债券、公司债券、中期票据、短期融资券等。比如，在 "10 中钢债" 违约事件中，6 家保险机构共投资 6.1 亿元，预计未来保险投资面临的市场信用风险将更加突出。这对保险机构如何更加审慎地进行债券投资，以及如何最大限度地保全已有投资提出很大的挑战①。其二，在基础设施和不动产投资计划中，地方政府融资平台投资占比较大。部分地方政府通过融资平台举借巨额债务，无稳定的现金流作为偿债保证，导致投资组合的信用风险敞口提升。特别是互联网金融的发展推动了保险公司与 P2P 平台在履约保证保险方面的合作。一旦保险公司保障的项目出现违约状况，那么保险公司则首当其冲，成为收拾烂摊子的人。例如，浙商财险保障侨兴电信、侨兴债券的私募债项目违约，目前保险公司已赔款 3.67 亿元，后期还将面临着 8 亿多元的风险敞口。据了解，浙商财险净资产仅有 13 亿元，如果后续追账不利，那么此次赔付无疑将给公司带来巨大打击②。其三，银行理财产品、信托产品违约风险上升，刚性兑付逐渐被打破。据统计，截至 2016 年第二季度末，信托行业风险项目达 605 个，规模达到 1381.23 亿元，较上年同期增长 33.58%。保险公司投资信托产品存在投资集中度高、基础资产不明确、信用评级机制不完善等问

---

① 陈文辉：《清醒认识保险资金运用的风险》，http://business.sohu.com/20160830/n466830659.shtml，2016 - 8 - 30。

② 《履约保证保险重回行业视线保险选择或更谨慎》，http://insurance.jrj.com.cn/2017/01/03074521916650.shtml，2017 - 1 - 03。

题，使保险公司面临的信用风险增加①。

5. 流动性风险

流动性风险主要来源于保险公司负债和资产之间流动性不匹配，当负债端流动性超过了资产端流动性的时候，一旦出现集中退保等突发事件就可能造成保险公司的流动性不足。特别是近几年一些保险公司主打高现价产品并承诺高收益率，这些产品往往定位于短期理财产品，并且隐含鼓励保单持有人在短期内退保以获取高额的现金价值。这就导致其负债端的期限较短，流动性很强。另一方面为了弥补此类产品高收益率的成本压力，保险公司需要持有期限较长的资产以期获得较高的收益。目前，我国保险资金运用的另类投资中以不动产为主，包括商业、办公不动产、与保险业务相关的养老、医疗、汽车服务等不动产及自用性不动产等。根据蓝鲸保险的统计，截至 2016 年 11 月，我国已有超 10 家保险公司参与不动产投资，总金额约 1123 亿元人民币。其中，投资国内不动产近 306 亿元，投资国外不动产约 817 亿元人民币。同时，不同保险公司投资不动产的方向有所区别，商业用地、医疗养老总是占前两位②。尽管这有利于提高保险公司的投资收益。但是，由于不动产投资期限较长，占用资金量较大，流动性较差，一旦保险公司出现大额给付、赔偿或退保事件，这就会使保险公司面临流动性风险，甚至引发系统性金融风险。

6. 偿付能力不足风险

2016 年，我国保险公司整体偿付能力充足率达到 247%，远高于 100% 的警戒线。但根据保监会《2016 年偿二代偿付能力风险管理能力评估结果》显示，可参考数据的 70 家寿险公司的风险管理能力评估结果平均得分为 76.35 分。其中，平安、劳合社、信诚、国寿、泰康、太平 6 家寿险公司得分均超 85 分。另外，民生、中原、渤海、中银三星、恒大、华汇、中融 7 家寿险公司的风险管理能力评估得分在 70 分以下，

---

① 《宏观审慎视角下保险资金运用风险研究》，http：//www. financialnews. com. cn/bx/ch/201612/t20161207_ 109211. html，2016 – 12 – 7。

② 《保险＋不动产买卖，2016 险资不动产投资已超千亿》，http：//finance. ifeng. com/a/20161122/15025152_ 0. shtml，2016 – 11 – 22。

而中融人寿以得分 46 而排名垫底①，这与其 2016 年先后举牌真视通、天孚通信、鹏辉能源三家上市公司后，浮亏超过 3 亿元有很大关系。作为衡量保险公司偿债能力的重要监管指标，偿付能力充足率受到实际资本数额、投资收益和责任准备金、经营策略、资产与负债的匹配程度等多种因素的影响。目前，部分保险公司出现偿付能力不足主要是因为经营理念粗放、投资模式激进、资金成本及交易成本升高所致。特别是近十年来，我国万能险发展较快，2016 年底其市场份额一路攀升到 31.4%。万能险销售收入的快速增长，一方面源于在利率下行周期，万能险 3% 左右的最低保证利率已经超过一年期定期存款利率；另一方面各保险公司在其他金融产品收益率不断下滑的情况下，依然给出了 5% 以上的高结算利率，从而吸引了大量理财资金的购买。同时，少数保险公司的业务结构中甚至出现万能险一"险"独大，而且期限普遍偏短的现象，使得短期负债配长期资产，导致保险公司资产负债错配，经营稳定性较差。

以前海人寿为例，自 2012 年成立以来，一直以万能险为主导业务。2013 年，其保费总规模 125 亿元，万能险贡献 121.4 亿元，占比达 96.86%；2014 年，保费规模达 348 亿元，万能险贡献 313 亿元，占比达 90%；2015 年，保费规模增至 779 亿元，万能险贡献 598 亿元，占比 76.78%。2016 年，保费收入规模降到 220 亿元，但万能险产品仍占总保费收入的约 78%。从负债端的成本来看，2015 年前海人寿保险公司的前海聚富 3 号终身寿险（万能型），其年结算利率高达 7.26%—7.4%，旗下的其他万能险产品的结算利率也在 6% 以上。2016 年，在资本市场波动和监管趋严的双重压力下，该公司万能险产品的结算利率普遍降到 5% 左右。在利率市场化的背景下，已销售的保险产品无法在当前固定收益市场中获得如此高的投资收益率。因此，负债驱动资产追求更高收益，促使该公司不断增加高收益权益资产的配置，在 A 股市场疯狂举牌上市公司。

---

① 《2016 偿付能力风险管理能力评估结果：7 家寿险公司不足 70 分》，http://money.163.com/17/0120/17/CB87C1FO002580S6.html，2017 - 1 - 20。

　　2015 年 6 月，前海人寿通过证券交易所以 14.74 元每股的价格买入 2 万股万科 A 股票。2015 年 7 月和 8 月，前海人寿大举买入万科 A 股票，斥资合计逾 110 亿元买入 8.7 亿股。2016 年 1—7 月，宝能系不断通过旗下的钜盛华公司和前海人寿增持万科 A，屡屡触及举牌线。截至 2016 年 7 月 19 日，宝能系共斥资约 451 亿元买入万科 A 25.4% 的股份，宝能系和前海人寿也因此变成了响彻 A 股市场的"资本大鳄"。除万科 A 外，前海人寿还不断举牌南玻。2015 年 5 月 7 日，前海人寿的持股比例由 5.02% 升至 10.04%，南玻 A 副总裁张柏忠于 5 月 22 日辞职。11 月 2 日，前海人寿及其一致行动人对南玻 A 的持股比例升至 25.05%。2016 年 11 月 14 日，南玻 A 召开董事会临时会议。通过该次会议，宝能系实际上完全掌握了南玻 A 的实际控制权。随后，南玻 A 的 7 名高管和 3 名董事宣布集体离职，严重影响了公司的日常经营。此外，前海人寿在 2016 年 11 月 17 日至 11 月 28 日期间大量购入格力公司股票，持股比例由 2016 年第三季度末的 0.99% 上升至 4.13%，持股排名由公司第六大股东上升至第三大股东，距离 5% 举牌线仅一步之遥①。

　　因此，前海人寿在资本市场掀起的一系列举牌大战引起了监管层的高度重视。2015 年 12 月，保监会对前海人寿采取停止开展万能险新业务、在三个月内禁止申报新产品的监管措施，使得其资金来源显著下降。2016 年 12 月 5 日，受资本市场系统性风险的冲击，其所举牌的概念股更是出现了暴跌，市值亏损累计超过 45 亿元（如表 4 - 3 所示）。根据前海人寿发布的 2016 年第四季度偿付能力报告显示，该公司核心偿付能力充足率从第三季度的 76.72% 下降至 56.23%，综合偿付能力从 143.93% 下降至 112.47%。同时，保监会还在 2017 年 2 月 24 日对前海人寿存在提供虚假材料、违规使用保险资金等重大违法事实处以 80 万元的罚款，给予前海人寿 7 名高管行政处罚，其董事长更被禁入保险业 10 年。由此可见，激进的投资模式会导致保险公司出现成本收益的错配和投资期限的错配，从而引发严重的偿付能力不足风险。

---

　　① 《盘点 2016 年险资举牌十大案例引监管层高度重视》，http：//finance. sina. com. cn/roll/2017 - 01 - 03/doc - ifxzczfc6794213. shtml，2017 - 1 - 3。

表 4 - 3　　　　　　　2016 年 12 月 5 日前海人寿所持 A 股情况

代码	名称	所属行业	性质	持股比例（％）	当日跌幅（％）	市值亏损（亿元）
000002. SZ	万科 A	房地产	第一大股东，举牌	25.40	3.59	26.62
000012. SZ	南玻 A	建筑材料	第一大股东，举牌	24.39	6.61	4.40
600872. SH	中炬高新	食品饮料	第一大股东，举牌	23.70	9.23	2.29
000601. SZ	韶能股份	公用事业	第一大股东，举牌	15.00	7.76	1.23
600712. SH	南宁百货	商业贸易	第二大股东，举牌	14.65	10.02	1.02
000069. SZ	华侨城 A	房地产	第二大股东，举牌	9.89	3.75	2.35
000417. SZ	合肥百货	商业贸易	第二大股东，举牌	6.72	3.36	0.16
600101. SH	明星电力	公用事业	第四大股东，举牌	5.02	3.39	0.07
000651. SZ	格力电器	机械设备	第三大股东	4.13	10.01	7.15

资料来源：中国基金报，http：//finance. ifeng. com/a/20161206/15056557_ 0. shtml。

（三）防范我国保险资金运用风险的政策建议

1. 加快盈利模式转型

第一，成立保险资产管理公司，选择合适的投资渠道。各保险机构要根据自身实际情况选择利用新的拓展渠道，对规模较大、投资管理专业化要求较高的保险公司而言，应设立专业的资产管理部门，提高保险资产管理水平，增强保险公司的风险管控能力。成立独立的资产管理公司是金融机构综合化发展的必然结果，设立专业的保险资产管理部门，有利于吸收资本市场的优秀人才；有利于明确保险公司与投资管理的责任和权力，加强对投资管理的考核，促进专业化运作；有利于保险公司扩大资产管理范围，掌握市场新的发展趋势。

第二，要提升盈利能力，确保转型平稳。保险资管机构投资能力的提高，有助于保险资金投资收益率的稳定和提高，改善保险公司的盈利能力，为转型提供稳定环境。

第三，支持产品创新，推动负债业务发展。保险资管机构利用自身投资优势以及对理财产品创新、投资品种创新的深入研究，支持负债方开发资产驱动型产品和创新型保险产品。

2. 强化资产负债匹配管理

对保险资产负债管理转为"硬约束"，保监会初步构想从六大方面进行。即以制度机制建设为基础，推动保险公司资产负债协调联动，以分账户监管为抓手，探索建立资产负债管理评价体系，充分发挥偿付能力资本约束作用，加强监管协调、形成监管合力。

第一，研究制定保险公司资产负债管理具体办法。从目标与策略、组织架构、人员与职责、工作流程、系统与模型、绩效考核等方面，提出监管规范，促进资产负债管理工作形成有效的正反馈机制。同时，引入独立第三方审计机构，定期评估资产负债管理情况。

第二，推动保险公司建立"上下左右"联动的投资决策体系和沟通协调机制。"上下"是自上而下建立资产负债管理的决策体系，"左右"是指结合公司发展战略和风险偏好要求，建立公司内部各部门，尤其是负债管理部门、资产管理部门之间的横向沟通的协调机制。

第三，研究实施分账户监管。根据不同负债性质，把账户细分为传统账户、分红账户、万能账户、投连账户。要求保险公司分别不同账户的资金成本、现金流和期限等负债指标，根据资产负债管理要求，确定各类账户预期收益目标和风险指标，制定实施资产战略配置规划以及年度资产配置计划。同时，在各类账户设立专职岗位。

第四，建立资产负债管理评价体系。构建以期限匹配、成本收益匹配、现金流匹配、压力测试和资产负债管理能力为主要内容的资产负债管理评价体系，评价结果与投资政策、产品政策和偿付能力挂钩。对资产负债错配风险和流动性风险比较大的公司，采取相关的监管措施。

第五，强化偿付能力资本约束。加大对资产负债管理和流动性的风险评价比重，对于负债期限显著短于资产期限的公司，提高压力测试频率和偿付能力资本要求。

第六，完善监管内部协调机制。建立资产负债管理监管长效机制，保险资产负债管理监管委员会会从产品监管、资金运用、偿付能力等方面，对保险公司资产负债管理情况进行现场检查①。

3. 优化资产配置结构

第一，坚持稳健审慎，逐步增加权益资产配置。权益资产仍是长期资金获得收益的重要来源，但如何降低权益资产的波动性是难点。改进的方法包括可以通过策略体系的多样化提高风险收益比；可以将战略资产配置和获取绝对收益的战术资产配置以及机会型配置分开对待；可配置量化对冲型的产品或者能获取高 Alpha 的 Smart beta 指数产品。

第二，坚持服务主业。"保险业姓保"，保险资金运用也姓保，要正确处理保险的保障功能和投资功能的关系，保障是根本功能，投资是辅助功能，是为了更好地保障，不能舍本逐末、本末倒置。

第三，坚持长期投资、价值投资、多元化投资。要做长期资金的提供者，不做短期资金的炒作者；要做市场价值的发现者，不做市场价格的操控者；要做善意的投资者，不做敌意的收购者；要做多元化、多层次资产配置的风险管理者，不做集中投资、单一投资、激进投资的风险制造者②。

第四，通过海外投资进行配置，积极参与海外成熟的债券市场。日本与中国台湾保险经验都是通过投资海外的成熟债券市场仍然可以实现资产增值目的，实现投资端对成本端的覆盖和风险的匹配。由于目前海外主要国家的利率已极低，部分国家处于负利率状态，虽然日本及欧洲仍会持续实行货币宽松，但美国之后会有加息的可能性，会造成全球债券市场的波动率加大，风险也加大。若海外债券市场有大幅波动，也会影响到海外的股票市场。在未来海外市场的安全性已不如以往，不确定性反而在上升的情况下，建议国内保险公司若要走出海外，应该先以受到利率影响小的及海外股市相关性较低的产品，我们认为海外的对冲基金或者是海外的多元资产配置产品是初步跨出海外投资较好的选择。HFR（hedge fund research）的研究表明，不同策略的对冲基金在同一时

---

① 《保险业资产负债管理"硬约束"提上日程》，http：//www. ciicapital. com/html/InsuranceColumn/PolicySupervise/2017/0227/38387. html，2017－2－27。

② 陈文辉：《坚持稳健审慎和服务主业从严从实加强保险资金运用监管》，http：//news. 163. com/17/0209/14/CCRE78PN00018AOQ. html，2017－2－9。

间点上收益率分化较大，而同一策略在不同市场环境下的收益率波动也较大。我们建议保险资金在投资对冲基金的初期可以选择多策略对冲基金，以控制波动率。当保险资金投资对冲基金的能力增强后，可以根据市场情况灵活选择策略以获得稳健收益①。

4. 完善风险防范机制

第一，完善宏观审慎政策系统性风险评估框架。充分考虑保险资金运用跨行业、跨市场、跨国界风险，延伸传统的监管边界，将保险资金运用情况及其涉及的领域现有或潜在的风险因素纳入宏观审慎政策系统性风险评估体系。通过全方位的定量评估，实现保险资金运用风险监管的全覆盖。

第二，创新监管理念，丰富监管工具，把"放开前端"和"管住后端"有机结合起来。比如，协调处理好"一般监管"和"重点监管"的关系。既能为行业发展创造较为宽松的发展环境，又能管控好个别激进公司的风险。灵活运用"技术监管"和"监管干预"，对经营稳健、风险水平较低的公司，更多地采取风险监测、压力测试、偿付能力监管等"技术监管"方式，既关注风险，又不过多干预公司经营。对于经营激进、风险很高、治理不健全的公司或高风险业务，直接采取叫停业务、叫停投资等"监管干预"方式，及时防止风险的扩大和蔓延。

第三，健全逆周期资本缓冲机制。"偿二代"基于宏观审慎监管的视角，已对保险业顺周期风险、系统重要性机构风险等提出了资本要求，但并未提出具体的衡量方法。因此，应在现有逆周期资本缓冲的要求下，进一步完善具体操作标准②。

---

① 《"太平资产杯·IAMAC2016 年度征文"之一——由海外经验看我国低利率下保险资产配置策略应用》，http：//www. iamac. org. cn/xxyj/ndzw/201612/t20161221_ 4052. html。

② 《宏观审慎视角下保险资金运用风险研究》，http：//www. financialnews. com. cn/bx/ch/201612/t20161207_ 109211. html，2016 – 12 –7。

二 我国万能险发展存在的风险及政策建议

近年来，我国万能险保费①疯狂增长，重新改写了维持多年的寿险产品结构状况及市场格局。安邦保险、华夏人寿等迅速跃升至寿险市场前列，"宝万之争"更是将万能险推向风口浪尖，引起社会各界的广泛关注。中国万能险快速发展的背后，潜在的保险业系统性风险暗流涌动，考验着中国保险业的风险监管底线。

（一）万能险产品的特点及其在我国的发展

1. 万能险产品的概念及特点

万能险是在传统寿险产品上增加了投资功能，改造而成的一种新型投资型寿险产品，兼具保障和投资功能，实行"一费，二户"的管理模式。"一费"是保险费，"二户"指"普通账户"和"独立账户"。其普通账户按传统保险的方式运作，相当于是一年期可续保的定期寿险，从而增强了其保障功能；独立账户用于购买各种投资组合，并提供保底投资收益，可以最大限度地获取资本市场收益，投资收益由保险公司和保户按一定比例分享。投资连结险与万能险较为相似，也是采取"一费，二户"的管理模式，但其投资账户则不提供保底收益，投资风险则主要由保户完全承担。分红险也提供保底收益，分红收益主要来源于死差益、费差益和利差益等，取决于保险公司的经营收益。这种特点决定了万能险的风险介于分红险与投资连结险之间，吸引了许多投资者的参与。

2. 我国万能险的发展历程

1999 年 6 月寿险费率政策调整以后，寿险预定利率被限制在 2.5%以下，为增强寿险产品的吸引力，振兴市场，寿险公司陆续推出分红险、万能险、投资连结险等投资型寿险。2000 年，太保推出国内第一款万能险，随后其他几家公司也陆续跟进。随着中国资本市场逐渐的火

---

① 若无特殊说明，本部分的万能险保费包括投资账户新增款。

热，万能险保费规模也开始快速扩张，2003—2008 年万能险保费保持了 2 位数以上的速度增长，2007 年万能险保费同比增长 113%。2002 年和 2008 年爆发两次"投连险风波"以后，市场对万能险的热情开始消减。2008—2011 年间，万能险保费规模不断缩减，万能险保费主要来源于平安，多数保险公司停售了万能险。2011 年万能险保费规模 76.41 亿元①，其中，平安万能险保费 60.43 亿元。2012 年万能险保费略有回升，保费总量达到 98.71 亿元，平安万能险保费为 64.39 亿元。2012 年以前，万能险保费虽然有所增长，但基本上处于温和增长状态。

（二）中国万能险保费短期呈爆发式增长

近年来，随着寿险费率市场化改革的逐步推进，万能险保费开始出现爆发式增长，成为多数中小保险公司冲保费规模的"抢钱利器"，万能险进入疯狂暴涨状态。2013 年 8 月普通型人身保险费率政策改革正式实施，迈开了中国寿险费率市场化改革的第一步。2013 年起，中国开始对保户投资款（以万能险为主）新增交费进行单独核算，当年保户投资款新增额达到 3212.32 亿元。2014 年保户投资款新增额达到 3916.75 亿元，同比增长 21.93%。

2015 年 2 月万能险费率市场化改革完成以后，2015 年底保户投资款新增交费 7646.56 亿元②，同比增长 95.23%，中国人寿等 4 家最大的寿险公司保户投资款新增交费同比增速超过 50%。2015 年保户投资新增款交费占寿险公司原保费的 48.2%，36 家寿险公司的占比超过 50%，华夏等 6 家公司保护投资新增款的占比连续 3 年超过 50%。

2016 年上半年，保户投资款新增交费 8103.24 亿元，超过 2015 年全年总量，同比增长 147.3%。安邦原保费与新增交费③之和超过平安，位居市场第二位。华夏原保费与新增交费之和跃升至国内第四位。多年在市场一直默默无闻的富德生命纵身一跃，原保费与新增交费之和跃升至国内第五位。安邦集团旗下的和谐健康则跃居国内所有人身险公司第

---

① 根据《中国保险年鉴（2012）》各人身保险分公司业务统计表整理。
② 中国保险监督管理委员会网站。
③ 新增交费包括以万能险为主的保户投资款新增交费和以投资连结险独立账户新增交费。

六位，首次超过多年以来一直稳居专业健康保险公司市场首位的人保健康。前海人寿跃升至国内第十二位，保户投资账户新增款交费是原保费的 3.15 倍。安邦、华夏、前海人寿保户投资款占原保费与新增交费之和的比重高达 75% 以上。万能险无疑是推升这些企业迅速荣登市场前列的主力险种，投资连结险保费规模的贡献较为有限，且两次"投连险风波"以后，多数寿险公司未涉足投资连结险业务。

2016 年全年，万能险保户投资款新增交费 11860.16 亿元，同比增长 55.1%，高于寿险公司原保费同比增速 18.32 个百分点。由于万能险和投资连结险投资账户新增交费规模迅速飙涨，部分保险公司寿险原保费收入以及万能险和投资连结险投资账户新增交费之和跃居市场前列，安邦人寿、华夏人寿、富德生命人寿、和谐健康原保费及新增交费之和排名分别位居国内第三、四、五、六位，超过新华和太保等以传统寿险业务为主的大型保险公司排名。前海人寿原保费和新增交费之和高达 1003.1 亿元，位居国内第十二位，万能险投资款新增交费为原保费收入的 3.55 倍。安邦、华夏、富德、和谐健康万能险投资款新增交费分别占原保费收入的 189.4%、303.1%、66.7% 和 44.3%。恒大人寿万能险投资款新增交费为原保费的 11.9 倍，万能险新增交费同比增长 280.66%。新成立刚满一年的中华人寿万能险投资款新增交费为原保费收入的 8.94 倍。2016 年连续 3 个季度偿付能力充足率不足的中融人寿，原保费和新增交费之和为 23.44 亿元，其中万能险投资款新增交费为原保费收入的 9450.5 倍，也就是说中融人寿在保险公司的外衣下，主要从事万能险等投资型业务。万能险实际上成为安邦、华夏等一系列公司作为融资的工具，这些公司实际上涉足的都是高风险的投资型业务，传统型保险占比均较低。

（三）中国万能险疯狂增长的原因分析

近几年中国经济进入新常态发展阶段以后，经济增长将长期处于 L 形探底阶段，利率长期维持在低位运行，银行理财产品的收益率普遍不高。2014 年中国保监会修改了关于高现价产品的定义，相当于降低了退保成本，为万能险发展短期理财业务提供了便利条件。2014 年以来，各保险公司发展了大量的保险期间在 3 年以下的高现价万能险业务。

2015 年股灾爆发以后，中国资本市场一直比较低迷，投资风险较大，部分资本急需寻找新的投资"窗口"。2015 年 2 月 16 日万能险费率市场化改革政策执行以后，从多个方面为万能险承接市场投资理财需求找到一个"出口"。

一是万能险的最低保证利率由保险公司按照市场原则确定，不再受年复利率 2.5% 的上限限制。部分保险公司可能会铤而走险，将最低保证利率设置在 2.5% 以上，超过法定评估利率上限 3.5%，高于定期存款利率，可能将市场上的部分储蓄存款转化为万能险保费。二是万能险的评估利率上限从 2.5% 调整至 3.5%，可以释放出大量的准备金，增加保险公司的资本金。三是年满 18 周岁以上的被保险人的死亡保障从 5% 提高至 20%，增强了万能险的保障功能。四是基本保费上限从 6000 元提升至 10000 元，提高了保障水平，也降低了保险公司的经营成本。五是趸交和期缴保费的初始费用分别从 5% 和 10% 下调至 3% 和 5%，降低了初始费用收费率；退保费用率分别从 0—10% 降至 0—5%，降低了退保的成本。这些政策红利增强了万能险的竞争力，是推动万能险保费激增的主要因素。

万能险费率市场化改革政策推出之时，中国股票市场正在从多年的低迷逐渐走向牛市，上证指数从 2015 年 2 月 9 日的 3049.11 一路上升至 6 月 12 日的 5178.79，达到顶峰，随后开始大幅波动并逐渐回落，重新进入盘整阶段。中国股票市场行情较好的时期，保险资金的投资收益率明显高于其他时期。保险公司拥有专业化的投资团队，更容易在股票市场波动中获取较高收益。对于投资能力较弱的消费者而言，资本市场的火爆也推升了其对万能险的需求。

2015 年 8 月，保监会下发《个人税收优惠型健康保险业务管理暂行办法》，规定个人税收优惠型健康保险可以采取万能险形式。2015 年 11 月，财政部等三部委联合发布了商业健康险个人税收政策试点的通知，在四个直辖市以及各省省级城市或者副省级城市试点。由于试点地区均为我国经济发展水平较高、人口居住较为集中的地区，政策红利效果较为明显。近几年来，我国健康险保费增速高达 30% 以上。该项政策出台以后，也对这些地区万能险保费激增起到重要的推动作用。

（四）我国万能险的潜在系统性风险分析

1. 我国万能险的规模性风险

2013 年 1—4 月，中国保监会将寿险公司保费收入分为原保费、保户投资款新增交费、投资连结险独立账户新增交费三项进行统计。2013 年 1—4 月累计保费环比增速达到 58.1%，保户投资款新增交费在寿险公司总保费中的占比不断提升，截至 2016 年，保户投资款新增交费在寿险公司总保费中的占比已达 37.1%。2014 年，保户投资款新增交费的增速尚保持在 20% 左右。2015 年上半年以来，保户投资款新增交费的同比增速达到 46.52% 以上，增速幅度不断上升。2016 年保户投资款新增交费同比增速高达 55.1%。其中，2016 年上半年保户投资款新增交费同比增速达到 147.3%，万能险投资账户新增款交费增长主要集中在 2016 年上半年（见表 4－4）。

表 4－4　　　　　　　2013—2016 年中国寿险保费收入结构　　　　　单位:%

科目	2013 年 （1—4 月）	2013 年 （1—6 月）	2013 年	2014 年 （1—6 月）	2014 年	2015 年 （1—6 月）	2015 年	2016 年 （1—6 月）	2016 年
保户投资款新增交费占比	22.57	22.47	22.89	22.49	23.18	25.22	31.62	35.50	37.1
原保费占比	76.78	76.91	76.52	77.15	75.11	72.62	65.58	62.12	62.9
保户投资款新增交费同比增速				22.59	21.93	46.52	95.23	147.3	55.1

资料来源: 中国保监会。

统计数据表明，近几年来我国寿险公司万能险保费扩张速度不断加快，远超过寿险原保费收入增速。万能险在我国寿险总保费收入中的占比已经达到保险业系统性风险的规模特征，其发展规模足以对整个寿险市场产生举足轻重的影响。

2. 中国万能险的关联性风险

由于我国保险资金运用监管制度规定万能险保费 80% 可配置于股票①，投资连结险保费 100% 可配置于股票，保险业配置于股票的资金主要来源于万能险和投资连结险。保险公司没有举牌上市公司之前，万能险结算利率一般在 4%—6%；举牌上市公司之后，万能险的结算利率一般在 5%—8%。2015 年以来，我国保险公司频繁举牌上市保险公司，这些资金主要来源于万能险、投资连结险等投资账户新增款交费。由于我国投资连结险在总保费中的占比较低，万能险在总保费中的占比已高达 30% 以上，保险资金举牌上市保险公司的主要资金来源为万能险保费收入。2015 年 7 月 11 日，宝能举牌万科时所用的资金主要是前海人寿的保险资金，包括万能险账户保费资金 79.6 亿元和传统寿险保费资金 24.62 亿元。截至万科停牌以前，前海人寿持有万科公司的股票比例已达 6.66%，接近保险资金配置比例上限规定。2014 年以来，安邦在资本市场上演了狂风暴雨式的密集举牌行动，2015 年 12 月在大多数金融机构资金偏紧的情况下，安邦动用了 291 亿元资金先后 10 次举牌，共涉及 7 家上市公司，12 月 7 日安邦举牌万科时耗用的资金在 79 亿元至 109 元。截止到 2015 年 12 月 25 日，安邦举牌的上市公司涵盖了地产、金融、科技、医药、商业百货等诸多领域。2015 年全年，至少有 35 家保险上市公司分别被险资举牌，涉及金额高达 1300 亿元之多。通过频繁举牌行为，万能险与多个实体经济建立了千丝万缕的联系，万能险投资风险由金融领域可以迅速传导到实体经济领域，符合保险业系统性风险的关联性特征。

3. 中国万能险的替代性风险

万能险作为一种投资理财型保险产品，兼具保底收益、投资和保障等多种功能，与分红险和投资连结险等产品相比有其自身的独特优势，与银行理财产品、证券股票投资以及信托投资等也有较大的差异，其自身的多重特性适应了当前经济形势下市场的需求。在当前经济形势不发

① 《不可不知的三大理财险：分红险、万能险、投资连结险》，http：//finance. sina. com. cn/money/lcgh/20151021/140423535552. shtml，2015 年 10 月 21 日。

生改变的情况下，这种产品仍具有其他投资品独特的竞争优势，其可替代性相对较低。我国经济进入转型阶段以后，利率将在较长的一段时期内保持低位运行。日本经济转型大致经历了 15 年的时间，韩国大致经历了 14 年的时间。目前，我国进入转型时期已经经历了 3 年左右的时间，可能仍需要较长的时期才能最终完成转型过程。

4. 中国万能险的时效性风险

万能险通过保险资金运用等多种方式，建立了与实体经济、金融机构的关联性，万能险的风险既可以通过其自身的杠杆效应迅速传导风险，也可以通过银行等金融机构的杠杆效应扩大风险在金融机构中传递的时间和效率，并通过其举牌的上市保险公司迅速蔓延到实体经济，引发实体经济价格失灵等一系列反应，符合保险业系统性风险的时效性特征。

5. 中国万能险爆发风险的可能性

"十三五"期间，我国经济仍然面临较大的下行压力，当前我国旧的增长动力正在逐渐减弱，新的增长动力正在形成过程中，经济增长是在两种力量交替作用的结果下形成的，经济很难再出现较高的增长速度。在这种形势下，保险资金匹配到高收益的投资项目。目前，我国保险资金投资的成本保持在 6%—9%，在国内市场已难以匹配到这么高收益的投资项目。我国房地产项目的投资回报率相对较高，但平均收益率仅在 5% 左右。2015 年保险资金频繁举牌上市公司，也反映出万能险资金面临的"资产荒"困境。

从资产负债管理的角度来看，由于多数万能险的保险期间均在 3 年以下，实际上属于短期负债型业务，保险公司举牌上市公司从投资的角度来看，属于战略性投资行为，是为了获取上市公司的长期经营收益，多数新兴成长型产业往往需要经过很多年才能形成规模利润，我国大部分上市公司基本上每半年或者一年进行一次分红，在整个经济增速放缓的形势下，投资很难获得较高的股息收入，多数上市公司的股息收入并不能覆盖万能险最低保证收益率，且这类投资的期限往往在 3 年以上，万能险进行这种资产配置会产生严重的久期不匹配问题，一旦万能险投资收益持续低于结算收益，可能对保险公司带来较为严重的利差损，同时这些资金到期后也面临着大规模的现金流出风险，容易在短期内迅速对保险公司的现金流造成危机，引发大规模的退保风波。2016 年上半年，寿险公司利润缩水 1033 亿元，利润为上年同期的 1/3，主要受投资收益大幅减少的影响。整个保险业的平均投资收益率为 2.47%，远低于万能险承诺给消费者的保底收益。预计 2016 年全年的投资收益率约为 5%，将低于大部分万能险承诺的收益率。

我国现行会计制度规定，保险公司持有上市公司股票超过 20% 低于 50% 时，可以将该比例股权计入"长期股权投资"，按照权益法记账，持股期间股票市场价值波动不计账，可在年末时将上市公司年末净利润分红收益计入投资收益。中国资本市场还不够成熟，股价波动较大，按照这种记账方式，即使保险资金投资实际损失已经很大，也难以反映股票投资损失。在市场波动下，我国已有多家举牌的保险公司出现不同程度的账面浮亏。例如，中融人寿举牌真视通、天孚通信和鹏辉能源 3 家上市公司均出现浮亏现象，国华人寿整体浮亏 20%。

2002 年和 2008 年的两次"投资连结险风波"，也曾经对中国寿险市场造成了沉重的打击。保险公司片面夸大投资型寿险产品的保障功能和投资功能，一旦投资收益达不到预期承诺收益水平，投资型寿险产品的保障功能将大打折扣，就容易造成较强的"恐慌"心理，让市场误认为保险"骗人"，容易引起大量的退保行为，对保险公司的现金流造成较大的危机。

从寿险公司偿付能力充足率来看，2016 年第四季度，已经公布偿付能力充足率的 56 家寿险公司中，中法人寿和新光海航核心和综合偿付能力严重不足（分别为 -140.31% 和 -116.45%），2016 年前 3 季度，大量涉足万能险业务的中融人寿核心和综合偿付能力充足率连续 3 个月严重不足。部分保险公司偿付能力充足率虽然达到监管要求，但是逼近监管底线。2016 年第四季度，大量涉足万能险业务的前海人寿和富德生命人寿核心偿付能力充足率分别为 56.23% 和 75%，略高于 50% 的监管底线；瑞泰人寿、恒大人寿、前海人寿、和谐健康和富德生命人寿综合偿付能力充足率分别为 108.31%、109.68%、112.47%、113.67% 和 114%，略高于 100% 的监管底线。123 家已经披露偿付能力充足率的公司中，中法人寿、长城人寿、中融人寿和新光海航人寿前 3 季度末的风险综合评级分别为 C 类或 D 类，这四家公司均为寿险公司，将面临限制展业或者增设分支机构等行政监管处罚。2016 年寿险市场总体风险暂时处于可控状态，由于万能险的发展同时符合保险业系统性风险的四个基本特征，一旦出现投资收益持续低于承诺的收益率，或者大规模的退保等现象，极容易引发保险业系统性风险，监管机构仍需高度关注万能险的发展趋势。

（五）监管机构需加强对万能险风险的监控

过去十多年以来，我国寿险业为片面追求保费规模增长，导致市场的有效供给不足，保险在服务社会经济方面的能力较为有限。对寿险公司来说，片面发展投资理财型业务，也导致保险公司盈利较为有限，难以为投资者创造更多的价值，影响了其发展效率。"十二五"期间，国内最大的几家寿险公司陆续开始调整转型，目前已取得一定的成效，但是进度仍然较为缓慢。

近年来，我国中小保险公司利用万能险"冲保费规模"，已经产生了一定的规模效应，其风险能对社会发展起到成举足轻重的作用。在低利率的市场环境下，万能险保险资金面临着较大的资产不匹配风险，容易引发大规模的退保行为，引发潜在的系统性风险。2016 年以来，保监会先后出台了多项措施，加强对万能险可能引发的保险业系统性风险的监管。

2016 年 3 月 18 日，保监会下发了《中国保监会关于规范中短存续期人身保险产品有关事项的通知》，对万能险具有限制和约束作用的主要条款包括：一是要求保险公司的综合偿付能力充足率达到100% 以上，且核心偿付能力充足率达到 50% 以上，否则禁止销售中短期存续期保险产品，提高了偿付能力充足率的要求。二是万能型中短期存续期产品设置万能子账户，单独核算，保证核算清晰、公平。三是中短存续期产品年度保费收入控制在公司最近季度末投入资本和净资产较大者的 2 倍以内，否则在 5 年以内逐渐退出，提高了对保险公司资本金的要求。四是 2016—2018 年，逐年将已经销售的 1—3 年期中短期存续期产品规模压缩至 50% 以内，2016 年 3 月 21 日起禁止销售该类产品，设置了中短期万能险渐进退出机制，禁止新增中短存续期低保障型万能险。

2016 年 9 月 6 日，保监会分别发布《中国保监会关于进一步完善人身保险精算制度有关事项的通知》和《中国保监会关于强化人身保险产品监管工作的通知》，沿袭了 3 月 18 日关于中短期存续期产品的监管规定，并增加了一些新的监管规定。一是提高寿险产品的保障水平，增强了万能险的保障功能。二是万能保险责任准备金的评估利率上限调整为年复利 3%，较万能险费率费改后降低了 0.5 个百分点，调低了万能险保底收益率，控制了万能险风险。三是预定利率或最低保证利率低于评估利率需报保监会备案，高于评估利率需由保监会审批。四是保险公司主动停售累计保费规模少于 100 万元，且年度累计销售件数少于 5000 件的寿险产品，可以在一定程度上约束中短期万能险的投资理财行为。五是修改完善 3 月 18 日中短期存续产品退出进度，中短期万能险占比 50% 以内的时间由 3 年延长为 4 年，6 年将其规模缩至 30% 以内，放缓了中短期万能险的退出进度，既可以优化万能险结构，也可以在一定程度上舒缓保险公司的现金流压力。

要根本解决万能险的问题，需要从整个寿险行业的层面对相关政策进行调整，真正落实"放开前端，管住后端"保险监管改革的总体思路，重点是要进一步放开普通型寿险产品的预定利率和评估利率限制，增加寿险公司对普通型寿险产品的定价权。这也是寿险行业贯彻"保险姓保"的发展理念的根本之策。从 1999 年 6 月起，寿险产品定价利率上限定为 2.5%，而央行自 2007 年以来数度加息：2007 年 5 月 19 日加息后，一年期定存税后实际利率为 2.45%，与传统寿险产品 2.5% 的利率上限相比仅剩 0.05 个百分点的差距；7 月再次提高 0.27 个百分点的利率之后，银行一年期存款基准利率已反超保险产品的预定利率，不少资金因而流向银行存款，之后的几次加息使得以保障为主的传统人身保险产品在销售渠道吸引力并不大，使保险产品尤其是传统型寿险产品数度面临越发严峻的考验，甚至难以维持。过低的预定利率提高了保险产品价格，也极大地降低了保险产品的吸引力，成为制约寿险行业发展的重要政策因素。2013 年 8 月 2 日，中国保监会宣布正式启动普通型人身险费率政策改革，放开普通型人身保险预定利率，由保险公司按照审慎原则自行决定，不再执行2.5%的上限限制。改革后新签发的普通型人身保险保单，法定责任准备金评估利率不得高于保单预定利率和3.5%的小者。2013年8月5日及以后签发的普通型养老年金或保险期间为10年及以上的其他普通型年金保单，保险公司采用的法定责任准备金评估利率可适当上浮，上限为法定评估利率的1.15倍和预定利率的小者。保险公司开发普通型人身保险，预定利率高于中国保监会规定的评估利率上限的，应按照一事一报的原则在使用前报送中国保监会审批。2013年8月启动的传统人身保险产品的费率改革，虽然使得传统险保费占比均有不同程度的提高，但是受此政策影响，普通型寿险产品的预定利率仍然最高不超过4.03，与银行理财产品相比较明显缺乏优势，即使与期限较短的万能险产品相比也没有吸引力，因而这一政策对具有较高保障功能的普通型寿险产品的发展仍然形成较大的制约。

　　未来寿险市场可能发生以下几个方面的变化：一是近几年内中短期投资理财型万能险账户资金规模将逐渐收缩，中短期万能险账户资金占比较高的保险公司将面临较大的现金流出压力，可能对保险公司的偿付能力充足率造成一定的压力，部分保险公司可能存在退出市场的潜在风险；二是万能险保障功能将进一步提升，有利于提高整个市场的保障水平，更多地体现保险"姓保"的发展理念，有利于形成良性循环的市场经营环境；三是通过渐进方式收缩中短期万能险保费规模，避免保险市场短期内出现剧烈波动，出现大量退保等进一步恶化保险公司现金流的风险，规避了引发保险业系统性风险的可能性；四是万能险最低保证收益率上限降低，一定程度上降低了保险公司的利差损风险；五是有利于倒逼保险公司拉长万能险存续期间，有助于发展长期高保障型万能险，从而优化万能险结构，培育市场形成良好的保险消费习惯，引导寿险市场健康平稳发展。

三　从"侨兴私募债"违约事件分析债券保险的主要风险点与政策建议

债券保险，是由保险公司收取一定数量的保险金后为债券发行人提供信用担保，当债券发行人在到期日不能按照约定还本付息时，由保险人对被保险人进行偿付的一种金融工具。与传统的保险产品不同，这一工具具有内部关联性、敏感性、损失快速转移性等特点，在近期"侨兴私募债"违约这一热点事件发生后，更进一步暴露了债券保险特殊的风险表征，因此在监管方面对这一金融工具应强化和细化政策举措，引导这一金融工具和整个金融市场健康有序发展。

（一）从"侨兴私募债"违约事件分析债券保险的风险点及影响

"侨兴私募债"，是侨兴集团有限公司（下称"侨兴集团"）的两家子公司在 2014 年通过广东金融高新区股权交易中心（下称"粤股交"）备案发行的两年期 10 亿元私募债。鉴于自身资信水平不足，发行人向浙商财险保险股份有限公司（下称"浙商财险"）购买了债券保险服务（保证保险）进行增信，同时广发银行惠州分行也出具了履约保函为发行人提供支持，最终则借助蚂蚁金服旗下的招财宝平台实现了销售。2016 年底前也即产品兑付前夕，发行人向浙商财险表示无法兑付并要求启动保险程序，浙商财险方面在 12 月 28 日预赔了部分"侨兴私募债"本息，并要求广发银行惠州分行对其保函进行履约。另一方面，由于广发银行惠州分行声明保函相关文件和印鉴均系伪造，并向公安机关报案，并未落实保函义务。至 2017 年 2 月，根据浙商财险的公告，"侨兴私募债"主要由其对第一期和第二期进行了预赔，剩余金额未明确具体赔付情况。如上所述，在"侨兴私募债"的产品发行时，发行人通过向保险公司购买债券保险服务，确实起到了提高债券信用等级、推动快速发行的作用；发生违约后，保险公司也部分实施了预赔，一定程度上保护了被保险人的利益。但是由于发行人的偿债水平较弱、保函出具方对保函的真实性存在异议等问题，该私募债目前实际仅能依靠保险公司实现兑付，客观上只是将发行人的违约风险向保险公司进行转移，并未减少或缓释风险，甚至有可能因金融机构的增信而使得投资人盲目投向了本不该支持的企业，实际上扩大了风险水平。主要风险点及其影响如下：

首先，从投资人角度出发，由于违约造成的经济损失会影响市场和监管信心，不利于债券保险产品的长期健康发展。由于广发银行对保函真实性存疑，目前"侨兴私募债"违约后浙商财险只明确对第一期和第二期3.12亿元本息进行了赔付，而"侨兴私募债"本息总金额高达11.46亿元，已获赔金额仅占总量的27.2%；而即使其余投资人后续也得到赔付，但因兑付逾期造成的机会损失已不可避免。更严重的是，这一事件发生后投资人对于债券保险产品的信心受挫，监管当局对于这一产品的作用也会存在质疑，对业务的规模和健康发展均有负面影响。

其次，对于保险公司来说，承保产品的赔付会造成公司的当期巨额损失，从长期看来会影响公司声誉和全面业务开展。2015年全年浙商财险利润合计5166万元，而此次出险，仅确定已支付3.12亿元已相当于年利润的6倍，如全额赔偿11.46亿元则等于年利润的22倍！实际上，截至2016年第三季度，浙商财险净资产仅为12.81亿元，全额赔付的损失将对公司的偿付能力造成极大的冲击。这是因为与传统保险的偿付具有一定时间分散性和随机性不同，债券保险的偿付具有集中性、快速转移性和相互关联性的特点，一旦发生赔付事件往往就会对保险公司造成巨额损失。同时，由于巨额赔付的压力往往还会造成保险公司评级下调、被保债券大额提前赎回这样的恶性循环，严重时可能造成保险公司破产。而此时，保险公司就面临"赔付后当期指标严重恶化"和"不赔付声誉受损难以持续经营"的两难窘境。

最后，从金融行业角度来看，由于高资信保险公司的介入可能使得原本无法实现融资的机构获得了资金，这一非正常融资行为最终将在金融行业内部形成风险。保险公司提供债券保险是招财宝平台为其提供发行服务的必要条件之一，因此浙商财险为侨兴集团这一不合格投保人提供服务客观上造成了这一局面。另外，广发银行惠州分行提供的保函使得浙商财险忽视了"侨兴私募债"发行人的偿付能力，而最终即使广发银行惠州分行方面履行了保函义务，也不会改变金融系统的风险敞口和损失规模。因此，两家金融机构向不具有偿债能力的发行人提供金融服务促成了 10 亿元的潜在违约债券的发行，最终也增加了金融系统内部的风险。

（二）风险形成的原因分析

首先，保险公司自身不具备违约风险和系统性风险的识别和控制能力，过度承保造成无法挽回的巨额损失。一是债券保险业务实质上需要保险公司按照信贷业务标准评审发行人偿债能力并合理控制其偿债安排和资金监管。对于保险公司而言，这一基于借款人信用研判和现金流监管的风控模式和其传统依赖于精算模型概率分析的风控模式具有本质不同，多数保险公司尚未建立对应的成熟风控体系。二是此项业务具有大量潜在风险，一旦碰到经济下行周期，债券发行人可能普遍面临偿付承压的窘境，从而造成承保项目出现大面积违约，此时作为个体的保险公司也将很难抵御。三是债券保险往往为信用保障模式，缺乏具有可控性的第二还款来源，一旦发生风险，保险公司在代偿后最终也只能由自身承担巨额损失。在"侨兴私募债"案例中，浙商财险缺乏对发行人信用水平进行充分的尽职调查，过度依赖广发银行惠州分行的保函，导致保函不能及时履行时只能自行先行垫付；而在垫付后，由于前期对第二还款来源的忽视，未及时办理抵押手续，导致未来通过处置发行人固定资产来实现清偿也存在较大难度。

其次，对应项目的交易结构本身存在瑕疵，天然造成风险集中且难以转移。一是风险过于集中，债券保险业务中单一保单对应的多数为单一被保险人且保额巨大，一旦违约则需要保险公司进行全额代偿，传统业务的概率事件变为 0 或等于 1 的事件但违约事件发生时，以 1%—2% 的保费覆盖 100% 的损失将极为困难。二是金融机构交叉"兜底"会导致忽视风险的本源，在"侨兴私募债"案例中，浙商财险以广发银行惠州分行的保函而非发行人资信水平作为承保的重要前提，在后期管理中也主要是落实保函的真实性，而忽视了对债务人资产和账户的控制，导致风险始终在金融系统内部传递。三是缺乏风险分散和缓释措施，目前市场上鲜有保险公司以再保险方式对债券保险业务进行风险分散或转移。

最后，基于互联网和场外挂牌市场的产品，其模式往往较为激进，天然存在较大的风险。一是此类通过地方交易所挂牌的产品，缺乏专业尽职调查机构，不能深入揭示发行人的风险情况，地方交易所出于自身业绩考虑，也希望尽可能地对产品进行正面宣传从而加快发行，个别交易所甚至故意回避负面信息。二是地方交易所作为"四板"市场，意向在其场所挂牌的发行人天然较沪深交易所有所差距，因此其必须在准入标准方面较沪深交易所更宽松才可能获得市场份额，因此难免倾向于与低资信的发行人合作，这一类似"逆向选择"的过程也导致此类市场的产品风险较大。三是在投资人准入方面不做控制，使得不具有风险识别能力的投资人可以参与投资。以"侨兴私募债"为例，理论上私募产品应限制在200人以内，但招财宝平台通过债权拆分等技术手段可以大大突破这一限制，最终实际投资人已经上万人，且多数为自然人投资者，完全不具备私募债这类复杂金融产品的风险识别能力，一旦发生违约波及面很大，引发大量投资者恐慌，很容易酿成社会事件，社会影响较为恶劣。

四 防范债券保险风险的政策建议

首先，对保险公司的债券保险业务加强管理。一是在展业方面要求保险公司坚持传统业务为主的多元业务模式，避免以债券保险作为主业，特别是不得采用美国式的单一债券保险模式，避免突发事件和经济下行周期对保险公司和整个行业造成巨大冲击。二是强化对保险公司运营债券保险的具体要求，包括对单一债券保险保额进行限制（如参照担保公司控制在净资本的10%以内），对不同偿付能力水平的保险公司给予不同的指导系数，要求保险公司在信用风险识别方面建立专项团队和制度等。三是针对操作风险加强管理，如对于合同签订要求面签并照相落实，对于类似保函等涉及代偿的重要文件应落实授权的有效性和真实性等。

其次，要优化结构，从技术手段方面提高风险控制和缓释能力。一是加强风险分散控制，回归传统保险依赖大量概率事件避免巨额偿付的原则，要求只能对底层资产具有分散性的产品承保，或减少承保金额。二是在债券保险市场强制引入再保险机制，通过风险转移和风险分散，解决单个保险公司债券保险业务过于集中的问题。三是在操作层面切实加强信用风险的控制措施，包括要求发行人采用逐年还本的方式避免风险集聚，提供具有较强流动性资产抵押进行反担保，对发行人主要资金账户预留印鉴进行资金监管等，强化第二还款来源并严格控制债券发行人的现金流。

最后，加强对互联网平台和地方性交易场所金融产品承保的规范性。一是要严格选择互联网平台和交易场所，严格审核投保人资质，确保参与人经营合规，运营平稳。二是坚持小额分散、风险可控、稳健运行的原则，对同一投保人单笔借款和累计借款应当分别设定承保限额等。三是对此类平台业务进行差异化管理，针对保险公司和投保人均设置承保金额上限，且该限额低于传统保险业务和线下保险业务水平。四是加强征信管理，逐步接入中国人民银行征信系统，并将有关信息及时上传征信系统，按照信贷模式进行操作。五是对保险条款中的免责和免赔条款作醒目提示，确保信息披露的充分和有效。

第五章　影子银行体系潜在风险及防范[*]

　　国际社会公认的影子银行体系本质是非银行信用中介，大致范围是那些通过信用风险转移和高杠杆发挥银行核心功能（期限转换、流动性转换，即构成信用创造功能），但没有受到银行监管的非银行金融机构。在中国，影子银行体系发挥信用创造功能的方式多是直接信贷，在其他发达国家多是资产证券化链条。

一　从次贷危机透视影子银行体系的一般风险

　　次贷危机中，美国的影子银行体系发生危机，而后影子银行作为一个学术概念，才被世人所关注和认知。或可以从美国的案例中透视影子银行体系风险爆发的基本规律。

　　美国金融危机调查委员会（2010）认为，美国的影子银行体系在2007年爆发了流动性危机、挤兑危机，在2008年大量影子银行机构倒闭，发生了金融恐慌。由此，形成了市场流动性枯竭——影子银行挤兑——影子银行倒闭的金融危机。其中，影子银行机构的倒闭方式与商业银行遭遇的挤兑没有本质区别。以贝尔斯登（Bear Stern）为例，其当时面临的情况是：客户要求兑现短期资产，而贝尔斯登没有足够的资本金，也不能迅速地卖出长期资产支付客户资金。由此，客户和交易对手方的撤出，最终导致贝尔斯登的灭亡。Gorton（2010）进一步挖掘了影子银行负债端的风险机理，认为主要是影子银行体系

---

　　* 本章作者周丽萍。

赖以生存的短期融资——证券化和回购市场出现了问题，而证券化债券经常作为影子银行体系融资的抵押品。当再融资无法继续时，影子银行体系的资产价值下降，由于二者具有密切的资产负债表关系，美国银行业随之出现无法有效清偿债务问题，次贷危机爆发。Gennaioli、Shleifer 和 Vishny（2011）构建了一个以贷款发起、交易和投资组合为核心的影子银行模型，研究认为在理性预期的情形下，影子银行体系是稳定的且能提高社会福利；当投资者和金融中介忽略尾部风险时，有风险的信贷扩张会导致金融脆弱性和流动性过度波动。周莉萍（2013）研究了影子银行体系的顺周期原理：正常时期回购协议的杠杆倍数最高、融资成本最低；非正常时期无法获取外部融资，只能被动利用手中资产进行回购融资。回购交易制度含有两个正反馈环：保证金制度、预留扣减率，同时，回购能创造信用（周莉萍，2011），影子银行体系的信用创造具有顺周期性。与此同时，其与商业银行的内在联系使顺周期性具有外溢效应，最终导致金融体系的顺周期性和经济体系的顺周期性。

简言之，美国案例给出基本的启示是：作为信用中介的影子银行体系，首先具有类同商业银行信用中介的一般风险。这些风险原本可以适当约束而被避免，但最终累积成系统性风险，其根本原因是长期游离于监管视野之外，风险最终得以累积并爆发。具体而言，影子银行体系的一般风险如下（李扬和周莉萍，2014）：

一是信用中介的一般风险：①期限错配风险。影子银行和商业银行作为信用中介的一般特征是，利用短期融资投资长期性资产，进行期限转换，而不成功的期限转换就是期限错配风险。商业银行在长达几百年的历史中，形成了金融安全网等维护其成功期限转换的机制，但影子银行没有，其成功的期限转换完全依赖于宏观经济运行等市场内在因素，外在的保护机制缺乏。由此，期限错配风险极大。②流动性风险。不成功的流动性转换即流动性风险。与商业银行相同，影子银行体系也依靠将不同期限的流动性进行转换，获取利差收益。流动性转换是一个创造信用、创造流动性的过程，也是一个承担流动性风险的过程。影子银行流动性风险的主要表现是，金融产品投资人可能随时提取现金，从而使影子银行面临不能及时兑现的风险。流动性风险的升水收益俗称"利差"，它构成金融中介存在的基本理由之一。美国的影子银行体系最初没有得到最后贷款人的流动性支持，最终爆发流动性风险，引发次贷危机。③法律风险。影子银行的运行往往涉及多个金融机构，融资端和投资端往往没有直接接洽，最终，标的资产产生的风险如何追溯、追溯到哪个环节都没有明确的法律制度。因此，一旦标的资产价格发生波动，法律风险随之而来。④信用风险。标的资产的信用违约风险直接影响影子银行体系的正常运行，即便是投资机构针对违约购买了 CDS 等产品，但一旦违约风险引发的损失超过出售 CDS 机构自身的资产，赔偿机制将不可能正常运行，此时，CDS 机构的违约风险将迅速加剧信用风险带来的传染效应。

二是宏观系统性风险。①监管真空风险。雷曼在破产之前其杠杆率曾高达 30 倍以上，其自有资本占总资产比率低至 3% 左右，其资产负债率在 97% 左右（周莉萍，2013）。其实，在影子银行机构的融资杠杆不断高升的时候，其基本处于资不抵债的状态，即破产状态。但是，为什么影子银行的几近破产状态能一直持续，并没有得到市场的遏制？其原因在于，影子银行利用监管真空，长期游离在银行监管视野之外，没有被视为类同商业银行的金融运行机制，导致监管当局没有从关联性、资本、杠杆和系统性风险视角看清楚其资产负债表隐藏的巨大风险。②货币政策失效的风险。影子银行体系作为一个与商业银行平行的信用中介机制，其隐性的货币供给和货币需求会在整体上影响一国货币市场利率。当潜在的货币需求缺口和货币供给缺口都能被影子银行体系熨平时，没有考虑影子银行体系信用创造的名义的货币总量和名义货币市场化利率的关系必然会受到干扰，流动性之谜问题不可避免会出现。最终，货币政策将失效（周莉萍，2011）。

二 中国影子银行体系运行特征与潜在风险

在中国，并不是某一类机构属于影子银行，往往是某些机构的某一类活动甚至是其某一类业务中的一部分属于典型的信用中介活动。简言之，中国的影子银行体系主要是以广义资产管理行业为主，形成的投融资链条。在分业经营、分业监管的体制下，影子银行体系的融资和投资分属于不同部门监管，从而形成监管真空并套利。最终，影子银行体系的所有环节看起来都在监管视野之内，但并没有被视为一个完整的信用中介，从而产生并累积风险。与美国的影子银行体系相比，中国的影子银行体系主要以资管融资和信贷投资模式为主，证券化比例较低，且已经受到了部分监管，只是没有被视为信用中介来监管。

（一）国内影子银行体系运行模式

目前的官方文件——国务院 107 号文将国内的影子银行体系初步分为三类，分类思维依然是有无金融牌照及监管差异性。

1. 中国影子银行体系运行模式和监管概况

国内影子银行体系没有过长的衍生品交易链条，可以从国内影子银行体系的资金来源和资金运用透视其运行模式。

影子银行体系的资金来源——负债端。中国影子银行体系的融资来源与美国、欧洲等国家和地区没有任何区别，都是商业银行存款之外的资产管理产品。大致包括如下产品或机构：部分证券投资基金、私募基金、信托机构信托资产、银行理财、第三方理财、券商资产管理计划、保险业资产管理产品、互联网金融机构资产管理计划。

影子银行体系的资金投向——资产端。中国的影子银行体系资金投向何处？总体而言，在以商业银行为主导的中国金融体制下，影子银行体系会主动选择与商业银行合作，或者有些直接就是商业银行的表外载体，最终，其资金大多以非标准化的信贷方式或者证券化方式，投向了实体经济；还有一部分资金在金融体系内部空转，投入金融资产，加长金融中介之间的借贷链条，并提高了融资杠杆倍数。

周莉萍（2014）按照信用中介的金融功能，列出了广义的国内影子银行体系：第一类为国内影子银行体系主体部分，涵盖所有合法的资产管理机构和业务。第二类和第三类是部分合法的金融机构从事了不合法的融资和信贷活动，充当了信用中介，这两类属于暂时存在、可依法消除的影子银行活动。例如，表 5 - 1 中的第二类非银行信用中介活动，在法律上不能吸收存款的小额信贷公司、典当行，在法律上不能作为信用中介的互联网金融机构等。这类不合法的影子银行体系容易规范，也有法可依。第三类非银行信用中介活动即不合法的民间借贷活动。整体而言，中国的影子银行体系从体量和类型上以第一类活动为主，是合法的、受到部分监管，尚待规范。第二类和第三类活动均因执法不严导致其短期内充当信用中介，产生了法律风险等，是不合法的金融活动，法律的严格执行可以直接消除这两类影子银行活动，使其规范化，见表5－2。

表5－1　　　　　　　　　　广义的中国影子银行体系

类型	狭义的中国影子银行体系	短期存在、有法可依、完全可规范	
	类型一（主体部分）	类型二	类型三
范畴	合法的资产管理业务：滚动发行短期金融产品，并将资金最终用于发放中长期贷款或投入金融资产的机构和活动	变相吸收存款的合法放贷机构	民间借贷
运作模式	短期货币要求权＋中长期贷款	短期存款＋中长期贷款	短期存款＋中长期贷款
细类	商业银行理财产品、证券投资基金、私募基金、第三方理财、券商资产管理计划、保险公司资产管理产品、信托公司的银信合作、信托贷款、资产证券化	小额贷款公司不合法的活动 典当行不合法的活动 网络金融公司、网络P2P不合法的活动	私人、企业之间的高利贷 违规票据交易 担保公司、投资公司非法集资和非法放贷

资料来源：周莉萍（2014），笔者整理。

　　因此，从资产负债角度来看，中国影子银行体系的负债端已经脱离商业银行等正规金融体系，以金融创新的方式——各类资产管理产品获取市场化融资；但其资产端并未透明化，而是以隐性的原始信贷方式存在。国内影子银行体系是中国金融体系脱媒的过渡性产物，因金融体系的融资难题、商业银行体系面临的种种困境而产生，与地方政府、国有企业、商业银行等保持着千丝万缕的关系。

表 5 - 2　　　　　　　广义的中国影子银行机构及其监管概况

	影子银行机构（产品）类型	监管机构	主要的监管法律
狭义影子银行体系	商业银行理财产品	中国银监会	《商业银行法》
	证券投资基金	中国证监会	《证券投资基金法》
	券商资产管理计划	中国证监会	《证券投资基金法》
	信托公司部分业务（信托贷款、银信合作等）	中国银监会	《信托公司管理办法》
	保险公司资产管理产品	中国保监会	《保险法》
	私募基金	中国证监会	《证券投资基金法》
	资产证券化	中国证监会	《证券法》《证券投资基金法》
不合法的影子银行活动，可依法规范	小额贷款公司非法吸存	省或直辖市金融办	违反《小额信贷公司管理办法》
	典当行非法吸存	商务部	违反《典当公司管理办法》
	网络贷款非法吸存	暂无	暂无
	高利贷	暂无	暂无
	违规票据交易		违反《票据法》
	担保公司、投资公司非法集资和非法放贷		违反《中华人民共和国担保法》《融资性担保公司管理暂行办法》

资料来源：周莉萍（2014），笔者自行整理。

2. 国内影子银行体系盈利模式简析

以资产证券化为主链条的美国影子银行体系，其主要依靠标的资产——房地产贷款的增值而盈利，也可以说，当时不断走高的房价支撑了庞大的美国影子银行体系，反转的房地产价格最终导致影子银行体系的崩溃。那么，在中国，什么样的投资能使融资成本高于商业银行存款的影子银行体系获利？这是国内影子银行体系盈利模式的核心。

根据推断，国内影子银行体系的主要盈利模式是，与商业银行资管部门合作，以信贷方式投入实体经济，其中包括房地产部门。在这种模式中，一个最基本的要求是，信贷资产不违约，可以获得等于或高于商业银行信贷的利息收益。如果不可持续，都会导致负债端的影子银行机构出现违约风险。例如，2014 年 1 月 31 日，金开 1 号集合信托计划因企业现金流中断而濒临违约，最终却由政府协调安排相关机构接手埋单，保持了刚性兑付。这起严重的市场违约事件已经昭示了国内影子银行体系盈利模式的脆弱性和潜在风险（周莉萍，2015）。

（二）国内影子银行体系潜在风险点剖析

任何金融活动都有风险，影子银行体系因没有被视为信用中介，没有受到与之对等的监测和监管，从而存在潜在风险。可以从负债端和资产端分节点分析其潜在风险。

1. 负债端的潜在风险点解析

影子银行体系的短期融资面临刚性兑付风险、期限错配风险、流动性风险。

刚性兑付风险是对应影子银行金融产品的投资风险、影子银行融资机构的违约风险，即后者无法按照合约兑付金融产品对应的投资本金和收益。这是中国金融体系特有的风险，还包含一层法律风险。理财产品等在法律上属于信托性质，但《信托法》对此并无涉及。在中国，也没有类似日本的《金融商品法》，法律上没有明确给出影子银行体系最后的兜底人是谁。缺失的金融产品相关法律规则、模糊不清的金融产品兜售条款隐藏着刚性兑付风险。

期限错配风险。在国内，理财产品的融资期限都非常短，低于一年期，且多数属于开放式货币市场基金，可以随时赎回。期限的短期和超短期经常给予金融脱媒以来投资者侥幸心理，认为理财产品的风险并不高。以至于国内经常出现众多投资者抢购收益率稍高的理财产品的情形。成功进行期限转换而不产生错配风险依赖两个因素：一是标的资产不违约；二是金融机构不倒闭，可以有信誉长期滚动融资。影子银行机构做不到这两点，期限错配风险就不可避免。

流动性风险。如前文所讲，一旦产生期限错配风险，流动性风险将同时爆发，二者会相互反馈。国内影子银行体系的流动性风险还取决于另一个因素，即融资的杠杆倍数。如果融资杠杆过高，比如高于商业银行目前的倍数，其流动性风险爆发的概率则更高。

2. 资产端的潜在风险点剖析

法律风险。国内影子银行资金使用涉及多种类型的机构，分属不同机构监管，没有被视为一个整体性的金融活动，存在监管真空。最终可能导致投资预期与实际投资结果不对称，投资风险无法被明确，也无具体机构兜底，即法律风险。

信用风险。资金使用面临信用风险，即标的资产违约的风险。因信贷规模约束，商业银行不能、不愿意满足所有的企业融资需求，影子银行体系是其主要的资金补充者。加上地方政府支持企业的意愿较强，影子银行体系往往在得到隐性担保的情况下投入资金。但这部分企业往往自身存在严重的信用风险，属于产能过剩或产业周期下行的行业等，例如煤炭企业。

期限错配风险。长期资产与短期负债不匹配导致期限错配风险。前文已述，成功的期限转换需要标的资产不违约、金融机构有能力滚动发行金融产品获取展期资金，保证资金链稳定。在国内，这两项因素都无法完全得到保障，加上资金管理不规范，存在资金池等不隔离风险的管理措施，影子银行体系潜在的期限错配风险远比商业银行严重。

3. 影子银行体系运行中的其他风险点

传染风险。与商业银行的直接或间接合作，导致二者之间的风险会传染。目前，商业银行仍是国内最大的合法吸收存款的机构，是国内金融市场最重要的买方，是信用市场的主角。因其强大的资金优势和流动性支持，国内所有的投资机构都与商业银行直接或间接保持联系。例如，商业银行自营和理财资金委外业务。这部分业务虽然是商业银行高度定制化，为自己争取了最高限度的资金转换灵活性，但其资金投向了没有风险底线的金融市场证券或衍生品。委外业务本身已经超越了商业银行传统的资金管理角色，加之各类机构之间、金融机构和金融市场之间的资金防火墙机制并不完善，使各类机构和市场之间存在潜在的传染风险。

4. 透视国内影子银行体系风险的导火线：一个简单的情景假设

某一场金融危机的导火线经常不是被重点关注的风险领域，但一定是最容易引发市场连锁反应和波动的领域。例如，商业银行的挤兑。我们也可以做一个影子银行体系典型危机——挤兑的情景假设，透视哪些机构或活动最容易发生挤兑，从而成为影子银行体系危机爆发的导火线。

假设因为资产端原因，国内影子银行机构到期无法兑现本金和利息承诺，随后出现投资人疯狂挤兑事件。进而，其负债端涉及的同类金融资产逐步发生挤兑。细化分析如下：

第一步是那些对支付有最高要求或次高要求的金融资产发生挤兑。也就是说可以随时变现、交易合同中约定"见票即付"的金融资产。这一类资产在投资者心目中往往是安全资产，如活期存款、货币市场基金、商业票据等。与这一类金融资产对应的是影子银行体系高度依赖短期融资的负债特征，这种短期融资不会在财务报表中形成存量，但频繁交易会形成巨大的流量，也隐含了较高的流动性风险。

第二步是没有活跃二级市场的金融资产。仅仅有一级市场，意味着流动性只能来源于购买金融资产的投资者，其交易头寸的变化只能取决于这些投资者的预期。这种局限性可以被二级市场更多元化的投资者来克服。活跃的二级市场能够大大地降低金融资产抛售带来的风险，股票市场、债券市场的日常抛售就是二级市场交易。但是，货币市场基金以及其他针对私人定制的资产管理产品一般没有活跃的二级市场，一旦有较大规模的抛售，就会发生流动性紧缩，造成流动性风险。

第三步是不在现有的金融安全网保护范围内，没有完善的吸损机制。长期以来，商业银行体系的挤兑风险已经被存款保险制度、资本充足率要求等金融安全网大大降低。影子银行体系则不在现有的金融安全网范围之内，一旦遭遇挤兑，其自身往往没有吸损能力，也得不到金融安全网及时的常规救助，必将引发不同程度和范围的金融市场波动，累积并扩散风险。

由此，可以锁定国内影子银行体系核心风险的源头，这一范围也基本与国际组织和美联储等的判断一致。即货币市场基金等资产管理产品，以及回购等高杠杆短期融资活动。

（三）国内影子银行体系风险的体制根源

直接观察来看，影子银行体系是金融结构转型、金融脱媒的产物。其之所以隐匿风险，则根源于国内不合宜的监管程度、法律缺失。

1. 多头监管下的监管真空

国内的影子银行活动大多处于监管视野之内，但存在监管真空。简言之，在没有实现完全的混业经营、统一监管框架之际，为减少监管套利，及时"捕捉"影子银行体系的潜在风险，当前国内影子银行体系的监管思路很简单：不捅破混业经营的窗户纸，谁的孩子谁抱走。也就是说，银行、保险、证券等监管主体依然在机构监管的框架内，各自监管该领域机构从事的各项业务（含影子银行活动），防范风险并按原有框架负责行事。多头分业监管形成多层次监管要求，监管标准不统一必然助长市场混乱。这种监管模式不仅会导致监管真空，加剧监管套利，最后也可能出现各自为了保全、彻底降低风险而消灭影子银行体系的极端情形。因此，必须以金融混业的前瞻性视角来防范影子银行体系的风险。

2. 混业动力与分业监管的矛盾——金融产品相关法律缺失

国内金融机构的实际活动已经超越了原来分业经营的原则，其合法拓展混业业务的依据是各类新出台的规则、条例等，原有的法律并没有对混业、金融机构合作等作出明确规定。也可以说，国内的影子银行体系顺混业之势而为，打破了不同类型金融机构之间的分割，其游走在国家对混业、个别金融创新业务是否支持的边缘线上。

对于影子银行体系所有的活动，其实可以用金融产品及相关法律来进行规范。但目前中国还没有类似其他国家如日本的《金融商品交易法》，2012 年新修订的《证券投资基金法》没有被现有监管当局接受并执行到位，无法在统一的框架内约束影子银行体系，目前只能基于原有的机构监管框架进行监管，才导致多头、多标准监管。

除了前文分析的影子银行体系的内部运行风险，这两大因素是目前影子银行体系产生风险的主要因素。

三 国内影子银行体系风险防范
思路和政策建议

（一）影子银行体系的国际监管概况

危机后，针对如何防范影子银行体系风险，出现了两种不同的声音，一种是提倡由官方监管机构介入影子银行体系，对其进行更加严格的监管；另一种是提倡影子银行体系由市场进行自律式监管，完善相应风险控制制度。最终，国际监管机构和主要国家都选择了渐进式的监管路径：首先将其纳入监管视野，保持监测，给予其一定的发展空间；其次，逐步推出监管措施，有重点地监管规范。

1. 国际组织的监管措施

国际组织对影子银行体系的监管对策既包括加强银行监管，也包括直接构建对影子银行体系的监管框架。BIS 相继提出加强商业银行核心资本充足率的《巴塞尔协议 III》以及对全球系统重要性银行（G-SIB）的监管框架。

FSB 在 G20 的要求下，于 2011 年提出了影子银行体系的国际监管框架。在此框架内，FSB 的基本思路是：基于系统性风险和监管套利判断标准对影子银行体系进行监管。具体路径包括广义监测，找到主要的影子银行机构及其活动数据，了解各国影子银行体系的运行机制；以及从商业银行表外活动、影子银行体系自身的活动入手进行监管。自 2012 年起，FSB 开始发布年度的《全球影子银行体系监测报告》，以各国和地区的资金流量表为基础，统计了广义和狭义的影子银行体系，形成了全球的影子银行体系监测模板。广义影子银行体系包括所有的非银行、非保险的金融中介，具体指标是其他金融机构（OFI）。自 2013 年起，开始尝试统计狭义的影子银行体系，即在广义影子银行体系的基础上，排除那些已经统计在银行持股集团的活动，以及非信用中介性质的机构如股票投资基金。同时，狭义法还增加了非银行金融机构如保险公司和养老基金对非金融公司的直接贷款。与此同时，在 2014 年，FSB 开始发布典型地区和国家的影子银行体系，包括美洲地区的影子银行体系（两份报告）、亚洲地区的影子银行体系。在这些区域性的影子银行体系报告中，FSB 进一步细化了影子银行体系的监测，例如将投资基金划分为货币市场基金、私募投资基金和公募投资基金、离岸影子银行体系等，从而增加影子银行体系统计的准确性。

2. 美国对影子银行体系的监管

自 2008 年金融危机爆发后，美国金融监管当局在短期内采取了较为密集的应急措施，涵盖了影子银行体系的大部分机构和活动，并以法律的形式予以规范和实施，囊括在《多德—弗兰克华尔街改革与消费者保护法案》（简称《多德法案》）中，但这些法律的落实本身需要若干年时间（周莉萍，2011）。2010 年 7 月正式颁布的《多德法案》，将美联储定位为系统性风险的监管者，将影子银行体系纳入系统重要性金融机构的监管框架中。任何一个金融机构无论是银行还是非银行，只要它对金融体系的系统性风险有一定的影响，都要纳入美联储的监管范畴之中。除了 OTC 市场以外，美国现有的金融体系已经涵括了大部分的影子银行机构，因此，《多德法案》没有额外列出对影子银行的监管，而是在现有法律框架基础上对具体的影子银行活动进行监管，目前的方式主要为一般性的监测。

第一轮监管主要体现了美国货币当局对影子银行体系的整体监管姿态——规范而非禁止。目前的影子银行体系监测等，属于影子银行体系第二阶段的落实性监管，比金融危机爆发初期的监管措施更为微观和可行，主要是一些官方机构如美联储等提出的一些监管思路和建议（Fedral Reserve，2016）。美国的情况比较特别。2017 年，特朗普上台后提出放松金融监管，废除《多德法案》，有些监管措施有可能最终不会落实。

除此之外，美国不断完善原有的金融体系监测指标，将影子银行体系纳入其中。在美联储系统内的金融活动指标（financial activity measure）有近 13 类，其中，只有美联储芝加哥分行将影子银行体系纳入其制定的国家金融状况指标（The National Financial Conditions Index, NFCI）。该指标主要用于衡量货币市场、债务市场、股权市场、传统银行体系以及影子银行体系的风险、流动性和杠杆。NFCI 为正，表明金融状况比平时紧缩，为负则表明金融状况比平时宽松（如图 5 - 1 所示）。

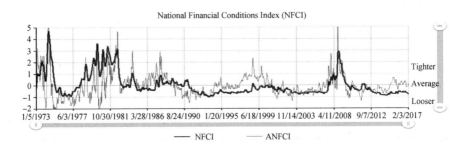

图 5 - 1　国家金融状况指数

资料来源：美联储圣路易斯分行。

3. 欧央行对影子银行体系的监测实践

欧央行在 2012 年 3 月发布了《欧洲委员会关于影子银行体系的绿色报告》，深度讨论了欧洲地区的影子银行体系。根据 FSB 对影子银行的定义，初步划定欧洲地区的影子银行体系范畴，包括特殊目的实体、货币市场基金、投资基金、金融公司、提供信贷或信用担保的证券机构、担保信用产品中的保险公司和再保险业务、证券化、证券借贷、回购协议等。在实践中，在欧央行 2015 年以来发布的《金融结构报告》中，对影子银行体系（其他非银行金融实体）进行了两种口径的统计。广义影子银行体系包括货币市场基金、非货币市场基金、金融实体公司，狭义影子银行体系包括货币市场基金、投资基金、金融实体公司。二者的区别在于，广义影子银行体系包含了非货币市场基金、非投资基金之外的基金和活动，例如产业基金、对冲基金等。广义影子银行体系和狭义影子银行体系的规模差别在 2014 年约为 12 万亿欧元。除了统计影子银行体系，欧央行《金融结构报告》首次分析了各类金融中介之间的关联性指标，包括商业银行、保险和养老基金、影子银行体系之间的相互关联性。比如，这三大类机构之间的基本借贷矩阵关系、三类机构之间发行证券和持有证券的矩阵关系、三类机构相互之间的风险头寸矩阵关系、三类机构之间针对投资基金的发行和持有矩阵关系等。这些关联性指标很好地反映了影子银行体系与传统金融机构之间的联系路径，以及可能的风险传染路径，值得借鉴（ECB, 1999, 2012, 2013, 2015）。

4. 国内目前的监管导向

针对影子银行体系引发的市场混乱，国内当前的政策导向是：短期内，无银行业务牌照的非银行金融机构（投行、基金、保险、租赁、信托、网络第三方支付机构等）不能直接复制银行的存款、贷款业务，仍然留下影子银行业务的隐患；中长期，逐步放开民营银行特许，让影子银行转为商业银行，即银行化。而对于银行体系，银行监管部门鼓励商业银行走出"借短贷长"的传统经营模式，涉足投行、基金、保险、租赁、信托、消费金融等非银行金融业务，但要求审慎稳妥推进、保持风险隔离。

（二）未来防范国内影子银行风险的思路和建议

在一个不完全信息社会，商业银行受资源约束、按照监管当局分配的信贷规模指标来筛选贷款对象的情况下，不可能完全识别并照顾到最有效的贷款对象。因此，影子银行体系对现有银行体系的补充作用不可否定。另一方面，如果影子银行陷入"短期趋利"陷阱，可能会将资金投入房地产行业而非实体经济，从而助长投机，抬高资产价格，最终承受经济泡沫破灭的风险。因此，影子银行体系的资金流向等综合因素决定了其对实体经济的最终作用。有鉴于此，影子银行体系的监管思路可以是从统一监测逐步过渡到统一监管，而不是"一刀切"式地禁止。

从 2005 年至今，我国金融监管部门和影子银行体系的关系如同"猫鼠游戏"，双方都在不断升级，影子银行业务在试探本行业监管底线中诞生，又或在新的监管法规中消失。我国监管部门秉持审慎监管理念，及时调整或严格执行监管法规，遏制了可能发生风险的影子银行业务。由此，当年疯狂发展的影子银行业务在目前或已经消失，新的影子银行业务或许暗流涌动。这就是国内影子银行体系的发展和监管现状。基于此，中国的影子银行体系监管既需要整体的监管思路，也需要阶段性的监管措施。我们提出如下政策建议。

1. 构建影子银行监测体系

金融体系的风险虽然可以从银行体系转移出去，但却无法消除。如果将某些市场指标比作温度计的话，这支温度计必须被放置在依然存在风险活动的领域如银行表外体系，充分感受市场的温度，才能做出正确的指示。依据这种理念，可以基于影子银行核心风险点编制监测指标，长期观察。

监测口径如何确定？国际做法是，在尚不明确的情况下，先在一个较为宽泛的范围如非银行金融机构范围内大致观测影子银行活动，再逐步缩小范围刻画狭义的影子银行体系。国内学者也大致探讨过国内影子银行体系的涵盖范围，大致分为三类观点：第一类观点是影子银行是商业银行产品的替代。如袁增霆（2011），殷剑峰和王增武（2013），许少强和颜永嘉（2015），陆晓明（2014）等。第二类观点是中国影子银行是金融创新，如李扬（2011），黄益平等（2012），谈佳隆（2011）。第三类观点是中国影子银行指的是处于监管灰色地带的金融业务。例如，龚明华等（2011），毛泽盛等（2012）。这三类观点有交叉重合的地方，例如第一类观点和第二类观点重合较多，但三者是从不同的视角来认识影子银行体系。另外，随着金融监管当局的政策变化，国内的影子银行体系不断变化，任何一种观点都难以完全覆盖国内的影子银行体系全景。我们认为，依据前文情景假设，国内的影子银行体系主要是大资管行业，具体范围见表5-1影子银行体系第一类机构和活动。

除此之外，可以考虑的影子银行体系风险活动相关监测指标包括：①涵盖影子银行活动的国家金融状况指数。②编制影子银行体系核心风险指标。例如，杠杆倍数相关指标、影子银行体系交易对手方风险指标。③影子银行体系与其他金融机构的关联性指标。④在长期，可以编制中国的资金流量表，可以清晰显示影子银行体系的资金流入和流出量、与商业银行等机构的交叉业务活动等。

2. 完善现有的金融监管法律

国内目前能在最大程度上统一各类理财产品的法律制度是2012年新修订的《证券投资基金法》，这也是中国未来构建统一的金融商品交易法和混业监管的基础。在《证券投资基金法》下，各类金融机构信托性质理财产品的主要法律关系基本可以被放置在一个完整的法律制度框架下，规范当前混乱的理财产品市场。从而避免了理财产品的发行人和销售人用简单的"买者自负"损害投资者利益，也避免了刚性兑付问题。当前，《证券投资基金法》的实际执行依赖各类监管机构的协调和沟通。在未来，可以以此法为基础，不断完善金融产品交易法律，作为规范影子银行体系的基础性法律。

3. 逐步将影子银行体系纳入宏观审慎监管体系

从全球经验来看，影子银行体系最终的监管模式是宏观审慎监管。中国目前已经构建了宏观审慎监管体系，涵盖商业银行和保险等领域所有的系统重要性金融机构，但还没有将影子银行体系列入。在未来，随着金融产品相关法律制度完善，证券投资基金和资产管理产品都可以作为系统重要性金融机构或活动被纳入中国人民银行的宏观审慎监管体系，使影子银行体系首先进入金融监管的监测视野。然后，依据其资金使用特点和潜在风险，逐步设计若干宏观的逆周期调节工具，以防范影子银行机构和活动的风险。

4. 审慎推行资产证券化活动

证券化是美国影子银行体系的核心。国内目前已经将其作为金融创新开始推行，规模和速度上升极快。虽然资产证券化能够大大拓展商业银行的资金使用规模，但研究表明，其他非银行金融机构得以复制商业银行核心业务的关键点是资产证券化活动。尤其是商业银行信贷资产出售、非银行金融机构合法参与资产证券化，两项活动的合法化将最终推动证券化影子银行体系的繁荣，将金融监管和货币当局的监管压力推向边缘（周莉萍，2012）。因此，在国内关于混业经营、影子银行体系的基础性法律和监管机制都没有明确落实的情况下，商业银行等机构的资产证券化活动不可盲目推行。若不限制其发展节奏，国内的影子银行体系或将很快超越商业银行体系。

第六章　支付清算体系存在的风险及防范[*]

一　目前我国支付清算体系存在的主要风险

党的十八届三中全会决定指出要"加强金融基础设施建设，保障金融市场安全高效运行和整体稳定"。对于一国经济金融发展来说，支付清算体系恰恰构成了最为重要的金融基础设施，也是各类金融交易顺利进行的依托。近些年，我国支付清算体系发展迅速，但同时也存在不少问题，其中也暗藏风险隐患。特别是伴随着互联网金融的高速发展，第三方支付机构体系中存在的问题较为突出；此外，由于市场分割以及多头监管等原因，证券清算结算体系也存在一些问题。

1. 第三方支付风险

从第三方支付机构体系来看，在创新提升资源配置效率的同时，不少支付机构在客户备付金管理、制度体系建设、信息安全、经营合规性以及可持续性发展方面均存在较大问题，部分机构甚至风险隐患很大或者已发生风险暴露；同时一些机构已从传统的支付逐渐渗透至简单的类存款业务以及理财、资管等各类复杂性金融业务，其系统性风险不可小觑。其中，长期以来最为突出的是备付金管理问题，2017 年 1 月 13 日人民银行特印发并实施《中国人民银行办公厅关于实施支付机构客户备付金集中存管有关事项的通知》，进一步强化支付机构客户备付金管理，降低备付金风险，不过该新规的落实情况仍有待检验。

＊ 本章作者李鑫。

　　信息安全问题则是第三方支付机构的客户可能会面对的另一主要风险。第三方支付具有方便快捷的特点，但往往要在便捷性与安全性方面进行一定取舍。例如，在客户信息认证方面，主要凭借支付机构的指令，无密令、无磁卡，虽然有时辅以短信验证，但安全性能仍然不高。特别是移动支付，由于手机面临比 PC 端和线下支付方式更多的恶意攻击，移动互联网安全技术发展相对 PC 互联网安全技术又略显落后，进而面临更大的安全威胁。第三方支付用户的安全意识还相对薄弱，并不一定安装安全防护软件，信息处理、密码设置等有时也相对简单随意，这些又使第三方支付欺诈更加有了可乘之机。同时支付账户上储存的大量客户个人信息、支付信息、交易信息、社交信息暴露于网络之中，如果安全保障系统不够健全，很容易造成客户信息泄露，给消费者的资金安全、信息安全甚至人身安全造成威胁，此类风险事件已发生多起，成为影响消费者信任度的重要因素。同时，个别第三方支付机构与网络服务提供商、特约商户等签订合作协议时，会约定共享部分或全部客户信息，使信息在客户并不知情的情况下被扩散，客户信息被泄露或被窃取的可能性更大。部分第三方支付服务的提供方在与消费者签订网络协议时，采取强制性选择的方式要求消费者接受包括信息共享在内的"一揽子"协议条款，否则就不提供支付服务，这既损害了消费者的选择权和公平交易权，也难以对消费者信息安全提供充足保障。

　　此外，第三方支付的交易主要通过互联网和移动通信网络进行，具有匿名、隐蔽的特点，资金交易双方的真实身份信息和交易信息难以监测，为资金的非法转移、洗钱等犯罪活动提供了可乘之机。第三方支付机构的账户开立往往通过网络完成，而非传统金融机构的当面办理，这种"弱面签"的形式使客户身份信息的真实性难以核实，客户的联系电话、地址等相关信息也依靠客户自行登记，第三方支付机构很难验证，也没有动力验证，使不法分子利用虚假账户进行洗钱有了可乘之机，还可以利用两个账号进行虚假交易套现，这些交易游离于正规银行体系之外，监管机构对于这些交易的主体身份、交易金额、交易频率、交易背景、资金流向等进行监管的难度很大。此外，第三方支付机构在日常经营中也往往存在"重盈利、轻合规"的倾向，对反洗钱工作的重视程度有待进一步提升。

2. 证券清算结算风险

从证券清算结算体系来看，首先，债市互联互通仍有待加强。目前，交易所债券市场与银行间债券市场互联互通程度不够，仍存在跨市场交易与转托管不畅等问题。两个市场间的债券跨市场转托管仍采用纸质文件和手工处理模式，尚未实现直通式（STP）处理，无法实现跨市场转入转出实时到账。市场割裂会影响债券市场定价机制的完善，增加运行成本，不仅有碍于市场整体功能的发挥，并且一旦市场出现极端情况，这种割裂局面也会对流动性及市场信心带来负面影响。其次，债券市场风险管理仍存隐患。2016年年底，国海证券的"萝卜章"事件引发了债市恐慌，也暴露出债券代持模式存在的风险隐患。选择代持可以使金融机构得以规避监管，规避回购规模、资产负债比例、投资范围等限制，满足其短期融资、增加杠杆、避税等需求，乃至帮助机构在考核时点灵活调整，但由于缺乏履约担保机制，存在较大的违约风险。此外，虽然二级市场早已实现DVP结算，但在一级市场上仍未实施，这意味着在发行、承分销过程中可能存在中介风险。最后，场外市场登记结算呈碎片化状态。由于我国场外市场目前采用分散化的登记结算安排，同时缺乏账户联通机制和统一的交易报告库，导致相关登记结算数据的分散化、碎片化，难以有效地归集、整理，不利于监管部门全面、准确地掌握场外市场整体信息。

二　防范及化解支付清算体系风险的建议

第一，应进一步完善支付清算法律体系，以法制规范支付清算行业创新发展。目前，支付清算服务市场发展十分迅速，呈现支付主体、支付手段、支付模式的多元化发展趋势，但个别支付结算法规建设相对滞后，无法使产业得以规范有序发展。因此，有必要进一步推动支付清算体系立法，理顺支付结算行政管理权限归属，实现对银行机构和非金融支付机构支付结算业务的统一权限管理，继续做好一系列法规建设工作，同时提升支付机构管理规章制度立法层级，为人民银行依法开展支付清算体系监管提供更高层级的法律保障。

第二，应进一步推动支付机构监管体系建设有效平衡监管和市场创新。积极平衡支付便利性和安全性的关系，严格推动账户实名制管理、反洗钱、消费者权益保护等监管规定的执行。督促支付机构做好对支付创新的风险评估和信息公开，强化相关业务合规审查和管理，不断优化自身的安全标准与意识。有效建立健全政府监管、行业自律、主体治理和社会监督的多层级支付清算创新监管体系，在支付业务功能监督、支付技术标准与规则完善等方面做好文章，尤其是尽快推动各类新型电子支付的标准化发展。考虑到支付服务在金融消费服务中的特殊性，应将支付消费者保护作为专项推动的重要工作来抓，加强对金融消费者风险承受能力的评估、安全教育和风险提示，各方共同推动支付消费者的安全文化的建设、支付知识的普及等，引导金融消费者在风险可控的前提下追求市场利益。

第三，对于证券清算结算体系，首先应进一步提高债券市场运行效率，防范潜在风险。积极支持债券市场创新，深化债券市场登记结算基础设施互联互通。支持债券品种在不同市场的交叉挂牌及自主转托管机制，促进债券跨市场顺畅流转；推动托管结算机构信息共享、顺畅连接，加强互联互通，提高债券跨市场转托管效率。进一步完善回购交易相关规定，通过"开正门、堵旁门"的方式规范代持交易。推动银行间债券市场全面实现 DVP 结算，更好保护相关市场主体权益。其次，应强化场外市场监管，增加市场透明度。在期现账户一码通的实践基础上，探索将场外市场账户纳入一码通账户管理体系，从而更好地强化场内外市场的风险联动监控，提升市场透明度。借鉴美国等成熟市场的场外登记结算数据集中化做法，着手建设场外市场数据报告库（TR），由场内登记结算机构承担场外数据的集中存储工作。依托场外市场大数据开展监管工作，通过登记数据的集中管理、分析，提高对场外市场监管的针对性和有效性。

作为重要的金融基础设施，支付清算体系在传送资金的同时，也在传送甚至积聚着风险，支付清算体系的功能不当将更容易将局部风险进行扩散。2017 年中央经济工作会议指出，要把防控金融风险放到更加重要的位置。因此，应高度重视并积极防范支付清算体系中存在的潜在风险。

第七章　票据市场的风险、成因及对策[*]

票据市场是与实体经济联系最为紧密的货币市场。防范票据市场金融风险、促进票据市场健康发展对于提升货币政策传导效率、推动商业银行业务创新和支持实体企业发展均具有现实意义。近年来，票据市场一系列重案要案相继爆发，不仅引发了金融业界广泛关注，也促使票据业务风险骤然成为学术界的热点话题。近期，我们围绕票据市场风险问题进行了广泛调研和深入分析。总体判断是，票据市场风险既与微观市场主体逐利行为有关，又受宏观经济状况和金融监管环境影响，呈现出风险种类不断增加、风险程度不断加剧的态势。票据市场发展之初（1981—1994 年），严格推行"三票一卡"，业务模式尚在探索中，票据风险基本被忽视；到了基础建设阶段（1995—1999 年），相关政策法规逐步建立，票据作为信用工具功能得到发挥，票据风险以信用风险和操作风险为主；进入高速发展阶段（2000—2014 年），运行机制逐渐成熟，市场主体不断增多，票据开始演变为融资类工具，信用风险、操作风险、市场风险和流动性风险并行出现且相互交织；跨入新阶段（2015 年至今），票据业务资金化运作趋势更为突出，传统风险不断膨胀叠加，互联网创新风险开始显现，票据机构大案要案频频爆发，票据市场进入整顿规范时期。今后一段时间，既需要从法律法规制度、宏观审慎管理框架、金融基础设施建设等方面完善票市场运行机制，又需要从狠抓商业银行内控管理、规范票据中介经营，借力外部监管倒逼等方面加强票据业务风险管理。

---

* 本章作者徐枫。

一　票据市场的运行特点

银行票据业务主要包括承兑、直贴现、转贴现、回购和再贴现交易。近几年来，受经济增速放缓、票据案件频发以及金融行业去杠杆等影响，银行票据业务在略有回落中继续保持活跃。一是承兑业务首现下滑。票据承兑是银行表外业务，反映的是实体经济有效投资需求。2016 年第三季度，全国企业累计签发银行承兑汇票 4.2 万亿元，同比下降 20.8%；截至第三季度末，银行承兑汇票未到期余额 9.5 万亿元，同比减少 10.7%（中国人民银行，2016）。二是直贴现业务增长较快。直贴现业务对手方为企业，反映的是持票企业向商业银行融通资金情况。2015 年全国票据直贴现余额为 2.0 万亿元，同比增长 33.5%。三是转贴现业务增长迅猛。转贴现对手方为商业银行，反映的是银行同业融资情况。2015 年全国买断式转贴现余额为 2.6 万亿元，同比增长 82.3%。四是回购交易业务下滑显著。回购交易对手方为商业银行，反映的是银行之间规避监管情况。2015 年买入返售交易余额为 3.0 万亿元，同比下降 26.9%。五是票据市场利率总体下行。在央行再贴现利率引导下，票据市场利率不断下行。以半年期直贴利率为例，2016 年平均月息 2.8%，较 2011 年下降 4.22 个百分点。

此外，银行票据业务较以往呈现出若干特征：一是票据业务集中于风险高发区。从申请出票企业看，以 2015 年为例，中小型企业签发的银行承兑票据余额占比高达 67%，对应着制造业、批发、零售业等信用风险频繁暴露的行业。从票据签发银行来看，中小型金融机构成为市场参与主体。以股份制银行、城商行和农村金融机构签发票据为例，2010 年占全部票据签发量的 49%，到了 2014 年，这一比例迅速跃升到 59%。中小型银行受利率市场化和资产配置能力影响，将票据交易视为重要利润来源，行业经营风险自然也传递到了票据市场。二是纸质票据市场份额较高。电子票据交易效率高、风险小，业务量呈现出高速增长态势，但纸质票据业务市场份额仍然较高。2016年第三季度，全国电子票据签发量为 2.21 万亿，占全部票据签发量的 52.6%。即便未来严格执行央行 224 号文件的相关规定，单张出票金额在 100 万元以下的纸质票据仍有较大市场，易于衍生道德风险和操作风险。三是票据承兑和贴现市场余额缺口巨大。票据签发和承兑业务需求较大，说明发行市场中企业融资需求旺盛；而流转市场中银行表内贴现及转贴现需求相对有限，意味着部分票据无法获得银行贴现资金，只能进入影子银行通道。2015 年银行票据贴现余额占承兑余额比例为 44.2%，而在 2011 年时这一比例仅为 20.4%。

二　票据市场风险分析

银行票据业务风险根源在于偏离服务实体经济轨道而在金融体系内部空转。经过二十余年发展，票据业务风险种类不断增加、程度不断加剧，大致形成了信用风险、操作风险、市场风险、流动性风险和法律风险等诸多隐患。

1. 实体经济下行导致信用风险增加

票据业务涉及的金融机构主要包括承兑行、直贴行和转贴行，其中直贴行和转贴行将票据业务视为低风险的同业业务看待，而承兑行则负责承担出票企业信用风险。信用风险主要表现在：一是承兑垫款金额攀升。随着化解产能过剩政策出台，部分企业受经济下行冲击影响较大、经营业绩开始下滑，信用风险开始借由票据向金融机构传导，中小型金融机构签发的票据尤为明显。以河南省为例，2015 年全省金融机构承兑票据垫款为 26.5 亿元，较上年增加 26.8%。部分金融机构为掩盖承兑业务风险，对无法解付银行承兑汇票的企业发放流动资金贷款用于兑付。二是关联企业合谋掩盖信用风险。开票环节，部分资金链比较紧张的企业，联合收款企业相互担保开票，降低了票据担保效力；收款环节，部分到期无法进行票据解付的企业，联合收款企业挂失票据，利用法院公示催告期限筹措资金，导致票据持有银行资金回收延期。三是票据保证金来源存在风险。通常票据签发银行会要求申请出票企业提供一定比例的保证金，但保证金并非完全来自于企业自有资金，而是从其他渠道挪用而来。对企业而言，常用手段是将贷款资金转为银行定期存款充当票据融资的抵押物，或将银行流动贷款资金用于支付票据融资的保证金；对于银行而言，受信贷规模控制、存款、中间业务收入考核等影响，有较强意愿将回收贷款或贴现资金用于交纳保证金来虚增存款。（缪锦成，2016）

2. 票据业务违规操作风险较为普遍

一些已曝光票据大案操作手段低劣，但能屡屡得逞，根源在于银行票据业务不严格遵守操作程序和规定。操作风险几乎伴随着票据业务所有环节，具体而言主要包括：一是出票签发环节违规操作。部分银行票据签发由营业网点负责，操作风险难以管控。部分网点采用手工方式签发银行承兑汇票，阻止票据信息纳入银行信贷信息体系。部分银行员工降低出票企业保证金比例，或协助客户挪用保证金。二是贴现环节违规操作。部分银行先直接办理贴现操作，而后进行票据查询查复。部分银行未能识别虚假贴现凭证，将伪造或次品汇票进行贴现。部分银行办理票据贴现业务时未在背书栏签署银行名称，导致票据再次被融资。三是转贴现环节违规操作。部分金融机构买入返售票据时，不按要求进行票据实物交割。部分金融机构利用买断期限、买断利率规避贷款规模限制，利用资产管理计划将票据转移到股权投资项下。四是交接保管环节违规操作。部分银行在票据移交时并未办理正式手续。部分银行票据未将已贴现票据计入表外代保管物科目核算。部分银行员工将已贴现票据放入个人保管箱，存在票据丢失甚至被盗风险（刘明勇，2016）。五是质押解付环节违规操作。部分银行在承兑汇票到期但质押存单未解付前，将存单解冻资金转入单位结算账户，导致存单资金可能被单位挪用。部分银行通常会延期支付出票企业无法按时支付的承兑汇票，导致被收款企业法律追索。

3. 市场风险和流动性风险不断凸显

票据业务发展推动了实体经济与金融市场繁荣，也为商业银行经营带来了市场风险和流动性风险。市场风险方面，主要体现为利率风险。随着利率市场化改革推进、金融风险防范措施推出，商业银行票据业务价差也在不断收窄，甚至可能出现利率倒挂情形。一些企业票据质押后循环操作重复融资力图博取高收益，由此导致利率波动风险更为剧烈，不仅在票据利益链条中传递，还可能向股票市场、债券市场蔓延。流动性风险方面，主要集中于银行表外业务。票据承兑业务属于典型的银行表外业务，部分银行票据资金来源和投向之间存在较为严重的期限错配，一旦发生重要外部冲击性事件，期限转换能力较差的中小型银行流动性风险就会爆发（赵亚蕊，2016）。市场风险和流动性风险常常同时出现，相互交织。

4. 互联网票据法律风险开始出现

互联网票据理财属于互联网金融细分业务。当前互联网票据理财业务模式主要包括票据质押融资、票据收益权转让和衍生业务，如委托贸易付款和信用证循环回款等。相较于传统票据，互联网票据业务效率有所提升，但也蕴藏着比较突出的法律风险。一是票据真伪审核的法律风险。互联网票据运营平台作为居间协调人，难以将融资抵押品或投资标的物转嫁给投资者。二是票据质押的法律风险。一些质押人向平台交付票据时，希望简化手续或再次以票据进行融资等原因不作背书，影响票据质押效率。单张质押票据被多个债权人共享质权，法律依据不明确。多位质权人共同推举质权代理人与融资方签订质押合同，有效解决票据交付、保管和托收等问题，但法律依据存在争议。三是票据收益权转让的法律风险。一些缺乏真实贸易背景的票据收益权转让可能涉嫌违规，甚至被认定为非法经营。票据收益权转让解决了票据不得分割转让和票据转让需要贸易背景问题，但转让效力存在争议。四是票据信息披露不充分的法律风险。受融资方信息保密要求和平台企业客户信息保密约束影响，借款人信息和投资标的信息普遍披露不充分。一旦兑付危机事件出现，平台声称投资者风险自负的免责声明效力遭到挑战（黄斌，2015）。

三 票据业务风险的成因

票据业务风险种类不断增加、程度不断加剧，与当前实体经济下行压力传导、商业银行规避日趋严格的金融监管、商业银行内部管控机制体制薄弱、票据中介不规范行为扰乱金融秩序、互联网票据市场业务创新与法律性质模糊之间不匹配，以及票据基础设施滞后且分割局面等密不可分。

1. 实体经济下行压力传导

实体经济下行增加票据风险主要通过三个途径：一是银行信贷投放。经济下行压力较大时，金融机构信贷投放更为审慎，导致企业有效贷款需求下降。一些不符合贷款审批条件的中小微企业借助于承兑、贴现等票据融资，企业信用风险向票据市场渗透。二是资金脱实向虚。随着实体经济投资收益不断下降，一些企业并未将票据融资投向低风险的企业贸易，而是配置到收益更高的金融市场。一旦金融市场出现大幅波动，跨市场金融风险迅速演变为票据风险。三是宏观政策冲击。"三去一降一补"改革政策推行后，产能过剩行业生存环境更加严峻，部分中小企业资金链断裂危机加剧，由此导致企业按期承兑票据风险增加。

2. 商业银行规避金融监管

利率市场化导致信贷业务息差不断收窄；《巴塞尔协议Ⅲ》实施更为严格的资本监管标准，迫使商业银行向低资本消耗业务转型。随着信贷扩张约束不断增强，银行采用票据业务替代信贷业务，降低资本占用和调节信贷规模。在票据贴现削减资本占用方面，一些银行通过"即期卖断＋远期买断"票据代持模式买卖信贷规模，实现短期削减信贷规模；一些银行通过"买断卖出＋买入返售"，借助第三方机构调节信贷规模；一些银行将票据资产转化为资产管理计划，通过投资替代票据贴现减少资本计提。在票据承兑虚增存贷款规模方面，一些银行通过滚动签发承兑汇票吸收存款，虚增资产规模；一些银行办理贴现资金借新还旧，掩盖不良资产；一些银行倒换业务类型，通过票据业务提增中间业务收入（赵亚蕊，2016）。

3. 商业银行内部管控薄弱

内部控制是商业银行风险管控的重要防线，只有将岗位和部门制衡机制落到实处，才能有效抑制票据业务道德风险和操作风险。目前商业银行内控管理薄弱主要体现在：一是风险意识不到位。部分银行员工对票据业务基本知识掌握程度不够，认为票据业务属于低风险性业务，普遍较少考虑自己不尽职行为对银行造成的经济后果。二是内控机制不健全。部分银行业绩考核只关注收入和利润，缺少对员工完成业务指标的规范指引，针对内部员工勾结外部中介违法行为也缺乏防范机制。三是内控制度形同虚设。签署合同、审验票据、保管票据等重要环节制衡规定实施流于形式，甚至连重要岗位人员强制休假制度和定期轮岗制度都未有效落实。四是同业账户管理不规范。银监办发〔2014〕140号文明确要求，商业银行总部建立或指定专营部门负责经营同业业务，但部分银行仍存在未对票据同业业务实行集中审批、集中会计处理问题，部分银行对同业票据交易对手仍未实行名单制管理。银发〔2014〕127号文明确规定，票据同业业务类型不包含买断式转贴现，但根据银监会现场检查情况反馈来看，买断式转贴现违规情况相当严重，约占票据业务抽查金额的一半。不少银行仍然通过假买断转贴现，或者抽屉协议方式进行同业融资。

4. 票据中介扰乱金融秩序

票据中介凭借信息优势和规模优势，在提高票据市场流动性、增强票据价格发现功能等方面发挥了积极作用，但部分机构不规范行为扰乱了金融市场秩序、增加了票据市场信用风险、操作风险和流动性风险。目前票据中介违规行为主要表现在：一是直接参与企业和银行造假。部分票据中介通过虚假包装协助大量缺乏真实贸易背景的企业获得票据融资，利用客户网络协助部分银行完成监管套利和规避信贷规模控制。二是借助银行同业通道漏洞违规。部分票据中介以中小型银行名义在大型银行开设同业户，利用银行同业业务的管理漏洞，通过"清单交易"方式实现一票多卖，套取银行资金。三是违规获取金融经营许可权。从已曝光票据案件来看，一些中小银行将自有公章和预留印鉴委托给不具备资质的票据中介管理，并定期收取转包费用，为非法票据中介提供了可乘之机。

5. 互联网票据创新与监管失衡

互联网票据市场业务创新迅速但法律性质模糊，引起了业界对互联网产品安全性的质疑。从业务创新看，不仅出现了以投资者为出借人、以持票人为借款人构建债权债务关系的票据质押融资模式，而且出现了将票据未来现金流拆分或整体向投资者转让的票据收益权转让模式，还出现了委托贸易付款和信用证循环回款的票据衍生业务模式，增加了监管复杂性。从法律性质看，互联网票据理财不同于建立在委托代理关系基础上的商业银行理财服务，而是类似于居间法律关系的普通 P2P 网贷平台理财业务。居间人法律责任弱于受托管理和代理，但并非不承担法律责任。例如最高人民法院《关于审理民间借贷案件适用法律若干问题的规定》明确在一定情形下，网络贷款平台需要承担担保责任（黄斌，2015）。

6. 票据市场基础设施滞后且分割

当前上海票据交易所虽已正式挂牌，但距离全国统一、高效运行的票据交易平台目标尚远。一是地方票据交易机构遍地开花。例如京津冀协同票据交易中心着眼于票据发行市场流转，深圳前海金融票据报价交易系统专注于电子银票和商业票据直贴利率报价和贴现撮合交易，武汉票据交易中心则侧重于银行承兑汇票直贴、转贴和转让业务，以及近期多地违规抢跑设立票据交易中心。这些地方票据交易所均由地方政府设立，具有地方国资背景，清理整顿工作并非一蹴而就的过程。二是票据交易平台配套制度几乎缺失。吸取债券市场基础设施割裂的经验教训，票据市场基础设施应涵盖票据生命周期的全过程监测。即使当前所有电子票据在上海票据交易所上线，但关于票据交易权利和责任的制度安排仍属空白，更何况未来仍有相当部分纸质票据会在市场流通。三是企业信用评级系统尚未建立。诸多票据违规操作是由于票据业务主体存在信息不对称，只有建立信息共享机制才能降低银行对企业的信息审查成本，但提高企业信用透明度需要多部门协同完善。

四　防控票据市场风险的政策建议

防范和化解票据市场风险，既需要完善票据业务法律法规制度体系，又需要建立票据市场宏观审慎管理框架，还需要整体统筹票据市场基础设施建设，在打造票据市场良好生态环境上做文章。

1. 完善票据业务法律法规制度体系

《票据法》仅在 2004 年进行过修订，基本方向是针对票据作为贸易结算工具进行规范，已经无法适应票据作为融资性工具更加普遍的现实。建议适时修订《票据法》和《支付结算办法》，从法律层面满足票据市场需求。一是针对支付结算类票据和融资类票据实行差异化监管，明确融资性票据的功能定位，建立融资性票据发行、交易和监管制度，允许具备一定资质的企业自主发行融资性票据，更好地满足企业融资需求。二是完善 P2P 监管规定，将互联网票据理财纳入 P2P 网贷监管，考虑增加针对平台自融、虚假托管等特别监管规则。三是建立完整的电子票据法律制度，针对电子票据市场准入、票据登记、票据安全等法律责任问题进行立法。

2. 建立票据市场宏观审慎管理框架

建立并完善宏观审慎管理框架，是防范票据市场风险的出发点和新视角。一是建立票据市场综合统计体系，全面、及时、充分获取高质量和标准化的票据市场信息数据，夯实系统性风险监测、评估、预警的信息基础。二是对票据市场杠杆进行宏观审慎管理。针对市场层面，分析国际经济形势和国内宏观经济周期变化，保持票据市场整体杠杆水平合理适度，防范跨市场风险传递。针对机构层面，加强对银行资本充足率以及杠杆率的宏观审慎管理，逆周期调节资产负债结构。尤其需要重点监管杠杆率较高的中小型银行，督促其将杠杆降低到审慎合规水平。三是对票据市场流动性进行宏观审慎管理。研判票据市场整体和各类机构流动性状况，结合宏观经济运行周期和货币政策，逆周期动态调节金融机构 LCR、NSFR 等流动性管理指标，防范系统性金融风险发生。

3. 整体统筹票据市场基础设施建设

建立并完善全国统一的票据市场基础设施，是实现监管盲区全覆盖的基础条件。一是及时制止和整顿地方票据中心。对已设立的区域票据交易平台，积极探索清理退出途径，或研究纳入上海票据交易所统一管理的可行性。对正准备设立的区域交易平台，要求取得清理整顿各类交易场所部级联席会议的书面反馈意见。二是完善上海票据交易所相关配套制度。针对票据转贴现、回购等新型融资类交易行为出台部门规章，针对票据市场准入、票据交易、交付等业务活动标准出台规范性文件，明确交易主体的责权利。三是加快推动票据电子化发展。严格落实大额票据发行电子化制度，积极引导小额票据发行电子化，鼓励纸票信息电子化转换登记到上海票据交易所。四是探索区块链技术应用于票据平台。采用区块链技术实现票据交易各方信息监督和验证，追溯票据业务从产生到消亡全过程中所有利益主体的权利和责任转移（徐忠，2017）。

五　加强票据业务风险管理

防范和化解票据市场风险，必须狠抓商业银行内控管理"牛鼻子"，既需要规范票据中介经营管理，又需要借助外部监管力量倒逼，开展主动防范、全面防范和高压防范。

1. 提升商业银行内控水平

防范票据业务风险，必须守住商业银行内控生命线。一是强化员工合规意识。加强票据业务人员培训，提升合规经营和风险防控意识。建立员工异常行为排查制度，对违反禁止性规定行为及时采取补救措施。二是强化内控合规管理。健全票据业务管理制度和内控流程，加强票据业务不同环节和上下游岗位间的制约机制。落实重要岗位人员强制休假制度和定期轮岗制度，杜绝银行员工与票据中介机构勾结。三是调整银行绩效考核标准。绩效考核需要适当平衡业务发展和风险防控，尤其是业务收益当期性和风险暴露滞后性。引导分支机构转变以规模为核心的经营理念，适当下调票据融资业务占贷款额度比例，防止银行将票据业务作为调节经营业绩的工具。四是加强同业业务管理。严格落实银监办发〔2014〕140号和银发〔2014〕127号文件要求，按照业务实质进行同业业务分类和会计处理，严格按规定准确计提资本与拨备。实行同业票据交易名单制管理和额度管控制度，禁止金融机构通过创新票据融资业务规避同业业务监管。

2. 规范票据中介经营管理

目前大多数票据中介机构游离于正规监管之外，需要通过积极引导规范来促使积极作用发挥。一是明确票据中介的功能定位，加快出台票据中介机构准入资质、经营业务范围和后续监管手段，规范票据中介机构组织形态。二是引导票据中介业务转型，向评级业务、咨询业务、担保业务和自营业务方向发展。三是针对不同性质票据中介，探索分别采用统一行政监管、差异化分类监管、隔离监管和自律监管等多样化、全方位监管。四是全面摸底调查票据中介参与市场交易情况，取缔和打击非法中介机构，整顿票据市场秩序。

3. 借助外部监管力量倒逼

一是建立票据业务风险排查制度。完善辖区监管责任制，适当下移监管权责，发挥一线监管作用。建立常态化、可持续的票据风险检查机制，实现对涉及票据业务机构的全面覆盖，保持对票据业务监管的高压态势。二是增强对机构和员工处罚力度。对票据业务违规机构，可以考虑暂停其票据业务。对相关违规人员，采用顶格处罚机制，必要时可以取消金融从业资格。三是建立票据业务机构内部评级系统。以票据业务机构内部评分为依据，将扣分总数与监管措施挂钩，为分类监管、区别处罚创造基础。

参考文献

[1] 中国人民银行：《2016年第三季度中国货币政策执行报告》，中国金融出版社2006年版。

［2］缪锦成：《新常态下银行票据业务风险分析和管理建议》，《湖南财政经济学院学报》2016 年第 6 期。

［3］刘明勇：《商业银行如何防控票据风险》，《金融市场发展》2016 年第 6 期。

［4］赵亚蕊：《商业银行票据业务风险分析及对策研究》，《西南金融》2016 年第 9 期。

［5］黄斌：《互联网票据理财的法律风险及防范》，《金融法苑》2015 年第 2 期。

［6］徐忠：《建设全国统一的票据交易平台》，《中国金融》2017 年第 1 期。

第八章　财富管理市场潜在风险及其防范措施[*]

自 2005 年银监会颁布理财业务暂行管理办法以来，以银行理财为代表的国内财富管理市场在弥补传统信贷融资缺口、促进利率和汇率市场化金融改革、推动金融机构尤其是商业银行的转型发展以及满足居民日益增长的资产配置和财富管理需求方面均发挥了重要作用，规模增长速度惊人，而潜在的金融风险也不容忽视，这也是本次央行联合一行三会一局等机构制定《关于规范金融机构资产管理^①业务的指导意见》（以下简称《意见》）的初衷。鉴于此，本章从国际国内和个案对比两个层面来说明国内财富管理的潜在发展空间，以此佐证国内财富管理市场应遵循"宜疏不宜堵"的监管政策，最后结合《意见》条款进行下一步的风险防范措施评述。

一　海内外财富管理市场概览

我们从全球市场发展、国内市场发展和个案对比视角三个维度全面分析国内财富管理市场的发展潜力巨大，进一步的监管政策制定"宜疏不宜堵"。据波士顿咨询公司报告相关资料显示，2015 年，全球资产管理行业的整体表现降至 2008 年金融危机以来的最低水平，资产管理规模（AUM）规模增长止步，新增管理规模净流入、收入增

---

* 本章作者王增武。

① 目前，国内对资产管理和财富管理两个概念没有明确区分，鉴于此，我们对二者不加区分，均表示以银监会、证监会和保监会下辖各类金融机构的金融产品，详见表 8 - 1 中的表头。

长及收入利润率全线下滑，同时资产管理机构所承受的费率压力持续
增长。以 AUM 为例，全球资产管理行业基本持平，由 70.5 万亿美元
增长至 71.4 万亿美元，增幅仅为 1%，而上一年的增幅为 8%，2008
年至 2014 年间的平均增长率约为 5%。在低迷的全球资产管理市场
中，除日本和澳大利亚之外的亚洲地区则表现抢眼，AUM 增长 10%，
但与本地私人财富的迅速扩张相比却相形失色，因为资产管理在亚太
财富管理市场中的渗透率依旧落后于其他地区。

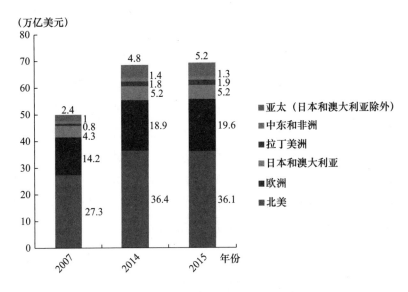

图 8-1　全球不同地区的资产管理规模

资料来源：波士顿咨询公司。

亚太地区 AUM 逆势快速增长无疑得益于中国资产管理市场的快
速发展。自 2005 年中国银监会颁布《商业银行理财产品暂行管理办
法》以来，尤其是 2008 年金融危机以来，国内以信贷替代的影子银
行为代表的资产管理市场快速发展。据统计，2016 年国内 AUM 是
2008 年 AUM 的 17.5 倍，是同期 GDP 的 1.56 倍，主因在于为应对国际
金融危机，中央政府推出"四万亿"经济刺激计划，以资产管理为载体
的金融机构"影子银行"业务增长迅猛。从市场格局来看，2016 年，银
监会下辖的银行理财产品、私人银行和信托市场的 AUM 为 50.79 万亿元，

表 8 - 1　国内资产管理市场规模及深化程度

单位：万亿元人民币

年份	银行理财	私人银行	信托市场	券商资管	公募基金	基金及其子公司专户规模	期货资管	私募基金	保险资金运用	汇总	GDP	深化（%）
2007	0.9	—	0.71	0.08	2.23				2.67	6.59	26.58	24.79%
2008	1.4	0.29	1.2	0.09	2.57				3.05	8.6	31.4	27.39%
2009	1.7	0.82	1.98	0.14	2.45				3.74	10.83	34.09	31.77%
2010	2.8	1.1	3.04	0.18	2.42				4.6	14.14	40.15	35.22%
2011	4.6	1.88	4.81	0.28	2.19				5.52	19.28	47.31	40.75%
2012	7.1	2.63	7.47	1.89	2.87				6.85	28.81	51.94	55.47%
2013	10.2	3.6	10.91	5.2	3		—	—	8.28	41.19	56.88	72.42%
2014	15	4.66	13.98	7.95	4.54	3.74	0.0125	2.13	9.3	61.31	63.65	96.33%
2015	23.5	6.32	16.3	11.89	8.4	12.73	0.1045	5.07	11.18	95.50	66.67	143.23%
2016	26.3	6.32	18.17	17.58	9.16	16.89	0.2892	7.89	13.12	115.72	74.41	155.52%

注：银行理财的数据截至 2016 年 6 月，私人银行的数据截至 2016 年 9 月，信托市场的数据截至 2015 年 12 月，其余数据均为截至 2016 年 12 月的数据。

资料来源：中国社科院金融所财富管理研究中心。

占 AUM 总额的比例为 43.98%，与 2013 年相比来看，其市场份额下降了 10% 左右，主要原因在于券商资管的通道业务、基金及基金子公司等类信托业务的快速飙升以及私募基金规模近年来的高速增长等。

即便如此，如果我们统计金融机构 AUM 中的"居民投资"部分，可以发现，以 2015 年数据为例的 181 万亿元的居民可投资资产规模中，居民持金融机构金融产品的规模占居民可投资资产的比例不足 35%。另据国家金融与发展实验财富管理研究中心统计，到 2020 年，居民的可投资资产规模有望达到 415 万亿元人民币。综上，我们至少可以总结如下三条初步结论：第一，亚洲是全球资产管理市场的下一波增长点；第二，国内资产管理市场发展迅猛，但模式有待进一步优化；第三，与以居民可投资资产规模为统计口径的国内财富管理市场相比，国内资产管理市场在财富管理市场中的转化率或渗透率依然较低，潜在发展空间巨大。

从全球视角来看，不同地区的资产管理发展模式也不尽相同，如以瑞士为代表的欧洲地区重在发展咨询顾问的私人银行或财富管理业务，而以美国为代表的北美地区则以产品为导向的资产管理业务为主。诚然，不同类型的资产管理业务模式也是与其底层的客户类型及其资金来源相吻合，如欧洲地区客户的资金来源以从祖辈继承而来的"老钱"为主，其目标是在给定收益水平下追求风险最小化，而北美地区客户则以新富为主，其目标是在给定的风险承受水平下追求收益最大化。反观国内，居民有"资产"或说"私产"意识是改革开放以后，有财富意识则是解决温饱问题之后，如果要找个时间节点的话，那就是改革开放总设计师邓小平 1992 年的南方谈话。简言之，国内资产管理客户中既有来自 1978 年的创业群体，也有来自 1992 年的创业群体，更有进入 21 世纪以来的新富人群，抑或普通大众。

鉴于此，国内金融机构在从事资产管理业务时选取的经营模式也略有不同，以新兴的私人银行业务为例，招商银行始终定位于以咨询顾问为主的财富管理业务模式，其私人银行业务发展模式也是如此。而工商银行设在上海的私人银行总部选择资产管理业务模式，并建立 400 人左右的资产管理团队，还在自贸区设立工银家族财富私募基金管理公司，旨在为客户提供全方位的资产管理服务。为进一步说明国内资产管理业务的发展空间，我们从中美个案对比视角加以分析，案例分别是中国工商银行和摩根大通银行，二者的资产规模和资产管理规模均在各自国家内排名首位。对比的维度我们仅选取资产管理规模和资产管理收入两个指标而非其他，原因在于组织架构、业务模式、盈利模式、产品体系、风控模式、IT 系统建设和人力资源等方面的可比性和借鉴性并不高，私人银行发展之初借鉴境外的事业部发展模式失败便是适例。

截至 2015 年年底（见图 8 - 2），工商银行和摩根大通的资产规模分别为 3. 42 万亿美元和 2. 35 万亿美元，前者是后者的 1. 45 倍，AUM 分别为 0. 57 万亿美元和 1. 72 万亿美元，前者只占后者的 33. 14%，即 1/3 左右，差距之大显而易见。进一步，如果分析单位资产的 AUM 规模，可以看到，摩根大通的单位资产 AUM 规模为 0. 73，而工商银行的单位资产 AUM 规模仅为 0. 17。从时序数据来看，

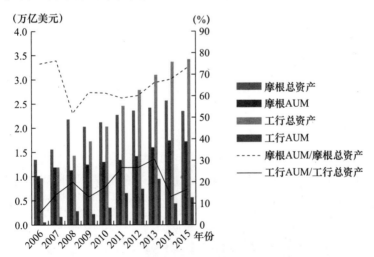

图 8 - 2　工商银行和摩根大通资产规模及 AUM 对比分析

注：①工行 AUM 统计口径说明，2006 年至 2013 年以其代销的资产管理规模为准，2014 年和 2015 年以其理财产品余额和私人银行 AUM 之和为准。②以年末美元兑人民币汇率为基准，折算工商银行的相关指标。

资料来源：各自年报，笔者整理。

2006 年至 2015 年摩根大通的平均单位资产 AUM 为 0.65，而工商银行的对应指标则仅为 0.18，特别地，如果我们只考虑 2014 年和 2015年两年的数据表现，则可以发现相应的指标值仅为 0.14。质言之，工商银行资产规模是摩根大通资产规模的 1.45 倍，而前者单位资产AUM 则高至后者约 5 倍，在资产管理方面的发展差距显而易见。

　　下面，我们来分析二者在 AUM 收入方面的差异表现。以工商银行年报中"理财产品及私人银行"收入作为其资产管理业务收入的统计口径，自 2006 年以来，其资产管理业务占非利息业务收入的比例呈先升后降态势，2015 年的占比为 25.04%，拐点发生在 2007 年，其资产管理业务收入占非利息收入的比例高达 45%，出现拐点在于2005 年至 2007 年，即国内以银行理财为代表的资产管理市场的粗放式发展前期，且在 2007 年达到顶峰。摩根大通自 2006 年以来的资产管理业务收入占非利息收入的比例相对稳定，且数值高于工商银行的相应表现，如 2015 年二者之差约为 6%。如前所述，银行理财业务收入在推动商业银行转型发展尤其在提高中间业务收入即非利息收入方面的作用明显，工商银行 2015 年末的非利息收入占比仅为 22.02%，而摩根大通占比则为 49.05%，前者不足后者的一半，从这个角度看国内资产管理业务的发展潜力依然巨大。

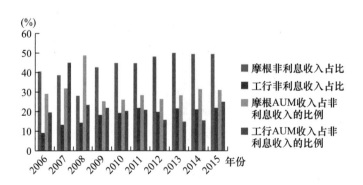

图 8 - 3　工商银行和摩根大通在 AUM 收入方面的差异表现

资料来源：各自年报，笔者整理。

二　财富管理市场的风险传输机制

如前所述，国内财富管理市场发展速度惊人且规模巨大，在做好市场规范发展的同时也滋生了潜在风险，主要是以通道为机制的跨产品和跨业务风险、以资金流动为视角的跨市场风险以及以香港为案例的资金跨境风险。

1. 以通道为机制的跨产品和跨业务风险

财富管理市场以通道为机制的跨产品和跨业务风险，主要表现形式为银信合作、银证合作、银基合作或三方以及三方以上合作等。在跨产品方面的主要表现形式有二：一是不同财富管理产品之间的相互嵌套，如银行投资证券定向资管、定向资管再投资债券市场和股票市场等，如宝万之争背后的资金来源等；二是不同财富管理产品之间的相互投资，如其他各类产品均投资证券投资基金等。在跨业务方面主要表现是商业银行表外业务和表内业务的风险传染或信托公司固有业务和信托业务的风险传染等。

下面，我们仅以银证合作为例来说明通道业务的四种主要形式：

一是SOT类（结构化信托计划）定向资产管理业务，接受委托人（自有资金、理财资金）的委托，投资于固定收益类信托产品或信托计划，信托计划投资于特定信贷项目，并在信贷资产到期后，将相关收益分配给委托人的券商定向资产管理业务。

二是票据类定向资产管理业务，接受委托人（自有资金、理财资金）的委托，投资于票据资产，在票据资产到期并由委托银行托收后，将相关收益分配给委托人的定向资产管理业务。

三是特定资产收益权类定向资产管理业务，接受出资方的委托，投资于特定项目收益权，项目收益权人到期回购特定项目收益权后，证券公司将回购价款分配给委托人的定向资产管理业务。

四是委托贷款类定向资产管理业务，接受出资方的委托，作为定向资产管理业务的受托人进行委托贷款业务。在委托贷款业务中，证券公司作为受托人，运用定向资产管理计划的资金，委托商业银行向特定借款人发放贷款。贷款到期后，借款人向定向资产管理还款，证券公司将相关收益分配给委托人。图 8 - 4 展示了四种模式的运作流程。

总体来看，银行理财通道业务是为商业银行行使表外放贷、表内资产转向表外或委托贷款等变相信贷投放的机制与工具。事实上，将模式一中的证券公司去掉、模式二至模式四中的证券公司换成信托公司，就是典型的银信合作模式；将四种模式中的证券公司换成基金公司，模式一即是典型的银信、银基合作模式，模式二到模式四就是银基合作模式。

2. 以资金流动为视角的跨市场风险

下面，我们以网络结构为视角，测算代表性资产管理业务银行理财、证券资管、保险资金、证券基金（公募基金、私募基金、基金及子公司专户等）和信托计划的机构内投资、机构间投资以及债券、股票和非标资产的投向分析。机构内投资表示同一类型机构内不同机构之间、不同产品之间或不同业务之间相互持有的投资，如银行理财的同业理财或私募基金投资公募基金以及证券公司定向资管计划投资集合计划等。由图 8 - 5 可以看出，银行理财、证券资管和证券投资基金三类资产管理业务中的内部投资规模之和为 6.71 万亿元，其中银行理财市场中通过同业理财进行的机构内投资规模最大，为 4.02 万亿元。机构间投资表示不同类型机构的不同资产管理业务之间相互投资，即《意见》中的"资管产品投资其他资管产品"的嵌套情形。目前，银行理财、证券资管、保险资金运用和信托计划均可投资证券投资基金，总规模为 2.27 万亿元。从公开资料披露的信息来看，证券资管也投资了信托计划，规模为 4044 亿元。综上，资产管理业务中机构内/机构间投资的总规模为 8.34 万亿元。最后，我们分析资产管理业务中债券市场、股票市场和非标资产①的投资情况。据测算，不同类型资产管理业务投资债券、股票和非标的总规模分别为 26.25 万亿元、

---

① 《意见》中对非标资产的界定为"未在银行间市场或者证券交易所市场上市交易的债权性资产，包括信托贷款、委托贷款、承兑汇票、信用证、应收账款、以债权融资为目的各类收益权、带回购条款的股权性融资等"。

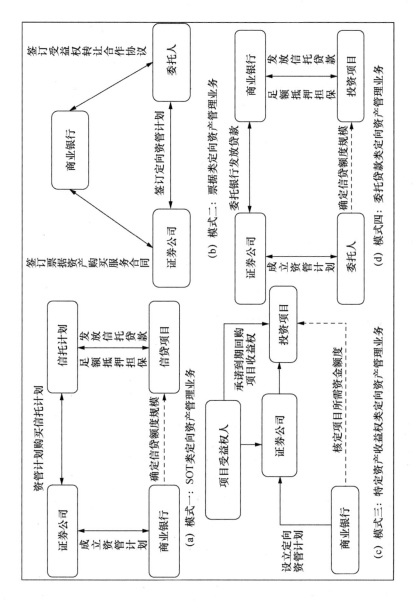

图 8-4 商业银行与证券公司合作的四种主要类型通道业务流程

14.31 万亿元和19.99 万亿元（见图8－6）。其中有三类资产管理业务投资非标资产，它们分别是银行理财、证券公司的通道业务以及基金子公司专户理财业务，规模依次为4.35 万亿元、7.94 万亿元和7.70 万亿元。

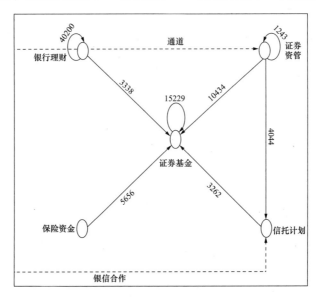

图8－5 机构内/机构间相互投资网络结构

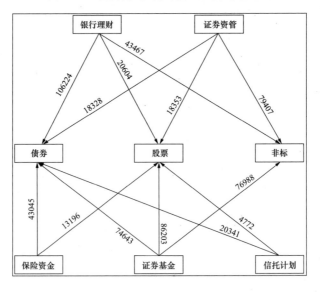

图8－6 投资债券、股票和非标的网络结构

资料来源：笔者绘制。

前述关于资产管理业务的资金投向分析中，我们依据的是官方公布的公开资料，稍作分析可以发现其中的潜在风险至少有两个：第一，机构间投资不仅仅限于如图 8 - 5 实线所示网络结构，还有虚线所示的银信合作或银行和证券公司的通道业务以及多机构联合的嵌套业务等，如"宝万之争"背后的资金来源链条等，否则也不可能出现银行理财的非标投资规模远低于证券公司通道业务和基金子公司专户的非标投资规模；第二，资产管理业务的债券市场和股票市场投资存在明显的加杠杆或配资行为，因为前述测算显示资产管理业务投资债券市场的规模为 26.25 万亿元，而中债登的"主要券种投资者持有结构"数据则显示，与资产管理业务相对应的"基金类"持有规模为 6.55 万亿元，近 3 倍的规模差距是如何形成的呢？

3. 以香港地区为案例的资金跨境风险

香港地区作为人民币离岸中心，具备金融服务方面的深厚的专业基础，优惠的税收环境，语言文化比较接近的地缘优势和相对自由开放的经济环境。正是基于这些优势，香港地区不仅成为中国高净值人士进行境外投资的首选地，也成为境内商业银行开展私人银行离岸业务的最佳选择。是故，本部分以香港地区市场为例解析财富管理视角下资本流出的渠道、产品及相应的规模测算。

渠道 1：香港保险

在经济增长结构性减速和人民币贬值预期背景下，境内居民跨境资产配置的需求上升，香港保单成为境内居民转移资产、规避外汇管制的重要渠道之一。2015 年，内地居民购买香港保单的保费规模达到 316 亿港元，同比增长 30%，占据了香港保单总规模的 25%。2016 年第一季度保费规模达 132 亿港元，以此简单推算，2016 年保费规模将达到 528 亿港元，同比增长率将为 67%，见图 8 - 7。香港保单的高需求和"高佣金"吸引大量组织和个人推销香港保单。内地销售香港保险最主流的模式是以各类理财、咨询机构为主导。各类理财、咨询机构依托港资背景（包括香港保险中介机构在内地设立子公司或内地机构反向设立/收购香港保险中介机构两种情形）或与香港保险中介机构建立业务合作关系，将内地客户转介绍给香港中介机构并收取佣金。此外，在香港有分行的中资或外资银行通过私人银行或家族办公室为有外币资产配置需求的高端客户推荐香港保单。境内居民可直接刷银联卡购买香港保单，不受5万元的结汇上限约束，此举绕过外汇管制实现了资金合法出境，增加了资本外流的复杂度和风险性。

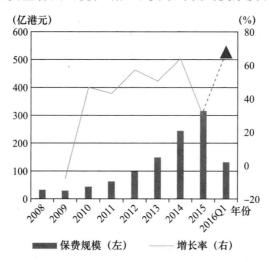

图 8 - 7　内地居民购买香港保单情况

资料来源：香港保险监理处。

渠道 2：沪港通

2014 年 11 月，沪港通的推出进一步拓展了跨境资金流动的渠道，内地、香港地区合格投资者可以买卖对方市场的股票。沪港通施行额度管理，通过沪股通净流入的总规模上限设定为 3000 亿元人民币，每日额度为 130 亿元人民币，通过港股通净流出的总规模上限为 2500 亿元人民币，每日额度为 105 亿元人民币。2015 年 11 月，中国人民银行与外汇管理局发布《内地与香港证券投资基金跨境发行销售资金管理操作指引》正式推出基金沪港通。内地认可投资品为公募基金，香港认可投资品为共同基金、单位信托或者其他形式的集体投资计划。基金沪港通实行互认总额管理，通过香港基金净流出资金规模和通过内地基金净流入资金规模的上限均为等值 3000 亿元人民币，并规定单只基金在对方市场的销售比例不得高于 50%。

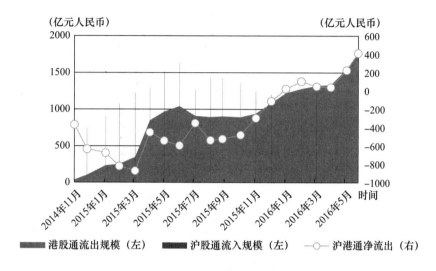

图 8-8　股票沪港通下资金净流出

资料来源：WIND。

从跨境资金流动方向来看，股票沪港通推出的前 5 个月，资金由香港流向内地；2015 年 4 月香港股市火爆，吸引资金回流，沪港通下资金流动趋势开始反转；2015 年年中股灾后，沪市资金被进一步分流；2015 年年底，沪港通资金由累计净流入变为累计净流出状态。截至 2016 年 6 月末，股票沪港通下资金累计流出 412 亿元人民币（见图 8-8）。基金沪港通自推出就一直呈现资金净流出态势，截至 4 月末，基金沪港通下资金累计流出 13.1 亿元人民币（见图 8-9）。从沪港通使用额度来看，沪股通的使用额度也远不及港股通，截至 2016 年 8 月，沪股通可用余额仍超过一半，而港股通额度则仅剩约两成。沪港通的资金净流出，一方面由于美联储加息引发强美元效应，为 A 股带来负面影响，同时为港股从内地引来增量资金；另一方面，股灾之后 A 股市场表现不佳与人民币计价资产的回报率下降和港股的低估值吸引力联系密切。2016 年 8 月，国务院批准《深港通实施方案》，深港通不设总额限制，沪港通的总额限制也一同取消。内地与香港的资本融合将进一步加深，跨境资金流动的局势也将更为复杂。

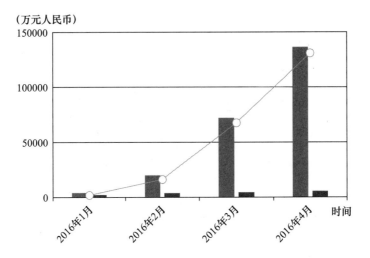

图 8 - 9　基金沪港通下资金净流出

资料来源：国家外汇管理局。

渠道 3：投资移民

2003 年 10 月，香港政府推出"资本投资者入境计划"，即投资移民计划。该计划仅限非中国籍或已获得第三国居留权的中国籍人士申请，因此大陆人士一般先取得非洲小国的护照或居留权，再以非洲小国国民或有外国居留权的中国公民身份申请。2010 年，香港政府将"资本投资者入境计划"的门槛从 650 万港元提升到 1000 万港元，并将房地产投资项目从获许投资资产类别中剔除。

近年来，香港投资移民备受境内居民欢迎。截至 2015 年年末，投资移民计划的获批人数达到 2.96 万，共吸纳投资金额 2436 亿港元。其中，绝大多数移民只获得香港身份并未到香港定居，约 90% 的投资移民来自于内地。以此比例估算，截至 2015 年年末，香港投资移民引致的境内资金流出规模约为 2192 亿港元。2011—2014 年间，平均每年的资金流出规模为 380 亿港元（见图 8 - 10）。2015 年的新增规模较少主要缘于香港政府为应对人口结构变化调整入境计划，暂停推行"资本投资者入境计划"，着重通过推广"输入中国籍香港永久性居民第二代计划"，放宽"一般就业政策"、"优秀人才入境计划"等措施吸引外来年轻人才和企业家。

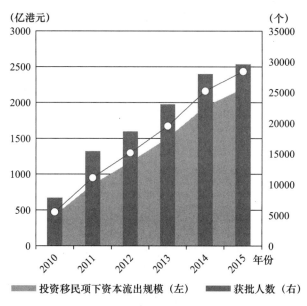

图 8 - 10　香港投资移民项下资本流出情形
资料来源：投资移民数据来自香港入境事务处；资本流出规模数据由中国社科院金融所
财富管理研究中心估算。

渠道 4：私行产品

2015 年，建行私人银行加强"私享环球"跨境产品服务联动业务的推动，与建行（亚洲）联合推出与私人银行客户境外资产配置的"私享建亚"业务，优化"私享联联"业务流程，将"私享联联"业务扩展到中国澳门、新加坡、悉尼和新西兰，如"私享澳门"、"私享狮城"等业务，创新丰富其他区域投资移民及留学、置业等配套产品服务。通过类似于"内保外贷"的"双法人"抵押/信用模式变相实现资产转移。客户在办理业务时，只要提供内地建行人民币定期存单作为资金监管，即可向建行（亚洲）申请港币贷款，该公司提供的贷款金额最低为 100 万港币，上限为 8000 万港币。客户保留于建行（亚洲）认可资产的比例越多，贷款成数越高（最高达 100%），享受的贷款利率也就越低。同时，建行（亚洲）发放的贷款为无抵押贷款，利息按季偿还，本金按年偿还，贷款结构设计灵活，贷款期限为 1 年，按年续期，业务流程简单、资金安全性高。建行"私享联联"的主要特点是建设银行和建行（亚洲）是两个不同的法律主体，境内是资产抵押，境外是信用贷款，目前看并不违反现有的外汇管理条例，同时，还非常有利于客户投资移民业务的发展。图 8 - 11 按照高中低①三种情形估算了私人银行渠道下的资本流出规模，以中等情形来看，截至 2015 年年末，私人银行项下的资本流出规模约为 2000 亿美元。2011—2015 年，平均每年的资金流出规模为 340 亿美元。

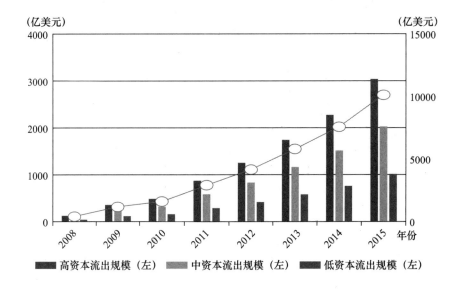

图 8 - 11   私人银行项下的资本流出情形

资料来源：AUM 数据来自商业银行年报；资本流出规模数据由中国社科院金融所财富管理研究中心估算。

三   财富管理市场的风险防控措施

无论是国际市场发展趋势，还是国内市场发展前景，乃至个案对比分析，均表明一个核心观点：国内资产管理业务发展是大势所趋且

---

① 分别假设 10%、20%、30% 的私人银行 AUM 涉及资本流出。

潜在空间巨大，监管要义在实现粗放式发展向集约式发展的转变。《意见》指导思想是在严控风险的基础上坚持服务实体经济的基本目标，坚持宏观审慎和微观审慎监管相结合，坚持机构监管和功能监管相结合，在做到坚持有的放矢问题导向的同时，积极稳妥审慎推进。要义在于穿透资产管理业务的资金流向，并在做好风险防范的基础上更好地服务实体经济。鉴于此，我们从财富管理业务的资金流向视角对《意见》中的相关条目进行评述并给出相关风险防范建议。

（1）限制非标重在疏堵证券公司通道业务和基金子公司的专户业务，后两类业务的非标投资规模是银行理财非标投资规模的3.6倍。《意见》中指出"具备评估和管控非标准化债权类资产信用风险能力的金融机构"是可以投资非标资产的，实践表明"例外"即"套利"，所以在下一步的政策制定中，要真正做到宏观审慎和微观审慎的结合，谨防监管套利的再次发生。

（2）禁止多层嵌套的要义在于"多层"，"穿透"的"多层"也在可控范围之内。《意见》中明确"资产管理产品不得投资其他资产管理产品，FOF与MOM除外，允许委外投资，但委外资金不得再投资资产管理产品"。这表明《意见》允许单层的FOF、MOM或委外投资，但多层嵌套不在许可范围之内。一是如前所述，"除外"即"套利"，此处同样适用。二是从金融投资的风险收益谱系来看，银行理财及其他资产管理产品是收益高于定期存款风险股票投资的中低风险中高收益型投资工具，对资产管理产品的适度投资可以优化客户的投资组合。从这个角度而言，"资产管理产品不得投资其他资产管理产品"值得商榷。三是禁止"多层"嵌套的要义是防范类似"宝万之争"事件的再次发生，简言之，"宝万之争"背后的资产管理嵌套链条是"银行理财—资产管理计划—私募基金—万科股票"，如事前要求金融机构报送其"穿透"后的资金去向或资金来源链条，"宝万之争"事件还是可控的。四是《意见》第23条的统计制度中明确要求统一资产管理产品的信息报送，同时要求中债登、中证登等机构报送资产管理产品持有其登记托管的金融工具的信息。如该条意见得以落实，至少可以规避资产管理产品债券投资规模和中债登登记的资产管理产品持有的债券规模的巨大差异等类似问题，因为测算显示资产管理业务投资债券市场的规模为 26.25 万亿元，而中债登的"主要券种投资者持有结构"数据则显示，与资产管理业务相对应的"基金类"持有规模仅为 6.55 万亿元。

事实上，银监会的 G06《理财业务统计表》将资产端细分为 16 大类，并对私募基金、资产管理产品、委外投资—协议方式的资产进一步穿透至底层。然而，在各商业银行理财产品的公开信息披露中则对产品的投向含糊不清。建议在下一步的监管要求中公开详细披露产品的投资方向，如"某某机构的某某资产管理计划"等。

（3）《意见》总体上重原则轻细则、强统一弱差异，而且还有诸多界定不清的地方，如资金池及私人银行和高净值客户的界定等。其一，《意见》第 16 条明确"禁止资金池"，"资金池"可以说是资产管理市场中的"顽疾"，由来已久，原因在于界定不清且很难监管到位，以银行理财为例，据业内人士说"在募集期或清算期当然可以做到单独管理、单独建账、单独核算，但在产品的运作期则很难做到"，《意见》第 26 条中的"发行销售、投资、兑付等环节的实时动态监管"以及"穿透监管"两者结合或许可以规避这一问题。其二，《意见》第 12 条指出"银行向私人银行客户、高净值客户非公开发行的理财产品"属于私募产品，投资范围可以由合同约定。然而，银监会关于"私人银行客户、高净值客户"尚无统一的界定标准，实践中高净值客户的最低投资门槛可以降低到 10 万元，潜在操作空间巨大。

（4）统一监管的前提或在《意见》之外。众所周知，统一监管的前提是公平的竞争环境，《意见》第 14 条明确"金融机构应当设立专门的资产管理业务经营部门或具有独立法人地位的资产管理子公司开展资产管理业务"，这算是统一监管的"公平"条件之一。除此之外，我们认为还应兼顾下面的"公平"条件。

一是法律基础的统一。目前证券投资基金法的上位法是信托法，信托计划遵从信托法，银行理财是委托—代理关系，诸如此类。如实现统一监管，则应依据相同的法理基础。以新兴的家族信托业务为例，商业银行为开展此项业务只能和信托公司合作，如此则造成信托公司的天然牌照优势。

二是准入门槛的统一。《意见》中对资本约束、风险计提、产品分类等做了统一规定，但在业务准入、客户准入、投资门槛等方面的统一仍有欠缺。基金子公司专户业务快速发展的原因在于功能等同于信托业务，但基金子公司的资本金注册要求以及开展类信托业务的业务准入门槛则明显低于信托业务。

三是销售渠道的统一。《意见》第 14 条建议金融机构设立专营部门或独立子公司开展业务，在以银行为主导的间接金融体系中，银行系的独立子公司在销售渠道方面势必有得天独厚的优势或排他性。据研究，资产管理产品的销售市场依然处于商业银行垄断的市场格局，如何破解机构或渠道的垄断问题也是统一监管需要考虑的问题之一。

四是产品评级的统一。截至 2016 年年末，整个资产管理市场的规模已达到 115.7 万亿元，《意见》中明确产品信息的统计共享，但在产品收益风险评级和客户风险承受能力评估等方面则缺乏统一的指导意见或归口机构，这也需要予以考虑。

五是人才队伍的建设。产品信息的统一报送平台需要由专业的监管从业人员分析、发现并处置其潜在风险，进而做好系统性区域性风险的防范工作，专业人才队伍的建设则是统一监管的基础所在。

综上，我们的意见可以总结为如下四条：第一，限制非标投资重在疏堵基金子公司和证券公司通道业务的非标投资；第二，"穿透"是剖析多层嵌套的主要工具，防范"例外"条款的套利空间；第三，完善《意见》细则并厘清模棱两可的说法，如资金池的界定和私人银行或高净值客户的界定等；第四，统一监管的基础有法律基础的统一、准入门槛的统一、销售渠道的统一、产品评级的统一以及专业人才队伍的建设等。

第九章　互联网金融的风险和防范举措*

以网络借贷为代表的互联网金融兴起，在欧美发达国家本质上是源于征信体系成熟与互联网技术进步。成熟的征信体系使借款人信用审核与贷款利率确定在线上进行成为可能，同时，互联网技术的进步，则可以实现信贷审批的自动化，降低了信息传递成本。然而，我国互联网金融高速发展的重要动因则在于"金融抑制"而形成的"金融脱媒"动力。金融准入限制造成了我国金融业的高额利润，而P2P网络借贷以金融创新名义进行"监管套利"，从事类商业银行业务，从而形成了具有典型中国特色的平台借贷模式，所蕴含的风险也更加复杂。

一　互联网金融风险主要类型及成因

当前，我国以网络借贷为代表的互联网金融规模和速度全球领先，但制度建设尚不成熟，存在严重的风险隐患。

一是可能的非法集资所带来的法律和合规风险。我国P2P借贷开展以来，其与非法集资的界限也就成了广泛讨论的议题。2010年12月发布的《最高人民法院关于审理非法集资刑事案件具体应用法律若干问题的解释》和2014年3月发布的《关于办理非法集资刑事案件适用法律若干问题的意见》对"非法集资"给予了较为具体的讨论。P2P借贷蜕变成"非法集资"存在以下几种情况：事先归集投资者的

＊　本章作者黄国平。

资金，再投资于项目；平台以自身名义为债权提供担保；平台并未实质性转让债权或进行自融；平台借款被用于非法用途。当前，监管部门在总体肯定了 P2P 借贷合法地位的同时，也明确警示 P2P 平台不能陷入非法集资的陷阱和误区。

二是产品异化所带来的风险。金融产品的异化，多源于市场主体趋利冲动下的行为扭曲。产品异化在我国较为普遍，许多国外典型金融产品引进中国则带有明显"中国特色"，改变了其原有功能。我国 P2P 网络借贷行业整体都体现出一定产品异化特征。例如，较为典型的所谓"秒标"。"秒标"本意为"体验标"，旨在帮助新客熟悉游戏规则，并吸引投资者参与，但是，当前"秒标"成为许多平台扩大交易规模，提升网站排名，同时借此拉低违约率水平的工具。其至部分"秒标"背后存在"自融"陷阱，利用"秒标"吸收大量资金后卷款逃跑。此外，还有某些平台利用 P2P 借贷的定价能力和二级市场的流动性，进行金融产品非法交易和炒作。

三是挪用客户资金方面的风险。2014 年之前，我国主流 P2P 网络借贷平台一般会存在三类账户，分别是存放其自有资金的账户、存放客户沉淀资金的账户以及存放风险保障金的账户。在缺乏有效账户监管情况下，P2P 网站可能会存在挪用客户资金的动机和行为。目前，越来越多的 P2P 平台与银行签订存管协议，对客户信息账户和资金账户进行有效分离。账户托管有助于降低资金挪用的风险，但存管费用较高，增加了 P2P 网络借贷交易成本。并且，在现有存管模式下，存管机构难以识别 P2P 网站所提供的交易文件的真实性，依然存在挪用客户账户资金的可能性。此外，即使建立了完善的账户托管制度，在实际中，由于无法实现与网站自身的破产隔离，一旦 P2P 平台破产，债权人依然遭受损失。

四是保障不足风险。目前，我国 P2P 网络借贷大多具有"刚性兑付"承诺，并通过担保或者风险保障金的方式提供保障。至于自担保，中国银监会已经明文禁止。非融资性担保公司目前处于"灰色地带"，存在超越经营范围从事特许经营业务的法律风险。融资性担保公司所提供的担保可被法律认可，且该类担保公司也受到了较为严格的监管，担保能力较强。然而，此前我国出现了较大规模担保公司集中破产现象，融资性担保公司的担保能力实则也难以保证。对于风险保障金所提供的保障，在P2P融资规模渐趋平稳、债权大量到期以后，以当前普遍采取2%比例计提风险保障金平台将会出现兑付危机，债权期限到期较晚的投资人将会遭受损失。

五是网络技术方面存在的风险。我国P2P网站多属于草根创业，资金与技术有限。根据零壹数据统计，从P2P网络展现的认证信息来看，仅有11.4%的网站在数据传输中使用了SSL加密。P2P平台软件系统大部分外包给第三方公司完成，安全技术难以把关。第三方公司为了降低成本，往往将一个版本运用于多家P2P平台，甚至部分外部公司为了谋利，系统中预留后门。网络技术的风险大多源于黑客攻击，原本安全性不足的网络系统，加上P2P平台因为使用相同代码而导致普遍性漏洞，给黑客攻击创造了技术可能性。近年来，包括人人贷、拍拍贷、翼龙贷、有利网等国内知名平台都频繁遭到黑客攻击。[①]目前，P2P公司越来越重视网络安全，尤其是风险投资资金进入P2P行业，网络技术风险预计将获得很大改善。

相比于传统金融业的风险管理和控制系统，互联网金融的风控体系无论在合法性、规范性还是科学性等层面仍存有诸多缺陷，这些缺陷势必增大其本身的金融风险。我国网络借贷发展具有典型"异化"特征，风险也更加复杂，既有征信体系和市场环境不完善，也有组织结构和交易机制上的缺陷与漏洞，还有内控机制的不足和简单化，以及IT和信息安全方面的不可靠与无保障。另外，监管主体不到位和法律体系不完备更是广遭诟病。网络借贷等互联网金融参与主体角色不同，其参与平台借贷和交易过程所面临风险类型和特征也各有差异。金融风险无论其风险来源还是表现形式各异，都可以归结为信用

---

① 2014年1月，人人贷刚刚发布获得1.3亿美元融资之后，时隔不到2小时，便受到黑客攻击；另一家平台金海贷则因黑客攻击，网站不能正常运营，而黑客仅仅是为了勒索700元。8月，翼龙贷网遭到黑客攻击，服务器被迫停摆6小时。

风险、市场风险、操作风险、流动性风险以及法律合规风险。① 见表 9–1。

表 9–1 P2P 借贷风险的成因及来源

风险承担主体	风险类型	风险来源	风险成因	备注
投资者	信用风险	借款人	其一，借款人破产（能力风险）； 其二，借款人骗贷（意愿风险）	投资人购买的诸如收益权凭证没有抵押或担保，或者抵押不能完全覆盖风险暴露，若有借款人违约，造成损失
		P2P 平台	其一，平台倒闭（能力风险）； 其二，平台跑路（意愿风险）； 其三，征信系统不完备； 其四，与担保业务存在关联，增信不力	投资者因平台倒闭或"跑路"而遭受的投资损失
	市场风险	宏观政策和市场环境	其一，利率变动； 其二，其他价格变动	因利率等宏观经济变量的变动导致债权（贷款）价值下跌使投资者遭受损失
	技术和操作风险	P2P 平台	其一，平台因技术和体验原因，导致投资者操作失误； 其二，平台因技术和系统原因，导致投资者信息泄露	

① 根据《巴塞尔协议Ⅱ》的操作风险分类方法，操作风险包括以下七种事件类型：一是内部欺诈：故意欺骗，盗用财产或违反规则法律公司政策的行为；二是外部欺诈：第三方故意欺诈，盗用财产或违反法律的行为；三是雇员活动和工作场所安全：由个人伤害赔偿金支付或差别及歧视事件引起的违反雇员健康或安全相关法律和协议的行为；四是客户，产品和业务活动：无意或由于疏忽没能履行对特定客户的专业职责，或者由于产品的性质或设计产生类似结果；五是实物资产的损坏：自然灾害或其他事件造成的实物资产损失或损坏；六是业务中断和系统错误：业务的意外中断或系统出现错误；七是行政，交付和过程管理：由于与交易方的关系而产生的交易过程错误或过程管理不善。显然，这一定义将法律包括在内，但排除了策略风险和信誉风险。本章在此根据中国 P2P 发展现状，旨在强调法律、合规和监管的重要性，将法律合规风险作为主要风险单独列出。

风险承担主体	风险类型	风险来源	风险成因	备注
投资者	流动性风险	P2P平台	其一，投资人认购的收益权凭证无法流通；其二，收益权凭证转让范围受限，流动性不强	投资人认购的收益权凭证无法流通，或转让范围受局限，仅限于本平台的投资人之间转让。导致投资者不能顺利地转让凭证，流动性不强
	法律合规风险	政策制度	其一，法律不完善；其二，监管存漏洞	法律制度不够完善，监管机构对收益权凭证的收益有不同解释，可能会导致投资人损失
P2P平台	信用风险	借款人	其一，借款人破产（能力风险）；其二，借款人骗贷（意愿风险）	借款人因能力和意愿方面原因违约而导致网贷平台损失
	市场风险	宏观政策和市场环境	其一，利率变动；其二，其他价格变动	因利率等宏观经济变量的变动导致债权（贷款）价值下跌使网贷平台遭受损失
	技术和操作风险	P2P平台	其一，平台操作失误；其二，平台因技术和系统原因遭受外部攻击；其三，结算过程可能存在的风险	
	流动性风险	P2P平台	其一，平台期限和金额错配；其二，平台权益凭证转让范围较小，流动性不强；其三，行业竞争导致产品异化产生流动性风险	
	法律合规风险	政策制度	其一，非法集资；其二，涉嫌高利贷；其三，涉嫌非法泄露平台会员信息；其四，涉嫌洗钱	

续表

风险承担 主体	风险类型	风险来源	风险成因	备注
借款人	市场风险	宏观政策和 市场环境	其一，利率变动； 其二，其他价格变动	因利率等宏观经济变量的变动导致债权（贷款）价值发生不利于借款人的变化
	技术和 操作风险	P2P平台	其一，平台因技术和体验原因，导致借款人操作失误； 其二，平台因技术和系统原因，导致借款者信息泄露	

对于我国网络借贷发展现状而言，信用风险、技术和操作风险、法律合规风险尤其需要高度重视，甚至关乎互联网金融这一新的金融业态的生存发展问题。

无论哪种金融产品与服务都存在信用风险，不管现在的互联网金融产品和服务具备怎样的虚拟特性和科技含量，终究都是围绕金融这一中心议题展开的。互联网金融创新无非是利用和借助互联网技术、手段、网络和平台更加有效地从事金融业务和活动，绝非是金融自身。传统金融活动中因信息不对称等问题所产生的诚信或信用方面的风险（包括偿还能力风险和偿还意愿风险）在互联网金融中依然存在，甚至在其发展初期，比成熟的传统金融更加严重。当前，我国网络借贷行业所频繁发生的各种欺诈和"跑路"行为就是典型的例证。

互联网金融是基于互联网技术和平台产生的。这也决定了互联网金融在享受高技术所带来的高效率的同时，也必然要承担因技术复杂性或系统脆弱性等问题所产生的技术和操作风险。开放程度较高的网络体系，尚不健全的密钥监管和加密科技，TCP/IP合约存在安全风险，以及计算机病毒和电脑黑客进攻等都很容易给互联网金融平台和参与者带来巨大损失。当前，国内的互联网金融技术和平台核心软硬件技术大多是从国外引进的，具有完全自主知识产权的互联网金融技术和设施尚属空白，一旦出现技术决策错误，可能会带来巨大的技术和安全风险。另外，由于技术的复杂性和脆弱性增加，投资者、平台等参与主体也可能因没有充分理解技术的操控规则与标准，造成诸如交易进程中的流动性失误或支付结算的中断错误所引起的损失（不管是有意还是无意，对用户和网络金融部门来说，都会增大互联网金融发展进程中技术和操作风险），为此，必须扩大信息披露的范围，创建相关参与者和操作者资料诚信系统，建造更具人性化的计算机网络安全系统，加强网络金融操控规则和程序的普及力。

目前，我国有关金融机构、证券、保险方面的金融相关法律都是以传统金融业为基础来制定的，不能满足互联网金融发展需求，导致互联网金融行业参与者交易主体间权责不明，阻碍了互联网金融市场发展和业态提升，为此，必须加快健全互联网金融风险预防的法制体系建设步伐，确定市场准入、退出和资产流动机制，设立标准统一的互联网金融交易管理系统，完善互联网金融信息服务和征信体系的管理机制，健全互联网金融消费者隐私信息维护、电子合约法制性和交易证明材料认证规则。

随着我国互联网金融从无序走向有序发展，平台分化也日趋明显，行业搅局和投机者加速离场，行业翘楚作为行业砥柱和坚守者，实力和规模也必将获得进一步的提高和壮大，风险管理的技术、手段和理念也必将随着互联网金融行业的不断发展而提升。

二　金融监管、行业自律及相关政策

2015 年新年伊始，银监会机构调整中，明确了网贷行业将由普惠金融部进行管辖，至此，监管主体正式就位。2015 年 7 月 18 日，《促进互联网金融健康发展指导意见》出台，为管控平台风险，实施具体监管，促进行业健康发展指明方向。同年 12 月 28 日，《网络借贷信息中介机构业务活动管理暂行办法（征求意见稿）》颁布，为促进网络借贷健康和规范发展，实施行业监管提供了具体的手段和依据。进入 2016 年，中央和地方层面上的系列监管政策和法规文件仍然频出

（见表9－2和表9－3）。同时，以互联网金融专项治理为重要内容的监管行动在全国各地陆续展开，充分显示了政府和监管当局治理和促进互联网金融领域健康发展的态度和决心。

表9－2　　2015年以来中央部门出台的互联网金融政策文件一览

时间	部门	名称	内容
2015年7月	中国人民银行等十部委①	《关于促进互联网金融健康发展的指导意见》	按照"鼓励创新、防范风险、趋利避害、健康发展"的总体要求，提出了一系列鼓励创新、支持互联网金融稳步发展；按照"依法监管、适度监管、分类监管、协同监管、创新监管"的原则，确立了互联网支付、网络借贷、股权众筹融资、互联网基金销售、互联网保险、互联网信托和互联网消费金融等互联网金融主要业态的监管职责分工，落实了监管责任，明确了业务边界
2015年7月	国务院	《国务院关于积极推动"互联网＋"的指导意见》	促进互联网金融健康发展，全面提升互联网金融服务能力和普惠水平，鼓励互联网与银行、证券、保险、基金的融合创新，为大众提供丰富、安全、便捷的金融产品和服务，更好地满足不同层次实体经济的投融资需求，培育一批具有行业影响力的互联网金融创新型企业
2015年8月	最高人民法院	《最高人民法院关于审理民间借贷案件适用法律若干问题的规定》	网络贷款平台的提供者仅提供媒介服务，当事人请求其承担担保责任的，人民法院不予支持；网络贷款平台的提供者通过网页、广告或者其他媒介明示或者有其他证据证明其为借贷提供担保，出借人请求网络贷款平台的提供者承担担保责任的，人民法院应予支持

①　十部委包括中国人民银行、工业和信息化部、公安部、财政部、工商总局、法制办、银监会、证监会、保监会、国家互联网信息办公室。

时间	部门	名称	内容
2015 年 9 月	国务院	《国务院关于加快构建大众创业万众创新支撑平台的指导意见》	稳步推进股权众筹，充分发挥股权众筹作为传统股权融资方式有益补充的作用，增强金融服务小微企业和创业创新者的能力。稳步推进股权众筹融资试点，鼓励小微企业和创业者通过股权众筹融资方式募集早期股本；规范发展网络借贷。鼓励互联网企业依法合规设立网络借贷平台，为投融资双方提供借贷信息交互、撮合、资信评估等服务
2015 年 12 月	中国人民银行	《非银行支付机构网络支付业务管理办法》	规范非银行支付机构网络支付业务，防范支付风险，保护当事人合法权益
2015 年 12 月	银监会	《网络借贷信息中介机构业务活动管理暂行办法（征求意见稿）》	一是以市场自律为主，行政监管为辅；二是以行为监管为主，机构监管为辅；三是坚持底线思维，实行负面清单管理；四是实行分工协作，协同监管
2015 年 12 月	国务院	《推进普惠金融发展规划(2016—2020 年)》	健全机制、持续发展；机会平等、惠及民生；市场主导、政府引导；防范风险、推进创新
2016 年 1 月	保监会	《关于加强互联网平台保证保险业务管理的通知》	一是要求保险公司严格遵守偿付能力监管要求，确保业务规模与资本实力相匹配；二是要求保险公司审慎选择合作的互联网平台；三是规范保险条款设计及费率厘定，明确保险条款在合作的互联网平台相关业务界面进行信息披露的要求；四是要求保险公司建立严格的风险管控机制，加强内控管理及系统管控制度建设；五是要求保险公司定期开展压力测试，不断完善应急预案；六是建立互联网平台保证保险业务经营情况季度报送制度

续表

时间	部门	名称	内容
2016 年 2 月	国务院	《关于进一步做好防范和处置非法集资工作的意见》	一要以防为主，及时化解；二要依法打击，稳妥处置；三要广泛宣传，加强教育；四要健全制度，疏堵并举
2016 年 4 月	教育部、银监会	《关于加强校园不良网络借贷风险防范和教育引导工作的通知》	加大不良网络借贷监管力度；加大学生消费观教育力度；加大金融、网络安全知识普及力度；加大学生资助信贷体系建设力度
2016 年 4 月	人民银行	《互联网金融风险专项整治工作实施方案》	打击非法，保护合法；积极稳妥，有序化解；明确分工，强化协作；远近结合，边整边改
2016 年 4 月	人民银行等十四部委①	《非银行支付机构风险专项整治工作实施方案》	高度重视、加强协调；突出重点，着眼长远；依法依规，维护稳定；落实责任，信用约束
2016 年 4 月	国家工商行政总局	《关于开展互联网金融广告及以投资理财名义从事金融活动风险专项整治工作实施方案》	部署开展互联网金融广告专项整治工作，并划出九条"红线"，其中包括夸大或者片面宣传金融服务及产品、对未来效果收益作保证性承诺等
2016 年 4 月	国务院	《关于建立完善守信联合激励和失信联合惩戒制度加快推进社会诚信建设的指导意见》	健全褒扬和激励诚信行为机制；健全约束和惩戒失信行为机制；构建守信联合激励和失信联合惩戒协同机制

① 十四部委包括中国人民银行、中央宣传部、中央维稳办、国家发展改革委、工业和信息化部、财政部、住房和城乡建设部、工商总局、国务院法制办、国家网信办、国家信访局、最高人民法院、最高人民检察院。

时间	部门	名称	内容
2016 年 5 月	人民银行征信管理局	《征信业务管理办法（草稿)》	对征信机构的信息采集、整理、保存、加工、对外提供、征信产品、异议和投诉及信息安全等征信业务的各个环节做出规范
2016 年 6 月	保监会	《互联网保险风险专项整治保险中介领域工作方案》	内容包括保险专业中介机构与其他企业在财务、业务、场所、人员方面是否实行隔离，通过互联网销售保险是否有夸大宣传、违规承诺、收益承诺损失的行为等
2016 年 7 月	中共中央，国务院	《国家信息化发展纲要》	引导和规范互联网金融发展，有效防范和化解金融风险
2016 年 8 月	银监会	《网络借贷资金存管业务指引（征求意见稿)》	银行业金融机构作为存管人接受网络借贷信息中介机构的委托，按照法律法规规定和合同约定，履行网络借贷资金专用账户的开立与销户、资金保管、资金清算、账务核对、信息披露等职责的业务
2016 年 8 月	银监会、工业和信息化部、公安部、国家互联网信息办公室	《网络借贷信息中介机构业务活动管理暂行办法》	界定了网贷内涵，明确了适用范围及网贷活动基本原则，重申了从业机构作为信息中介的法律地位。 确立了网贷监管体制，明确了网贷监管各相关主体的责任，促进各方依法履职，加强沟通、协作，形成监管合力，增强监管效力。 明确了网贷业务规则，坚持底线思维，加强事中事后行为监管。 对业务管理和风险控制提出了具体要求。 注重加强消费者权益保护，明确对出借人进行风险揭示及纠纷解决途径等要求，明确出借人应当具备的条件。 强化信息披露监管，发挥市场自律作用，创造透明、公开、公平的网贷经营环境

资料来源：根据相关资料整理。

表 9 - 3　　　　2015 年以来互联网金融部分地方性政策文件一览

时间	部门	名称
2015 年 1 月	浙江省金融办	《浙江省促进互联网金融持续健康发展暂行办法》
2015 年 1 月	广州市人民政府办公厅	《关于推进互联网金融产业发展的实施意见》
2015 年 3 月	吉林省人民政府	《关于促进互联网经济发展的指导意见》
2015 年 7 月	山东省人民政府	《山东省"互联网 +"发展意见》
2015 年 8 月	上海市人民政府	《关于促进金融服务创新支持上海科技创新中心建设的实施意见》
2015 年 9 月	安徽省人民政府	《关于金融支持服务实体经济发展的意见》
2015 年 9 月	福建省人民政府	《关于金融支持产业转型升级的实施意见》
2015 年 9 月	广东省人民政府	《广东省"互联网 +"行动计划（2015—2020 年）》
2015 年 9 月	中共山西省委，山西省人民政府	《关于促进山西金融振兴的意见》
2015 年 10 月	河南省人民政府	《河南省"互联网 +"行动实施方案》
2015 年 11 月	海南省人民政府	《海南省人民政府关于加快现代金融服务业的若干意见》
2015 年 11 月	黑龙江省人民政府	《"互联网 +普惠金融"行动计划》
2015 年 11 月	辽宁省人民政府	《关于发展产业金融的若干意见》
2015 年 11 月	宁夏回族自治区人民政府	《关于改善金融发展环境支持金融业健康发展的若干意见》
2015 年 11 月	天津市人民政府	《天津市金融改革创新三年行动计划（2016—2018 年）》
2015 年 12 月	深圳市人民政府	《深圳市人民政府关于支持互联网金融创新发展的指导意见》
2015 年 12 月	甘肃省人民政府	《甘肃省深入推进"互联网 +"行动实施方案》
2016 年 1 月	北京市人民政府	《北京市进一步做好防范和处置非法集资工作的管理办法》
2016 年 6 月	北京市互联网金融风险专项整治工作领导小组办公室	《关于加强北京市网贷行业自律管理的通知》

资料来源：根据相关资料整理。

2016 年 3 月 25 日，中国互联网金融协会正式成立，这对互联网金融行业规范发展具有里程碑式意义。中国互联网金融协会甫一成立，随即展开了以央行牵头，以互联网金融协会作为行业协调和辅助，从资金存管和信息披露两个方面对我国互联网金融领域展开专项整治活动，这也意味着中国互联网金融协会，必将在我国互联网金融的行业自律、信息共享和辅助监管方面发挥重要作用。此前，中国互联网金融协会筹建工作组为深入了解互联网金融发展存在的问题和风险，就已经赴北京、上海、天津、广州、杭州、深圳等互联网金融发展较快地区进行调研，通过座谈、实地调研，邀请了 100 多家互联网金融从业机构进行面对面的交流，详细了解其业务模式、经营情况、存在的问题以及潜在风险，力争全面了解客观实际，把握行业发展规律。

协会成立后就着手积极研究搭建互联网金融行业服务平台，努力实现对互联网行业风险和业务信息的统一采集处理，逐步形成既能服务于监管，又能服务于行业和社会的基础数据库。目前，平台一期功能已初步建成，包括金融统计监测和风险预警、信息共享等内容。2016 年 8 月 1 日，中国互联网金融协会发布《互联网金融信息披露标准——P2P 网贷（征求意见稿）》和《中国互联网金融协会互联网金融信息披露自律管理规范（征求意见稿）》，为网络借贷平台的信息披露提供了标准，要求的披露指标共有 86 项，其中强制性指标65 项。

进入 2016 年以来，随着《网络借贷信息中介机构业务活动管理暂行办法（征求意见稿）》的出台和中国互联网金融协会的成立，全国各地网络借贷等互联网金融相关协会也开始发挥行业自律和辅助监管作用，纷纷出台相关行业标准，约束协会平台成员行为（见表 9 - 4）。地方协会上通下达，自律措施落到实处，对监管推进起到了重要作用。如上海市互联网金融行业协会正式公示了会员单位落实《上海市网络借贷平台信息披露指引》（以下简称《信披指引》）的情况；广州互金协会为解决中小平台资金存管难题，携手科技金融公司、银行等探索创新出互联网金融专项整治过渡性产品"网贷风险监控与资

金存管系统",帮助解决尚不能接入银行资金存管系统的平台,实现
资金存管功能。

表 9 - 4 　　　　2016 年以来中国互联网金融协会及部分地方
相关协会出台的行业政策和规范

时间	部门	主题
2016 年 8 月	中国互联网金融协会	《互联网金融信息披露标准——P2P 网贷(征求意见稿)》
2016 年 8 月	中国互联网金融协会	《中国互联网金融协会互联网金融信息披露自律管理规范(征求意见稿)》
2016 年 4 月	广州市融资担保协会	《关于禁止我市融资担保公司参与 P2P 网络平台相关业务的通知》
2016 年 4 月	广州金融业协会,广州互联网金融协会,广州市房地产中介协会	《关于停止开展首付贷、众筹购房等金融业务的通知》
2016 年 3 月	江苏省互联网金融协会	《关于加强对互联网金融消费者权益保护的指导意见》
2016 年 4 月	江苏省互联网金融协会	《关于对网络借贷平台高管人员的管理指引办法(暂行)》
2016 年 4 月	江苏省互联网金融协会	《江苏省网贷平台产品模式备案管理办法(征求意见稿)》
2016 年 4 月	北京市网贷行业协会	《关于清理"首付贷"类业务的通知》
2016 年 7 月	上海互联网金融行业协会	《上海网络借贷平台信息披露指引》

资料来源:根据相关资料整理。

三　互联网金融的发展趋势

近来,网络借贷在国际上的发展也是喜忧参半,既有创新发展的
诸多突破,也有意想不到的"惊雷"事件的发生,致使在世界范围内

对网络借贷等互联网金融未来发展如雾里看花，欲爱还怕。

其一，行业发展不断创新，产品服务诸多突破。如著名平台 Prosper 不仅投资两千多万美元收购美国医疗借贷公司（American Health care Lending）投身医疗贷款业务，而且还通过花旗银行完成了 3.77 亿美元的项目资产证券化。Lending Club 一方面通过与美国社区银行 Titan Bank 和 Congressional Bank 合作向银行客户销售网贷产品，同时还通过业务和产品创新，推出新型网络贷款。[①] 美国摩根大通银行借助 OnDeck 平台的技术实力，通过流程再造，缩短小企业客户的贷款流程，达到隔天甚至当天放款。英国网贷平台 Funding Circle 和 Assetz Capital 与苏格兰皇家银行合作，对接不符合银行贷款要求的中小微企业业务。另外，全球最大的资产管理公司贝莱德集团（BlackRock）也计划对自己购买的网贷产品进行资产证券化。爱沙尼亚 Bondora 平台利用欧洲国家密集的地域优势，推出网络借贷跨国经营业务，不仅有利于客户体验的便捷性，同时也获得了客户黏性。

其二，行业影响日渐扩大，第三方服务蓬勃发展。随着世界范围内的互联网金融行业发展和人气影响的不断壮大，针对网络借贷等互联网金融发展的第三方服务也日渐兴起，蓬勃发展。例如，著名评级机构穆迪首次为网贷平台的消费信贷项目进行了评级，此举将推动诸如退休基金、保险公司等机构投资者进入网贷行业。Zest Financing、Lenddo 等基于大数据理念开发的信用评分模型，通过 Facebook、Linkedin、Twitter 等所有可能的数据点来分析客户风险，给予互联网金融平台信用评分和风险评级新的思路和范式。在行业指数服务上，AltFi Data 通过追踪英国 4 家最大的网贷平台（Zopa，Funding Circle，RateSetter and MarketInvoice）的贷款现金流，制作出英国第一个网贷指数（Liberum AltFi Returns Index，LARI），意味着网络借贷有了行业指数的第三方服务。另外，中国网贷行业第三方门户网站网贷之家、

---

① 比如 Lending Club 的共同贷款，即两个人共同申请贷款，并共同还款。其意义在于通过考虑共同借款人的两份收入来增加承担债务的能力，既充分满足了顾客的资金需求，也为平台带来更多的业务流量。

网贷天眼等伴随着中国网络借贷行业不断发展，其本身也获得了迅速
壮大，为中国互联网金融行业发展做出了重要贡献。尽管国外还没有
类似国内这样功能齐全的门户网站，但是类似于具有回测和筛选功能
的 NSRPlatform、构建自动投资策略的 BlueVestment 等第三方投资工具
非常丰富。

其三，周期调整资金承压，行业发展短期萎缩。2016 年 5 月作为
世界网贷行业标杆的 Lending Club 平台的"信息欺诈事件"的暴露，
使得网络借贷乃至整个互联网金融行业的发展备受打击，更导致曾经
被视为行业乐土的美国网络借贷行业本来就很紧张的资金撤离、裁员
扎堆。不仅事件主角 Lending Club 裁员 12%，其他主流平台也做出类
似决策，如 Prosper 裁员 28%，Avant 裁员 7% 等。纵观 Lending Club
欺诈事件来龙去脉，主要原因是欧美国家经济周期下行调整导致市场
上对网贷平台资产质量判定负面，使机构资金大面积撤离，从而造成
网贷行业和平台试图通过诸如资产证券化方式减少和消化信贷资产。
2016 年第二季度 Lending Club 放贷额将比第一季度的 27.5 亿美元减
少 1/3。Prosper 在 2016 年第一季度的贷款发放量较 2015 年第四季度
下降了 12%。2016 年第一季度 Avant 贷款发放量较 2015 年第四季度
下降 27%。事实上，网络借贷发源地英国也不容乐观，据 AltFi Data
统计，2016 年以来，包括 Zopa、Lendinvest、Funding Circle 在内的英
国五大网贷平台业务量增长处于停滞，而相对规模较小的平台放贷量
则和 18 个月前相当。总之，未来的网络借贷市场可能会出现强者更
强的状况，但高歌猛进时代已经落幕。

其四，金融风险逐渐显现，行业监管日益趋严。就在中国网络借
贷从"野蛮"生长无序发展向规范发展的转变期间，欧美国家的网络
借贷行业发展已告别了它们的高增长时代，同时，潜在的风险也日渐
显现和暴露。2015 年 10 月，世界第一家上市的网贷平台——瑞典的
TrustBuddy 平台因挪用客户资金等不当行为而被关闭①，这对世界网

---

① 造成这个后果的原因是该平台向出借人许诺与其风险完全不对等的高收益，还把资
金借给了资金使用不当的企业。

贷行业来说是重大负面风险事件，沉重打击了出借人的信心。2016 年
5 月 Lending Club 向杰富瑞（Jefferies LLC）出售了 2200 万美元贷款存
在信息欺诈事件的暴露不啻是震动网贷乃至整个互联网行业的一颗惊
雷，同时，也向市场和监管层警示了该行业可能存在巨大风险。随
即，纽约州金融监管机构"纽约金融服务管理局"（以下简称
NYDFS）就着手对包括 Lending Club 在内的主要网贷平台的贷款交易
展开调查，评估它们是否具有运营资质。事实上，2015 年以来，针对
网络借贷超常规的高速发展现状，市场和法律监管部门就已经警觉，
并采取了相关措施。① 2016 年 5 月 10 日，美国财政部首次对外公布
了第一部网贷行业白皮书——《网络借贷中的机遇与挑战》（*Opportunities and Challenges in Online Marketplace Lending*）。白皮书在肯定网络
借贷行业的很多创新的积极作用的同时，认为网络借贷行业大量平台
没有经历过"完整的信贷周期"，它们向个人和机构投资者出售的贷
款资产质量存在恶化可能。这是美国监管机构首次就 P2P 行业监管制
定框架，预示着世界范围内的严格监管时代来临。

　　2015 年以来，伴随着世界经济增长趋缓，信贷周期下行调整，包
括英美等网络借贷发达市场在内世界范围的网络借贷行业在持续发展
创新的同时，也告别了高增长的突飞猛进时代，其间，各类问题与风
险也日渐显现，行业监管也愈加严格。这也说明目前国内网络借贷行
业在成长期所出现的各类问题和缺陷是国际通病，我们不应妄自菲
薄。事实上，自 2015 年以来，中国互联网金融业已突破了金融变革
的临界点，无论技术开发还是规模已经超越美英等发达市场。根据花
旗银行 2016 年 3 月发布的《数字化颠覆——金融技术如何迫使传统
银行到达临界点》报告，目前，中国是全球拥有 P2P 借贷平台最多的
国家，交易规模约为美国的 4 倍。促成中国 P2P 借贷的繁荣的驱动因
素主要有以下三个：一是中国的银行体系主要由国有银行主导，贷款

---

　　① 如美国部分地方政府针对网贷行业可能存在的风险和保护消费者与投资者利益做出
"借贷额度限制"。美国司法部在欺诈事件暴露之前就已经对 Lending Club 的贷款行为展开了
调查。

主要流向国有企业；二是散户投资者迫切寻求高额回报率，寻求投资于 P2P 平台提供的高收益产品；三是中国银行业受到了严格的监管，而对网贷行业的监管几乎为零，导致了中国遍地开花的网贷平台。

四 防控互联网金融风险的政策建议

随着监管主体到位，监管政策逐步落地，以及互联网金融领域专项治理的不断深入，我国网络借贷行业将会进一步从"野蛮生长"无序发展朝着健康稳定、竞争有序的规范化发展。

其一，在政策和监管方面，随着《关于促进互联网金融健康发展的指导意见》《网络借贷信息中介机构业务活动管理暂行办法（征求意见稿)》两份重磅文件出台，在进一步加强对包括准入机制、监管底线、行业协会等方面的监管、指导和规范基础上，监管政策更加细分、具体和规范，也更具有实际可操作性，以本着按照"鼓励创新、防范风险、趋利避害、健康发展"的总体要求，按照"依法监管、适度监管、分类监管、协同监管、创新监管"的原则，落实了监管责任，明确了业务边界。在行业准入方面，进一步提高门槛；在监管底线上，明确信息中介定位、完善资金托管机制；在行业自律上，以中国互联网金融协会为中心，形成针对不同地域、不同子行业、不同运营模式的多维度自律监管体系。

其二，在业务模式上，将向综合化、证券化、差异化和国际化方向发展。在资产端，主流和实力平台进一步针对人群、行业和地域差异进行差异化发展，同时，针对自身的优势和特点加强与同类业务的传统金融机构合作与融合，部分领先平台着手全球布局，涉足国际业务和投资。值得关注的是，供应链金融也是网络借贷资产端业务重点发展领域。[1] 对于网络借贷平台来说，供应链金融风险可控，获得优

---

① 目前，我国供应链金融市场规模已经超过 10 万亿元规模，互联网导致产业扁平化、减少贸易层级的同时，也提高了供应链金融需求，预计 2020 年可达近 20 万亿元。

质资产的可持续性也更有保证。投资端（资金端），向专业化、机构化和线上化方向发展。网贷平台在进一步稳定和提升个人理财的同时，开始关注和开发企业理财，强化与保险、基金、银行等传统行业的对接与合作，可以预见，企业和机构投资者将是网络借贷平台资金端的主要供应者。

其三，在行业发展方面，平台更加分化，竞争日益激烈。2016 年以来，随着监管趋严，治理深化，一方面平台数量呈现绝对下降趋势，另一方面行业交易规模和贷款余额依然快速增长。这也意味着平台分化更加明显，行业竞争将在领先实力平台之间展开。价格战、差别营销战全面打响，更加考验平台风控、运营等核心竞争力。

其四，在风险管理和控制方面，在明晰的监管政策和原则的指引下实现进一步的转变和提升。网络借贷平台在明确自身的业务发展和模式定位的前提下，风险控制将根据自身发展特点，充分发挥对风险预备金、第三方担保模式、"有限"保障模式、分散投资、保险承保等模式综合权变运用。

其五，在征信建设和信息披露方面，健全和提升互联网金融信息管理和征信服务机制。充分运用互联网技术和金融科技的最新成果，通过建立以客户体验为导向、以数据技术为驱动、以互联网低成本扩张为手段的业务模式来打破传统征信行业垄断局面，覆盖被银行等传统金融忽视的"草根"客户。同时，推进网络借贷等互联网金融征信平台与人民银行征信中心等传统征信系统的对接和融合，增强互联网金融平台防范信贷风险的能力。

我们要在吸收和借鉴国际经验和教训的基础上，脚踏实地，进取创新，努力使我国成为互联网金融市场和技术发展壮大的沃土。

其一，在加强金融监管，规范行业发展的同时，仍然采取宽容和开放的态度鼓励网络借贷等互联网金融行业积极创新，锐意进取。中国互联网金融之所以得到快速发展，取得令人瞩目的成绩，得益于开放和包容的监管环境支持创新。尽管在发展过程中产生了非理性的个体行为、欺诈和产品设计缺陷以及监管环境演变等所引致的各种问题，这也是行业成长发展过程中的普遍性问题。实际上，即使是强如

Lending Club、Trust Buddy 等国际著名的大牌平台，也可能存在违规操作和信息欺诈等问题。鉴于我国正规金融体系在服务实体经济方面还存在着很大的局限和不足，非竞争环境使长尾"草根"客户的金融服务长期缺位，从而就造成了旺盛的普惠金融需求未被满足，而网络借贷等互联网金融在促进普惠金融发展方面的得天独厚的条件和冲击力，使我们在治理规范行业健康发展的同时，应继续给予这一新的金融业态探索和试错空间，取得强化监管与鼓励创新间的有效平衡。

其二，促进业务模式合理转型，同时做好应对信贷周期变化可能爆发的行业风险。2015 年以来各项政策和监管措施的陆续出台，以及2016 年以来针对互联网金融领域展开的各类专项整顿治理活动，目的都是针对我国互联网金融行业无序发展乱象，促进平台业务转型和行业规范发展，化解行业潜在风险和问题。随着监管趋严，治理活动深入，实力不济平台和投机者加速离场，行业领先和标杆平台经营不断规范，业务模式日趋科学合理，实力也不断加强。然而，随着行业领先平台业务转型和实力加强，它们与传统金融机构的合作也日益紧密，参与传统金融市场活动也不断深入，也致使这一新兴行业同宏观经济和信贷周期有着更加紧密和敏感的联系。即使如 LendingClub 这样世界性标杆平台都没有建立起对资本市场和宏观经济的适应能力，一般平台也就更没有这方面的能力和觉悟，需要政府和行业监管部门加强应对，帮助行业和平台及时规避和化解宏观和系统性风险。

其三，支持网络借贷行业与传统金融机构合作，推动行业有效融合。互联网金融是利用互联网技术、手段和理念从事金融活动，其本质仍然还是金融。如果我们谈互联网金融和传统金融的本质差异，则可能表现在经营效率和经营理念方面。互联网金融机构利用互联网平台降低了顾客成本，提高了信息透明度，使这些机构发展得比传统金融机构更为迅速，并对传统金融机构形成了较大冲击。从这个意义上讲，以网络借贷为代表的互联网金融可能代表金融业的未来发展方向，加强互联网金融平台与传统金融机构积极合作，推动互联网金融与传统金融行业有效融合是实现我国金融业跨越发展和提升服务实体经济水平的重要方向。

其四，积极开拓国际市场，全球视角谋篇布局。随着互联网金融领域领先平台实力的不断扩大，业务的跨国经营和国际布局也日渐平常。如爱沙尼亚的 Bondora 平台在欧洲开展的跨国经营业务因提供便利，方便客户，不仅扩大了业务规模，而且提高了客户忠诚度。在国内经济发展放缓、优质资产争夺激烈的环境下，带着中国经验走出国门，开发海外资产和出借人不失为一个明智的选择。

第十章　信托市场的风险点和防控政策建议*

一　信托风险点的基本状况

按照常见的风险分类，我们在考察信托风险点时主要关注信托行业面临的信用风险、流动性风险与市场（价格）风险。信托业的风险点是在过去长期以来相对宽松的金融监管环境与持续高增长的行业经营环境中逐渐形成和积累起来的。根据中国信托业协会的行业统计，截至 2016 年第三季度末，信托业的受托资产管理规模接近 18.2 万亿元，相当于 2008 年年底时的 15 倍，累计年化复合增长率约为 42%。这种增长状况与同期社会融资规模放量增长并逐渐"脱实入虚"的宏观经济与金融背景环境休戚相关。近年来，随着宏观经济增速放缓和金融监管加强，信托业内在的行业性风险以及与其相关联的金融系统性风险陆续暴露出来。信托风险点的时间序列主要有如下几点。2013年中期的"钱荒"事件暴露出短期银行理财资金与信托受益权相对接而滋生的流动性风险。从 2014 年起信托产品陷入兑付困境的案例显著增多，其中的信用风险和流动性风险暴露出来，甚至对部分信托公司财务状况造成重大影响。2015 年中期的"股灾"事件则暴露出伞形信托支持股票杠杆融资而产生了流动性风险和市场风险。2016 年证券市场不景气导致大量证券类信托产品（如阳光私募基金）出现年度业绩亏损。证券类产品市场风险水平的高企将限制信托业在该领域的

＊　本章作者袁增霆。

布局空间，并降低它们对非证券类产品的风险分担效果。

信托风险在当前阶段的短期特征表现稳定且可控，但在未来中长期内有可能存在较大的变数。自 2016 年以来呈现的短期风险特征，得益于自 2014 年以来信托风险监管的加强以及宏观经济条件的渐进改善。截至 2016 年第三季度，行业风险项目规模总计约 1419 亿元，处于缓慢上升趋势。风险项目规模与信托资产总量之比为 0.78%，相比上一季度略有下降。这种风险水平短期企稳态势与同期银行业的不良率动态颇为接近。鉴于信托业规模可观的补充资本、信托赔偿准备与未分配利润，当前信托业的风险暴露水平不高且可控。但是，评估信托业风险应当考虑到上述风险评估的脆弱性。近年来，信托业加大了风险项目的处置力度，使得风险的统计水平低于实际的暴露水平。此外，在供给侧结构性改革的作用下，房地产、能源、材料等行业商品价格的震荡走高有力支撑了相关信托产品的正常兑付。但是，这些支撑要素都不够坚实，仍然存在较大的不确定性。此外，信托资金在运营领域中大幅介入的金融机构与证券市场，也分别面临金融监管加强、去杠杆甚至可能进一步释放风险的可能。在资金信托业务规模不断扩大的顺周期经营背景下，未来中长期内上述潜在风险因素的扰动仍可能击穿行业资本防线而使其置于险境。

二　风险点的形成及影响

从市场机制与行为动因的角度来看，当前阶段信托风险点主要存在于过去长期高增长过程中形成的金融监管套利与行业高风险偏好。尤其在自 2009 年以来的八年，行业监管环境总体上相对宽松，信托业处于"无边界竞争"的黄金时期，享受行业内所谓的制度红利。接下来将过去八年划分为两个阶段，分别考察信托风险点形成的市场背景、机制及影响。

1. 第一阶段（2009—2013 年）

在第一阶段，社会融资需求以及银行表外需求旺盛，驱动了亲近银行业周期的信托业务大幅增长。因此，相关的风险点具有典型的"类银行"特征，信托产品的信用风险和流动性表现突出。从 2008 年第四季度起，投资驱动的社会融资需求大幅向上跃迁，但很快就遭遇到银行资本监管的硬约束。在此背景下，银行表外业务和银信合作业务日益活跃。通过银行理财资金对接信托产品以实现最终的项目融资，是该时期资金信托业务运作的典型特征。这些项目可能来源于银行，也可能来源于信托公司的自行开发。前者旨在帮助商业银行实现监管套利，属于信托公司的通道业务。但是，由于银信合作双方商业谈判地位不甚平等，存在权责不清的问题。这种微观业务瑕疵是事后一些信托产品陷入兑付危机时银信合作双方相互争执的祸根，① 也是后来银监会加强信托业通道业务监管的重要缘由。

信托公司在自行开发项目资源方面不遗余力。这显然是受到在信托投融资双方之间存在高息差的激励。② 实体经济的融资饥渴与压抑导致了高息差。以房地产企业为代表的融资方资金成本远远高于与此相对接的信托资金成本或银行理财资金成本。这个息差可能高得惊人，激励了信托公司固有投资业务、投行业务以及信托业务的全面介入。按照风险收益相匹配的基本金融原则，这也等价于受到高风险偏好的驱动。当宏观经济以及一些相关的行业经济走弱时，项目融资的信用风险就开始持续释放出来，并表现为信托公司的业务经营风险。经营风格较为激进的信托公司很快就体验了风险暴露及其冲击。在 2014—2015年，一些信托公司因此信托不良率高企，甚至濒临财务困境。

对信托以及其他资产管理业务而言，这是一段先有项目然后再募集资金进行融资支持的特别时期。信托业的受托资产管理业务在一定程度上偏离了本源业务模式。它经常表现出鲜明的投资银行经营的资产证券化业务特征，按照"发起—配售"模式经营业务。它也经常采用"名股实债"的手法变通信托资金运用方式，自觉或不自觉地维持

---

① 这里的典型案例是 2014 年 7 月发生的中诚信托与工商银行合作的"诚至金开 2 号"集合信托计划兑付困境。具体情况可参见《国际金融报》2014 年 8 月 11 日第 12 版上刊登的文章"诚至金开 2 号没人想负责"。

② 袁增霆：《完善信托经营模式》，《中国金融》2013 年第 21 期。

"刚性兑付"。它也因此经常被视为国内"影子银行"业务的重要形式。① 相比 2001—2002 年信托业"一法两规"出台之前经历的五次行业清理整顿,此阶段信托业务偏离本源业态的典型现象及根源都已经今非昔比。从金融体制的发展变化来看,此阶段已经告别了五次行业整顿时期信托业"错位"发展及其带来的"无事可托、无财可理"困境,② 已经可以"归位"于本源业态,③ 即"受人之托,代人理财"。然而,新的偏离特征仍然醒目存在。"影子银行"模式或"先有项目后找钱"的资产管理模式又塑造出新的错位发展路径。

从现象到根源,2013 年 6 月发生的"钱荒"事件,在某种程度上都类似于 2007 年美国次贷危机的重演。④ 此时的流动性风险点已经格外严重,主要根源于银行业与信托业的经营模式变异,在两者及其交叉的业务领域中表现最为严重。与此同时,亲银行业周期的项目融资的信用风险不断抬升。对于信托业而言,调整业务模式、开辟新的增长点已经迫在眉睫。

2. 第二阶段(2014—2016 年)

在第二阶段,资金信托业务开始从亲近银行业周期逐渐向亲近证券业周期倾斜,并经历了证券市场震荡的洗礼。亲近这两类金融行业周期的业务平衡布局,使信托业因为彼此之间风险分担而获益,也因为彼此之间的风险关联与传染而增加系统性风险暴露。2015 年 6 月的"股灾"事件发生之后,证券投资类信托业务的市场风险暴露出来。除了证券投资类信托业务因此遭受挫折之外,这场股票市场的小型危机还将"伞形信托"及其涉足的场外股票配资问题置于社会反思的风

---

① 袁增霆:《中外影子银行体系的本质与监管》,《中国金融》2011 年第 1 期。

② 熊伟:《我国金融制度变迁过程中的信托投资公司》,《经济研究》1998 年第 8 期。

③ 此处关于"错位"和"归位"的说法均引自刘鸿儒在 2005 年 5 月首届中国信托首届峰会论坛上的演讲《中国信托业的发展:过去、现在与未来》,见中国信托业协会《中国信托——中国信托业成立大会暨全国信托业首届峰会论坛资料专辑》,国际文化出版公司 2005 年版,第 14—22 页。

④ 袁增霆:《流动性恐慌的现象与根源》,《中国金融》2013 年第 14 期。

口浪尖之上。① 在为股票市场行情推波助澜的配资或加杠杆操作中，很多观点还认为有银行理财资金介入了单一结构性信托、伞形信托或其他场外配资行为。② 这方面的交易链条将银行业、信托业、证券业与金融市场之间的风险关联起来，滋生了金融体系的系统性风险，并最终酿成股灾。

金融体系的系统性风险以及信托业务的涉足深度都可能处于上升态势。这种较为常见的主观判断主要依据于次贷危机之前美国金融部门的表现与该阶段中国金融部门发展状况之间的比较经验。在第二阶段，国内金融部门脱离实体经济而自我服务、自行扩张的"脱实入虚"现象变得更加突出。这里与信托风险密切相关的系统性风险点主要体现于各类金融行业都争相大力发展的资产管理业务领域。根据光大银行与波士顿咨询公司在 2016 年 4 月联合发布的《中国资产管理市场报告 2015》，截至 2015 年年底的资产管理业务规模估计为 93 万亿元，相比 2013 年增长了 1.3 倍。与实体经济的投资需求相比，这样的规模与增速令人叹为观止。该领域的风险形成机制主要存在如下三个方面：

一是该类业务持续高速增长之后累积形成的高杠杆、资金期限错配以及由此催生而来的资产价格泡沫。这方面的风险也是自 2016 年以来中央政府提出防风险和抑制资产价格泡沫的一种重要背景。2015—2016 年的股灾和债灾都是这种交易模式及严重后果的展现。国内风险资产估值仍然普遍较高。随着货币市场利率的上升，风险资产市场的脆弱性有所加剧。

二是各类金融行业的理财或资产管理业务在资金运用中出现了越来越多的彼此交叉、相互依赖的现象。这种现象暴露出资产管理领域交易链条的延长、复杂性的提高以及在金融体系内流动性风险与对手方风险传染的关联度提高。针对这类资产管理业务问题的监管政策调

① 关于伞形信托及股票配资问题的分析可见王国刚主编的《中国金融发展报告（2016）》。

② 同上。

整要求已经变得迫切起来。根据前面提及的《中国资产管理市场2015》，2015年年底资产管理业务规模中的"通道业务"估计占比28%，约26万亿元。这些通道业务在很大程度上反映了金融行业在资产管理业务领域中的交叉和依赖。它们具有增加社会融资成本的不利影响。上述估计规模还不包括可能具有良性效应的母基金（FOF）业务。

三是资金信托业务显著加大了对金融机构的资金运用。关于这方面的信息，通常只能从中国信托业协会的行业统计中看到资金信托业务对金融机构的资金运用比例逐渐加大，还很难了解到投向金融机构的具体方式。这个资金运用比例从2013年年末的12%逐渐上升到2016年第三季度末的19.1%，已经成为仅次于工商企业的第二大投资方向。从Wind资讯上可以查询到，在2016年设立的以金融机构为投向的集合类资金信托产品信息为数不多。它们的具体交易类型主要是向租赁公司发放信托贷款和持有地方金融资产交易所平台上的委托债权。在Wind资讯上查询到的2016年已经到期的少数此类产品中，多了一些受让商业银行、证券公司、保险公司的股票或未上市股权，证券公司定向资产管理计划，或者投资于租赁或消费者贷款的收益权。这类业务主要存在于更加缺乏信息披露的单一资金信托业务。

在实体经济边际投资回报率逐渐下滑的基础背景条件下，流入财富管理或资产管理领域的社会资金仍然保持较高的积累速度。这种矛盾在2015年股灾之后变得更加突出，甚至陷入金融业内所谓的"资产荒"困境。但是，资产管理行业缺乏足够的自我约束机制，通常会在一定范围内继续提高风险偏好、交易杠杆或依赖更加短期的货币市场资金以放大业务利润。2015年中期的股灾是这种交易动机及机制的典型后果。从股票配资及伞形信托问题所暴露出的情况来看，此次股灾的形成离不开主要金融行业的深入参与和密切合作。因此，在这种意义上说，它就是金融体系的系统性风险在股票市场上的局部释放。2016年年底的"债灾"以及其中暴露出的债券代持——一种非正规的证券借贷行为，则在新的资金运用领域中再现资产管理部门的高杠杆、高风险倾向。这两次已经显性化的风险点虽然已经得到较为充分的认识，但它们的形成机制并未得到根本性的抑制。

最后，正趋于加强的金融监管也可能带来风险暴露和传染。从 2016 年起，针对银行理财业务以及其他金融行业代客资产管理业务的监管开始加强。当这些金融业务正如火如荼发展之际，突然遭遇致力于防风险和推动金融业务去杠杆的监管政策调整，几乎将不可避免地产生矛盾冲突。尤其当监管政策的适当性、连贯性及可预期性方面表现欠佳时，冲突可能会更加剧烈。这些监管领域的问题也较为常见。例如，一些关于金融业务风险监管的征求意见稿原本就具有跨行业的外溢性影响，却通常只通过内部渠道发放给行业内金融机构，后者又将内容似是而非地泄露给社会媒体，从而在更大范围内引起忧虑。对于资金信托业务以及相关利益主体而言，金融同业的监管加强以及监管政策内含的问题都可能抑制同业合作而引起业务紧缩风险。

三　防控信托市场风险的政策建议

首先，回顾近年来信托风险监管实践及效果。信托业从 2014 年开始加强风险监管，以抑制日益上升的信托投资项目、信托产品以及信托公司的流动性风险和信用风险，同时也用以化解饱受社会批评的影子银行和刚性兑付问题。[①] 受 2013 年中期钱荒事件的影响，提高信托公司资本充足性与流动性水平成为信托业风险监管的重点。银监会发布的 2014 年"99 号文"，即《关于信托公司风险监管的指导意见》是这段时期指导信托业监管的纲领性文件。在 2014—2015 年，具有信托业安全网特征的新的监管规则体系迅速建立起来，并及时控制了行业风险。从 2015—2016 年的行业统计以及信托公司年度财务报告来看，信托业的风险项目压力明显得到了缓解，资本实力以及流动性

---

① 关于信托业务涉及影子银行问题的监管加强，始于 2013 年 12 月国务院发布的《关于加强影子银行监管有关问题的通知》。2014 年主要信托监管方面的政策文件都声明是为了响应这一通知。

管理能力得到加强。

其次，信托风险评估还存在一些重要的长期基础性问题有待解决，它们制约了信托风险监管的实际效力。一个问题是缺乏有效的风险统计指标及数据。研究人员通常采用中国信托业协会公布的风险项目规模指标与信托资产规模之比来估算的信托业的不良率水平，类似于银行业的不良率统计。然而，与成熟的银行业信贷风险指标不同，这种常用的风险估算指标存在明显缺陷。信托行业统计中的"风险项目"仍是一个没有明确描述性定义的概念。几乎没有信托公司在年度财务报告中正式提及这一指标。在一些业内人士的分析语境中，它似乎就是指隐含信用风险的不良类项目。[1] 如果按此含义来理解，那么估算行业总体的信托不良率时就需要重新选择分母项上的指标。因此，分母项应是信用融资类信托产品的规模。这又涉及另一个问题，就是信托业务或产品分类。银监会主席助理杨家才在 2016 年信托业年会上的主题演讲就重点阐述了信托业务分类体系。[2] 在截至目前采用的信托资产的功能分类与资金信托的运用方式分类中，哪些类型属于信用融资类还很难予以确认。这就使评估信托产品体系中的信用风险时很难找到适当的统计指标。在一些业务领域的实际操作中，常见的"名股实债"问题可能会进一步扭曲信用融资工具的识别与统计。此外，在 2015 年中期股灾事件前后暴露出的伞形信托，同样也不清楚哪些证券类信托产品在充当信用融资工具。

最后，防范与化解信托风险需要建立长效机制。根据前文分析，当前的信托风险还没有变成濒临危机的严重状态。但是，它沉积的问题症结一直没有得到根本性解决，变得愈加复杂，而且对金融体系的系统性风险具有更强的敏感性。因此，尽快探索信托风险防范与化解的长效机制，有利于经济与金融领域的防风险大局。借鉴美国次贷危机以及国内钱荒、股灾、债灾等历史事件的反思及经验，其一，加强

---

① 张林、胡丽峰：《信托项目风险处置与思考》，《当代金融家》2015 年第 12 期。
② 具体内容见杨家才《在 2016 年中国信托业年会上的讲话》，中国银监会网站，2016 年 12 月 28 日。

信托市场的信息统计与分析，尤其需要补充那些反映该领域功能扭曲和风险特征的统计信息。同时，还需要按照信托业务的功能特征重新建立分类体系，以利于收集及整理能够反映市场具体、真实运行情况的信息。其二，依据过去两个阶段主要信托风险点及形成机制，主动化解信托业务经营中的历史遗留问题，降低金融同业之间的风险关联，从而有效阻滞系统性风险的传染。其三，应对革新工作机制，切实解决信托监管力量微弱与经营体系庞大复杂之间的严重不匹配问题。为此，可以建立开放性的合作平台，调集行业与社会研究力量，共同处理信托信息的收集、整理与研究分析工作。

第十一章 国债市场的风险点和防控举措[*]

国债风险是指在财政部门国债管理过程中，由于各种原因致使政府不能如约履行到期偿还义务，或在债券市场，投资者大量抛售国债等各种因素引发的风险；严重时，将导致政府信用降低、社会政治矛盾加剧、经济发展受到不利影响等现象。由于国债风险是多方面的，可以从多个角度来衡量国债风险。从发行者、投资者以及对经济运行调整效果来看，国债风险主要可归类为财政杠杆风险、金融市场去杠杆风险、挤出效用风险以及通货膨胀风险。

一 国债市场的主要风险

1. 财政杠杆风险

财政杠杆风险即财政赤字风险，为调节宏观经济运行，中央政府可实施赤字财政政策影响经济，具体通过国债管理平衡财政收支，按照有借有还的信用原则筹集财政资金，确保中央政府的筹资及支付需求得到及时满足，其举借债务行为可称为政府增加杠杆。在实际运行中，如果不考虑财政收入状况，发行规模过大，则会引发到期兑付危机，形成财政杠杆风险。所以，国债发行量需与经济状况相匹配，发行规模存在一个具有客观性质的合理界限。

具体来说，当经济陷入低谷时，政府为平滑经济波动，刺激经济增长，可实施积极的财政政策，运用赤字财政政策来弥补市场失灵和非政府部门投资下滑缺口，通过发行国债筹资增加投资和消费需求，即借钱来进行刺激经济，政府进入加杠杆过程；待经济好转时，政府

* 本章作者费兆奇、杨成元。

需紧缩财政政策，增税减支，减少发行国债，实施盈余财政政策，进入减杠杆过程。如果在经济复苏时，政府仍旧维持高杠杆，则会过度透支未来的举债空间，同时，债务长期积累，规模进一步增大，最终债务偿还与财政收入无法平衡，形成财政杠杆风险，最终引发国家信用危机。

2. 金融市场去杠杆风险

在债券市场，国债价格主要由资金面和利率水平来决定。如果政府实施积极的财政政策，通过发行国债来增加财政支出，在货币供给量不变时，会引起市场资金面紧张和利率上行压力，而利率的波动将直接影响国债价格变动。当市场利率上升时，国债价格下跌；反之，国债价格上升。但是如果稳定利率水平，则需以宽松的货币政策相配合，增加金融市场货币投放量，金融机构将被迫进入加杠杆过程。随着经济复苏至过热，通货膨胀率不断上升，央行需紧缩货币政策，金融市场流动性随之收缩，金融市场进入去杠杆过程。资金成本开始上升，各种资产价格下跌风险增大，风险利差、流动性利差、市场波动水平都会上升。随着货币政策的进一步收缩，去杠杆化进程加快，债券的价格下跌将会更猛，从信用债向国债、政策性金融债等利率债蔓延，严重时会引发债券抛售潮，引发金融市场系统性风险。

3. 挤出效应风险

短期来讲，政府通过发行国债扩大投资的手段刺激经济是必要、可行的。赤字财政作为市场失灵时政府对市场的补救，由政府投资带动社会及民间投资，从而恢复市场活力。但如果政府长期实施赤字财政，出现越位，变成政府代替市场，则有可能产生挤出效应。具体来说，一是在充分就业情形下，如果政府仍旧举借债务，增加政府投资，则会造成有限的资源竞争加剧，减少非政府部门资源供给。二是货币供给量不变的情形下，政府仍旧举借债务，会形成利率上行压力，民间投资成本上升，投资意愿下降。如 2008 年后，美国实施赤字财政，向全球举借杠杆，增发国债，本是应对大危机的短期政策，但政府却不自觉地使之长期化，给经济带来了严重的危害。

4. 通货膨胀风险

发行国债，实施赤字财政政策，除了产生挤出效应外，还会引起价格水平的上升，并最终带来通货膨胀压力。具体来说，为了减少赤字财政政策产生的挤出效应，积极财政政策一般需由宽松的货币政策相配合，此时，赤字财政会导致货币需求总量增加，而社会商品和劳务供给量却没有以相同的比例增加，这必然促使经济产生通货膨胀缺口，引起价格水平提高。即便财政赤字不引起货币供给量增加的情况下，赤字财政也会通过需求拉上型通货膨胀引起价格水平上升，如果赤字不断增加，由消费、投资、政府支出和出口构成的总需求增加，以至于总需求超过充分就业时所能达到的产出水平，就会出现通货膨胀。

二 国债的风险点分析

1. 财政杠杆风险

第一，国债发行约束指标分析。对于国家来说，偿还国债本息资金来源主要是税收，税收取决于一国经济增长，所以，国债发行存量、增量分别与财政收入、GDP 保持在合适的比例范围内。国际上通常用四个指标来量化：一是财政赤字率，即赤字占 GDP 的比重，一般以不超过 3% 为警戒线；二是债务负担率，即国债余额占 GDP 的比重，一般以不超过 60% 为警戒线；三是财政债务依存度，即当年国债发行额/（当年财政支出 + 当年到期国债还本付息），一般以不超过 30% 为警戒线；四是国债偿还率，即当年国债还本付息/当年财政支出，一般以不超过 10% 为警戒线，比例越高，则杠杆率越高。

从我国财政赤字率来看，其一，其比例与经济增长率呈现相反走势，这说明我国在实施反周期的宏观调控政策，在经济低迷时增加赤字以刺激经济，当经济复苏时则减少赤字；其二，1990—2014 年，我国赤字率维持在 2.5% 以下，没有超过国际警戒线 3%，但在 2015 年，由于经济依旧低迷，政府财政赤字达到 3.43%，超过警戒线 3%。

从我国债务负担率来看，1990—2015 年，债务负担率一路上升，尤其是 2012 年以来，上升速度加快，2015 年债务负担率达到 22.43%，但远低于国际警戒线的 60%。

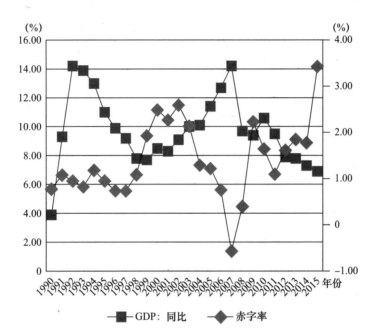

图 11 - 1　1990—2015 年我国财政赤字率与 GDP 增长率走势

资料来源：WIND。

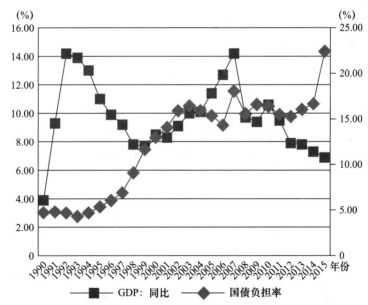

图 11 - 2　1990—2015 年我国国债负担率与 GDP 增长率走势

资料来源：WIND。

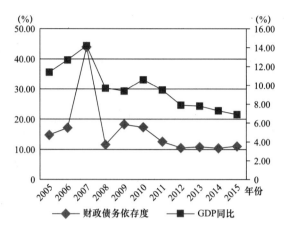

图 11-3 2005—2015 年我国财政债务依存度与 GDP 增长率走势

资料来源：WIND。

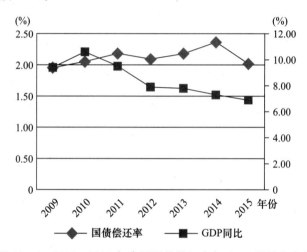

图 11-4 2009—2015 年我国国债偿还率与 GDP 增长率走势

资料来源：WIND。

从我国财政债务依存度来看，2005—2007 年我国债务依存度大幅上升，此后，该比例呈现下降趋势，尤其是 2011 年以来，该比例维持在 12% 以下，低于 30% 的警戒线，这说明我国举债的比例在下降，财政支出主要靠税收来满足。

从我国国债偿还率来看，2009—2015 年，其比例控制在 2%—2.5%，远低于国际警戒线的 10%，说明由于国债偿还而引起的财政负担在下降，偿债能力增强。

综上，从约束指标来看，我国财政杠杆率保持在合理的区间，国债发行量尚有一定的空间，但需要考虑到我国经济高速经济增长时代已经过去，已进入中高速增长阶段，未来经济增长率还在下行，所以，除了国债发行存量、增量分别与财政收入、GDP 保持在合适的比例范围以外，还需考虑国债的发行成本与经济增长率之间的关系，防止二者呈现倒挂现象（即国债发行利率高于经济增长率）。

第二，国债成本风险分析。国债发行除了考虑规模以外，还需尽可能采用相对低的资金成本来进行融资，避免国债利率发行过高带来的未来无法偿付本息风险。对于中央政府来说，如果当期财政收入无法偿还到期债务，可通过借新还旧的方式来缓解，但是，如果国债负担利率高于 GDP 增长率，即便政府的财政赤字占 GDP 的比率不变，政府的债务也会越来越大，长期循环下去，会带来债务规模巨大而无法偿付的风险，这是因为国债负担率为年末国债余额与 GDP 比率，国债余额/GDP ＝ 借债率 ×（1 ＋ 国债真实利率）/（经济增长率 － 国债真实利率）。其中，借债率为财政赤字占 GDP 的比率。经济增长率一定且借债率不变时，如果国债的发行成本上升将直接推升国债负担率。另外，如果国债真实利率高于经济增长率，长期下去，国债负担率无法收敛，国债负担率会无限放大。

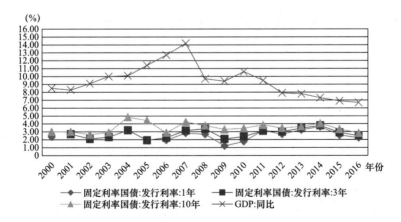

图 11 － 5　2000—2016 年国债各期限发行成本与 GDP 增长率走势对比

资料来源：WIND。

目前，我国已由经济的高增速进入中速增长阶段，国债的发行利率与历史水平相比，也应同步下降，以保持 GDP 增长率与国债发行成本之差保持在长期均衡水平内。否则，如果 GDP 增长率与国债的发行利率差逐步缩小，在债务负担率不变的情况下，未来债务规模会逐步增大，带来债务规模增大而无法偿付的风险。从我国国债各期限发行平均成本与 GDP 增长率走势对比来看，二者之差趋于缩小，说明国债发行利率与历史水平相比虽然在下降，甚至降至历史低位，但发行成本相对于 GDP 增长率来说，与历史水平相比，并没有降低，发行成本并不低，这将对未来偿还本息形成压力。

第三，国债发行期限结构风险分析。国债的各期限品种需合理分布，避免国债本息偿还集中到期，出现期限结构不匹配风险。对于发行者来说，国债的发行期限如果主要集中在短期，但投资结构在中长期分布，形成期限错配则会形成短期本息兑付压力，使得短期财政支付压力增大。我国国债发行的期限结构约 70% 集中在 5 年以下，10年期以上品种比重很小，尤其是近年来，占比一直在 10% 以下，说明我国财政短期本息兑付压力较大。同时，短期品种与长期投资之间的期限错配也会带来流动性风险，尤其是目前我国开始去杠杆，未来利率上行压力增加，如果借新还旧，维持流动性，还债成本更高，势必造成更大的偿还压力。

表 11 - 1   2002—2017 年国债存量占比统计（按期限分布）   单位:%

类别	2017 年	2016 年	2015 年	2014 年	2013 年	2012 年	2011 年	2010 年
1—3 年	48.10	47.10	49.23	47.07	39.93	37.34	40.76	47.21
3—5 年	22.05	22.59	20.53	19.67	22.91	23.49	17.45	13.63
5—10 年	24.25	24.68	23.42	24.25	26.37	27.39	26.04	24.14
10 年以上	5.60	5.62	6.82	9.01	10.79	11.78	15.76	15.02
类别	2009 年	2008 年	2007 年	2006 年	2005 年	2004 年	2003 年	2002 年
1—3 年	50.47	54.17	52.76	60.31	57.70	49.86	43.89	40.06
3—5 年	12.88	10.91	10.83	13.56	14.51	17.10	15.33	17.74
5—10 年	21.41	20.30	19.91	14.35	15.95	21.54	26.49	30.13
10 年以上	15.24	14.63	16.49	11.79	11.84	11.51	14.29	12.07

资料来源：WIND。

2. 金融市场去杠杆风险

目前，随着全球经济的逐步复苏，发达国家开始逐步退出量化宽松的货币政策，美联储已进入加息通道，私人部门和政府部门走上去杠杆化道路，全球流动性收缩，利率开始上行。受国际环境影响以及本国供给侧改革逐步深入，我国金融市场也开始走上去杠杆道路，我国利率下行的环境已不存在，央行坚定实施稳健的货币政策，M1、M2 增长率同比下降，这对股票、债券以及房地产等资产价格都将形成冲击。从国债价格指数与 M1、M2 同比增长率关系可以看出，随着M1、M2 同比增长率上升，国债价格指数上升；反之，国债价格指数下行，M1 与国债价格指数的关系更为紧密。2016 年以来，我国金融市场去杠杆进程加快，M1、M2 开始下降，国债价格指数出现下滑，国债价格下行压力增大。

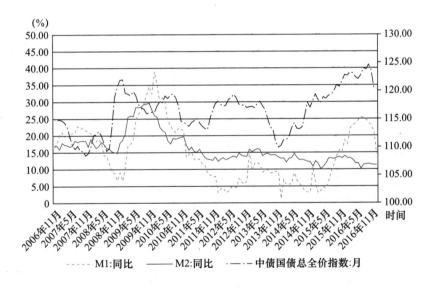

图 11-6　2006—2016 年国债价格指数与货币投放量关系

资料来源：WIND。

3. 挤出效用风险

赤字财政政策是在经济运行低谷期使用的一项短期政策。在经济低迷期，整个社会处于非充分就业状态，闲散资源并未充分利用，财政赤字可扩大总需求，带动相关产业的发展，刺激经济回升。如果长期使用，则会带来民间投资的占比下降，形成挤出效应，出现国进民退现象，同时，挤出效应也与政府的具体投向和资金使用效率有关。具体来说，一是政府发行国债来进行投资，如果是为了弥补市场失灵，进行公共品投资，那么对整个经济来说是一种补充，则不会产生挤出效应。如果逐利动机进行投资，变成政府代替市场，则会减少非政府部门的人力和资本来源，非政府部门投资减少通过支出乘数降低总投资，将使政府扩张性财政政策的效应相互抵消，对经济形成挤出效应。二是随着我国利率市场化的完成，利率由市场供求来决定，商业银行存贷款市场实现市场化，市场资金需求的利率弹性提高，如果没有宽松的货币政策配合，国债发行会形成市场利率上行压力，社会融资成本提高，非政府部门的投资意愿下降，不利于经济发展。

从财政赤字与我国固定资产投资增长率的历史走势来看，2008年次贷危机后，我国实施积极的财政政策刺激经济，财政赤字持续上升。与此相对应，随着政府投资上升，民间投资增长率始终小于全社会固定投资增长率，尤其是2016年以来，财政赤字达到历史最高值，民间投资增长率快速下滑。

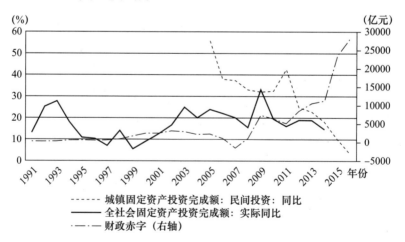

图 11 - 7　1991—2016 年财政赤字与民间投资增长率走势关系

资料来源：WIND。

4. 通货膨胀风险

政府实施赤字财政政策，增加国债发行量，除了对非政府部门产生挤出效应以外，还会引发通货膨胀，如新中国成立后三次通货膨胀，即新中国成立初期的第一次通货膨胀，20 世纪 60 年代初期的第二次通货膨胀，80 年代的第三次通货膨胀，这三次通货膨胀虽然是在不同的历史条件下发生的，但其发生都同大量的财政赤字紧密相连。1997 年以来，国债的发行依旧是引发通货膨胀不可忽视的主要因素之一，尤其是 2016 年以来，国债的发行量与 PPI 的走势较为密切。这主要是因为，随着政府带动固定资产投资的增长，引发钢材、水泥、煤炭、化工产品的价格开始攀升，导致生产资料价格的持续上涨，并最终体现到消费品价格中，导致通货膨胀。

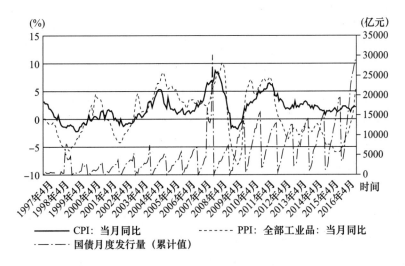

图 11-8　1997—2016 年国债发行量和 CPI、PPI 走势关系

资料来源：WIND。

三　防控国债市场风险的举措

第一，综合考虑国债发行规模、发行成本与经济规模、经济增长

率之间的关系，保持合理的比例。一是国债增量和存量应与我国经济规模相匹配，从我国的赤字率、债务负担率、财政债务依存度以及国债偿债率来看，除了2015年的赤字率达3.43%，超过3%的警戒线以外，其他比率保持在合适的比例范围内，与发达国家相比，尚有一定的举债空间，但需考虑本国实际国情，防止比率过高，未来偿付压力增大。二是国债的发行利率需与经济增长率相匹配，我国的发行利率虽低于我国经济增长率，但二者之差有缩小趋势，未来经济高速增长的环境已不存在，我国更需要考虑国债发行成本。如果由于市场环境迫使发行成本过高，需考虑降低发行规模，在规模和成本之间综合考虑，最终降低未来偿还风险。

第二，财政赤字政策适时退出，中长期需保持适度从紧的财政政策。在经济低迷期，社会失业率上升、民间投资意愿下降且资源大量闲置，此时，需要政府采取积极的财政政策配合，减收增支，增加杠杆，拉动投资和消费需求，提高全社会投资活力，防止经济进一步下滑，但在经济复苏时，政府积极财政政策需适时退出，应逐步去杠杆，防止政府投资上升带来的民间投资供给减少，产生挤出效应。此时，即便以宽松的货币政策配合，防止资金成本上行产生的挤出效应，但宽松货币政策的长期实施，会使货币政策的边际效应逐步减少，只会增加金融市场杠杆率，实体经济供给并不会相应增加，导致全社会一般价格水平上升，引发通货膨胀。所以，财政赤字政策应适时退出，在中长期保持适度从紧的财政政策，开源节流，营造良好的投资环境，让市场在资源配置中发挥决定性作用。

第三，进一步丰富国债期限品种和投资者结构。从我国国债结构来看，期限结构和投资者结构分布较为集中，未来需解决以下几个问题：一是调整国债的期限结构，加大中长期国债发行品种，使其均衡合理分布。我国政府投资主要集中在铁路、公路以及基本建设等中长期项目，这需要国债发行期限结构与投资项目期限结构相匹配。目前我国国债品种主要集中在3—5年以内的短期品种，5年以上中长期国债品种短缺，尤其是30年以上超长期国债品种更为短缺。所以，应加大中长期、超长期国债品种的发行量，避免期限结构错配引发的流动性危机。二是进一步丰富投资者结构，积极培养机构投资者，在满足商业银行等金融机构投资需求的同时，可重点引入社保基金和保险机构等，鼓励其对中长期国债的投资，满足其中长期资产配置需求。

　　第四，加强国债资金管理，提高国债资金使用效益。国债募集资金的不同使用方向及方式对于平衡财政预算有着特别重要的影响，必须做到国债资金的使用方向明确、方式规范、效益易于考核。①政府投资动机需遵循以下原则：一是弥补市场失灵，政府投资严格限制在公共领域；二是维护市场配置功能，主要是需满足社会公共需要；三是调节国民经济运行，扶持国民经济薄弱环节，重点协调全社会的重点投资比例关系。②增强国债资金投向和用途的透明度，严格监控国债资金的使用方向以及国债资金使用的成本和绩效核算，真正做到专款专用，加强国债募集资金投入后的后续管理。③加强国债运行的规范化，在国债资金的使用上主要投向外向性强、产业关联度高、具有示范、引导作用及具有比较优势的基础性产业上，以优化资源配置。④还应适当将国债资金投入到建设周期短、投入后效益好的生产性建设项目上，以及时获得投资收益，实现国债的良性循环。

第十二章　债券市场风险点及政策建议*

一　问题的提出

中国的债务问题、进而中国的债券市场，再一次被推到了风口浪尖。日渐抬升的杠杆率，较为宽松的货币、信贷条件，已不能拉动有效的经济增长。沉重的债务压力、持续下滑的盈利能力、过剩的产能，以及疲弱的全球经济和贸易，使企业的经营环境极为艰难。在此背景下，银行的不良资产和企业的债务问题备受关注，债券市场违约事件频发，并伴随流动性的高度紧张和收益率的显著波动。2016年中国债券市场风险急剧增加，正引发日益密切的关注。

当然，债券市场的风险并不是孤立的，需要站在整个经济和金融体系的高度去观察和理解。

首先是中国债务问题的可持续性。高杠杆、低效率和信贷扩张不能带动有效的经济增长，这是个"债务不可能三角"，若不进行结构调整，很难持续。当信贷扩张不能带动有效的经济增长时，资金必然流向金融而非实体经济，而债券市场就是金融和债务问题的一个核心。

其次是要认识到，金融体系是紧密联结的。从如下几个指标看，已到了盘根错节的程度：（1）银行业总资产占其存款的比重，最近三年上升了30个百分点，说明相当多的资产不是由存款来支撑；（2）银行对非银行金融机构的债权，最近三年由不到10万亿元增至

＊ 本章作者高占军。

27 万亿元，反映了银行和非银行之间的关系日益密切；（3）资产管理规模近百万亿元，涉及几乎所有金融机构、金融市场和金融产品，而从资产管理方式上看，业务模式复杂且交叉，极易出现共振。

再具体到债券市场，有五个方面的风险需要高度关注，即流动性风险、市场风险、信用风险、交易对手风险和溢出风险。

第一，流动性风险。从流动性的角度看，当前有几个反常现象：一是资金全面紧张，不仅非银行金融机构紧张，银行体系也经常紧张；二是不仅中小银行紧张，大银行也紧张；三是钱紧的时候央行想给钱，但机构拿不出抵押品；四是收益率曲线倒挂，银行发行的 1 年以内的同业存单（NCD）利率在 4.5% 以上，而 10 年政策性金融债利率只有 4.10%；五是只要钱一松，杠杆马上就上来。

在这种背景下，流动性风险极易发生，尤其是当市场环境不利、投资者杠杆率高企和业务模式过于复杂的情况下。2016 年 12 月债券出现急剧波动，很多机构资金链条断裂，就是重要见证。

第二，市场风险。债券市场经常会波动，主要受经济、物价、供求、政策和国内外环境等因素影响。正常的市场波动是释放风险的，不需要过分担心。但当市场波动剧烈到足以触发流动性及其他风险时，则需要监管介入和干预。

第三，信用风险。信用风险在增加。2016 年，有 80 余起违约风险发生，涉及金额 400 多亿元，有民企、地方国企和央企，产品有私募也有公募，涉及省份也大增至 18 个。

第四，交易对手风险。如 2016 年年底的国海证券的"萝卜章"事件和"代持"风波，造成交易对手间的普遍不信任，加大了市场的波动。

第五，溢出风险。若多种风险叠加，容易产生风险溢出，引发系统性风险。这是要极力避免的。

这五大风险固然都很重要，但在当前中国的债券市场，最核心的则在于信用风险和流动性风险。一旦这两大风险受控，则其他三类风险的形成和冲击会被显著削弱，溢出效应也大大降低。有鉴于此，本章主要分析中国债券市场的信用风险和流动性风险，并提出化解这两大风险的政策建议。

二　中国债券市场信用风险

1. 中国债券市场的三轮信用重估

大致来说，最近15年来的中国债市，共经历了三轮信用重估。第一轮是在2008年，当时出现了江铜、魏桥、航天晨光和力诺等案例，虽有惊无险，最终都顺利化解，但也造成了信用利差的大幅上行。这一轮信用重估，很大程度上缘于美国金融危机的外部影响，算是偶尔出现的信用事件。

第二轮发生于2011年，是以城投债为焦点的内部冲击。城投企业的特点是盈利能力弱，现金生产能力不强，短期偿债压力大，靠其自身实力并不足以支付利息和到期债务，必须依靠借贷维持资金周转。但这种非企业内生的现金流具有天然的脆弱性，一旦融资紧缩将导致短期偿债指标迅速恶化，其流动性风险便会暴露。2011年上半年正是对城投企业债务担心较重，而监管部门对其再融资渠道收紧之时。更令投资者焦虑的是，部分城投企业行为不规范，且有逃废债务的倾向。多家城投公司违规划转核心资产，也有因现金流不足暂停利息支付，引起轩然大波。因城投债利率高，投资者一度十分偏好，大量参与投资和交易。但从当年5月开始，这样的事件频繁出现，加上当时的经济环境和宏观调控，导致城投债大跌，几百个基点的信用利差很快就上去了，有很多机构尤其是基金和一些保守机构迫于各种压力，大量卖出甚至清仓，加剧市场下挫。

第三轮信用重估始于2013年，目前正在进行，产业债是重点，预计其持续的时间及影响的深度和广度，都将远远超出前两轮。

2. 债券违约风险的评估

中国的债务问题近来受到特别关注。国际货币基金组织（IMF）在2016年4月推出的《全球金融稳定报告》中，以不同寻常的篇幅，专门分析了中国企业的债务负担和银行业不良贷款（见表12-1）。之后，5月7日出版的英国《经济学人》杂志，甚至谈到了债务泡沫

破灭的问题。以上种种，恰逢国内债市调整和违约事件频发，以致对
债券违约风险的关注，被提到了前所未有的高度。

表 12-1　　　　　　　　中国部分非金融企业的在险债务

行业	公司数量	总借贷（百万美元）	存在风险的公司数量	存在风险的债务（百万美元）	风险债务与总借贷的比率（%）
信息技术	377	147229	71	12576	9
批发零售	321	157113	73	55145	35
制造	1231	501659	240	88525	18
租赁/商业	43	5342	6	142	3
公用事业	109	369881	9	3086	1
钢铁	72	115484	28	45396	39
建筑材料	43	59841	9	11625	19
交通运输	104	152096	10	27548	18
采矿	52	135163	15	47598	35
能源	43	224845	15	2357	1
房地产	407	850737	100	96412	11
其他	69	55558	14	1642	3
总计	2871	2774948	590	392053	14

　　注：所谓在险债务（Debt-at-risk），指利息覆盖倍数低于 1 的债务。利息覆盖倍数指
息税、折旧和摊销前利润（EBITDA）对利息支出的倍数。

　　资料来源：IMF Global Financial Stability Report, April 2016。

　　那么，中国债券违约的风险究竟有多大？

　　数据显示，当前中国的债券余额为 54.3 万亿元。其中，政府债
券和央行票据 18.2 万亿元，占比 33.4%；同业存单和金融债券 19.2
万亿元，占比 35.3%；可转债和可交换债券合计 661 亿元。除去以上
几个部分，余下的即为全部非金融企业发行的债券（以下简称企业债
券），总量 16.9 万亿元，占比 31.1%，涉及发债企业 4200 余家，债

券笔数 1.54 万笔。分析债券违约风险，这是全样本。

在这些企业债券中，主体评级为 AAA 和 AA + 的高等级债券 10.88 万亿元，占比 64.4%；AA 的中等级债券 4.2 万亿元，占比 24.9%；AA - 及以下低等级债券 5636 亿元，占比 3.34%；无评级的债券 1.23 万亿元，占比 7.31%。

面对这么大规模的债券，如何评估其违约风险？鉴于历史违约率数据的缺乏，我们建立了一个反映企业经营状态和偿债压力的指标体系，包括资产负债率、短期负债/总负债、净资产收益率（ROE）、息税折旧及摊销前利润（EBITDA）/负债和盈亏数据，对此进行分析。具体指标值设定为弱于全部样本均值；其中，资产负债率 >60%，短期负债/总负债 >70%，ROE <5%，EBITDA/负债 <0.3，最近三年营业利润有续亏或首亏。如果一个行业的全部上述五项指标同时弱于均值，则视为风险较高。这一指标体系虽有待进一步完善，但仍可作为一种参照。

鉴于债券发行体的财务数据披露的时滞和不完整性，比如 4200 余家企业，仅 1929 家披露了 2015 年财报，而全部 2511 家 A 股非金融上市公司 2015 年财报刚刚全部披露完毕，所以，我们试图通过分析上市公司的数据，先找出符合上述标准的行业，随后，再针对这些行业，评估债券的违约风险。

对非金融上市公司财务数据的分析显示，同时达到上述标准的行业共有 8 个，包括煤炭、钢铁、工业金属、化学原料、化学制品、化学纤维、船舶制造及机床和重型机械。从基本面来看，多属周期性行业，产能过剩较严重，短期内不易出现根本性改善。

这八大行业有主体评级的债券共 1.67 万亿元。其中，煤炭、钢铁、机床、重型机械和化学制品几个行业合计 1.47 万亿元，占比 88.2%，是主要部分；国有企业债券共 1.45 万亿元，占比 86.8%；中低评级债券（即 AA 及 AA 以下）是风险最高的部分，规模 3084 亿元，占比 18.5%。（见图 12 - 1）

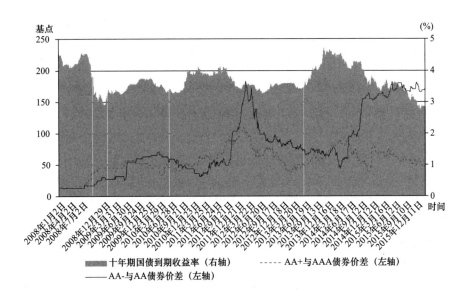

图 12 - 1 中国债券市场的风险溢价

资料来源：WIND 资讯、中央国债公司、中信证券。

换个角度看，以上八个行业的债券占所有企业债券的比重为9.81%，而这八大行业中风险较高的 AA 及以下中低评级债券占所有企业债券的比重则为 1.82%，风险更高的 AA - 及以下低评级债券占比 0.34%。很难说在这些高风险的债券中，有多少可能出现实质性违约，但可作为重点关注的对象。

当然，这里没有分析全市场 1.23 万亿元无评级的债券，也没有考虑高评级的债券。在无评级的债券中，也有违约的风险，而最近，高等级的债券也曾有出现风险警报的案例。

2015 年以来，全市场出现债券违约的企业 20 余家，占比0.48%，每 210 个发行人中，有一家违约。当然，违约的规模在全部16.9 万亿元债券中占比并不大。

有评论认为，最近宏观经济数据好转，但违约不断，是反常现象。这个认识并不全面。要看到，当前企业的经营状态并不理想，2015 年非金融上市公司 ROE 仅 4.8%，大幅低于 2014 年的 6.3% 和2013 年的 8.1%，存货和应收账款周转率下降，很多行业的产能利用率堪忧。IMF 的报告也佐证了这一判断,其对中国 2871 家非金融企业的分析显示,在 2.77 万亿美元的债务中,利息覆盖率低于 1 的在险债务占比 14%,健康状况在恶化。

当今中国债券违约仍相对可控。但对潜在风险也不宜低估。要在坚持打破刚性兑付的同时,引导风险的有序释放,并严格防止各种逃废债行为的发生。

3. 化解信用风险的政策建议

很多人都误以为在 2015 年 3 月超日债未足额支付利息之前,中国债券市场没发生过实质性违约,其实不然。回顾历史,20 世纪 90 年代曾有大量企业债券违约未能如期兑付,其中甚至包括相当数量的重点建设债券;2000 年广东罗定铁路债券延期兑付,引起震动;其后几乎同时,也有某大型发行体因支付危机,最终不得不诉诸央行再贷款予以解决。

债券市场真正的好年景是在 2001 年之后:十几年里,没有发行体实质性违约。那些胆子够大、较为勇敢的投资者,都稳稳地拿到了信用利差,享受到了高风险溢价的好处。即便偶尔出现信用事件,也都有惊无险。但超日债之后,情况发生变化。投资人由此变得谨慎。监管部门也如临大敌,紧张评估市场潜在风险,并探讨化解之策。

要客观看待债券违约。违约率合理稳定,其实是债券市场成熟的标志。美国 1981 年以来平均违约率为 1.69%,2009 年危机期间达到最高的 5.71%,1981 年则为最低的 0.15%。欧洲自 1991 年以来债券市场平均违约率为 0.57%,2002 年最高为 2.06%,只有个别年份违约率为零。从全球范围看,1981 年以来债券违约率平均为 1.38%。(见图 12 - 2)

所以,若债市长期没有违约,其实极不正常;只有极不发达或由政府信用主导,才会如此。但中国不同:一是中国已成为全球第二大信用债市场,规模大增速也快;二是供给结构多元化,目前信用等级从最高的 AAA 到最低的 CCC 都有,AA + 及以下的占比已达 40% 左右;发行体除中央国企和地方国企外,19% 的发行人是城投企业和民营企业。这表明中国债券市场正走向成熟,一定水平的违约率也将相伴而生。

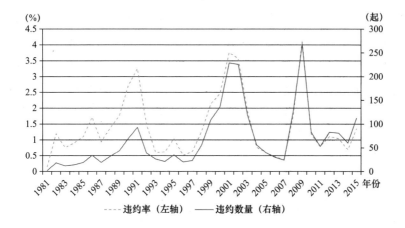

图 12 – 2　全球债券市场违约率

资料来源：Standard & Poor's Financial Services LLC。

违约率合理稳定，有利于优胜劣汰，市场出清，是成熟的标志。不必谈违约而色变。要通过打破刚性兑付，引导风险有序释放。同时也要认识到，打破刚性兑付，还具有多方面极为重要的意义。

第一，中国经济的结构调整和产业升级，在很大程度上要靠淘汰落后，削减过剩产能，并通过兼并重组提高效率，发挥规模效应。打破刚性兑付正有助于实现上述目标。

第二，能够防范道德风险。在存在刚性兑付的情况下，债务人往往忽视还债压力，不惜以高成本融资，预算约束软化，即便回报无法覆盖成本，也极力扩规模、铺摊子，导致盈利能力和效率低下。这也会导致治理结构问题。中国的负债率近几年极度膨胀，存在道德风险是重要原因之一。

第三，可帮助建立切实有效的监督机制。如果有刚性兑付，投资者挑选收益率高的债券买就是了，一般会疏于风险评判和风险定价，对融资行为起不到有效的制约，也培养不起承担风险的意识和能力。

第四，让价格信号切实发挥配置资源的作用。刚性兑付扭曲价格与风险信号，难以建立让市场起决定性作用的机制，与市场化取向背道而驰。只有收益率曲线合理有效，利差充分反映信用差异，价格信号才能成为有力的工具和参照。

打破刚性兑付，不仅不会诱发系统性风险，反而能有效降低风险。刚性兑付则会进一步累积风险。曾有人将超日债违约视为中国的"雷曼事件"，实为危言耸听。打破刚性兑付也并非刻意为之，只意味着要遵循按市场化的原则，并使违约有序进行。市场已经为违约做好了准备。目前新一轮的风险定价正平稳进行。

不必过分担心债券违约对社会稳定的影响。与 20 年前相比，个人投资者承担风险的意识和能力均显著增强。股票、基金投资者从最初亏损时的情绪激动到如今的平静，说明这种转变可顺利完成。

要加强宣传引导，完善立法，并建立债权人保护机制，提高抵押物处置的可操作性，严格防范和坚决打击恶意逃废债行为。强化评级公司等中介机构的作用，重视信息披露和监管协调。加强信用风险管理，推动 CRM 等信用风险缓释工具的运用。

三　警惕债市流动性风险

流动性风险一向被视为金融体系的最大威胁。2008 年美国金融危机中，诸多大牌金融机构的倒下，都是因为受到挤兑，资金抽逃，无法继续融得资金所致；而此负面效应的扩散引发的最严重后果，是市场参与者纷纷寻求自保，整个金融体系流动性枯竭，金融危机加重，经济危机爆发。在这一轮危机中，美国的债券市场和货币市场首当其冲。其后备受困扰的欧债危机，也概莫能外。

反观中国，债券市场流动性问题曾多次出现，但均被一一化解。大概人们印象最深的，一是 2013 年 6 月的"钱荒"，二是 2016 年 12 月部分金融机构资金链的险些断裂。其实，2010 年年底、2011 年年中和 2015 年年初，类似的流动性紧张也发生过多起，因其影响仅限于金融体系局部，受到的关注度远没有前述两次那么高。

流动性问题的产生，通常与杠杆率提高有关，而参与者成分的日益复杂、金融各部门之间的紧密联结以及市场的结构性缺陷，在不利的经济和政策环境下，会加大流动性风险的暴露。

1. 被误读的债市杠杆率

一段时间以来，关于债市泡沫的议论不绝于耳。有人认为，中国债市的杠杆率并不高，所以对泡沫的过分担心是杞人忧天。反对者则坚称，有些地产债的发行利率甚至与政策性金融债相当，是过度炒作，而个别机构的投资杠杆已达数十倍，若再不控制，可能崩盘。一段时间以来，国内外金融市场动荡不已，全球债市也是前有 2015 年 4 月下旬的欧、美、日债券狂跌，后有 2015 年 12 月中旬发生的美国高收益债券的集中抛售。在此背景下，如何评估当前的中国债市，显然具有特别的含义。

若以一般的方法测算，当前债券市场的杠杆率并不高，2015 年年初为 1.081 倍，年底为 1.1 倍。分别来看，交易所杠杆率为 1.37 倍，虽较银行间市场的 1.09 倍超出许多，也只是近年来的平均水平。

这是容易令人迷惑的地方。此杠杆率指标有时会漏掉关键信息。所漏掉的关键信息主要有三：第一，因债券托管规模远高于融资余额，且二者变动巨大，所以对数据的分析需更进一步，表面的杠杆率指标揭示不出这层含义。第二，不仅考虑存量，也要关注流量。第三，除了显性杠杆，还要看隐性杠杆，包括投资管道的内生杠杆和活跃机构的群体性杠杆变化。

数据显示，银行间债券回购余额 3.6 万亿元，较一年前增加 2.04 万亿元，增幅达 127.6%。这并未显著改变银行间整体杠杆率水平：银行间债券托管量的基数 32.5 万亿元，而回购融资余额基数仅 1.6 万亿元，前者是后者的 20 倍，因此，虽后者增速远高于前者的 28.8%，影响仍有限。而在其背后，杠杆融资快速增长的信息被部分屏蔽了，场内杠杆率水平被"稀释"。

融资余额是观测杠杆融资的存量指标，融资交易量则显示流量。历史上，银行间市场回购融资量的增速较为平稳，2007—2011 年均在 20% 左右；但 2012 年打破常规，回购交易较 2011 年突增 42%，结果 2013 年出现了"钱荒"。当年进行调整，增幅仅在个位数；2014 年再次增长 42%，交易量由 158 万亿元增至 224 万亿元；2015 年回购交易量突破 450 万亿元，增速达历史性的 100% 以上。交易所增速更快，

2007 年以来大都超过 50%，个别年份甚至在 200%。银行间日均回购交易由 1 万亿元增至 2.5 万亿元，而隔夜回购占比远超 90%，显示市场对资金宽松的持续性信心十足。

现券交易的流动性也显著提升。2015 年，银行间市场全部债券的换手率达 207%，较上年增长 70%；交易所国债的换手率由 2014 年的 16.8% 增至 36.4%，增幅达 117%。银行间现券交易量 80 多万亿元，远超 2012 年历史最高的 73.8 万亿元，是 2014 年的两倍以上。

债市火热吸引大量资金。除传统的投资者外，大量的银行理财、债券信托、私募基金甚至特定委外资金等也纷纷加入。各种结构化分级产品纷纷涌现，其中很多产品的杠杆都多达数倍，若再叠加质押式回购，倍数会更高。局部较为活跃的机构，其杠杆率可能在 10 倍以上。

更重要的是，债券收益率也显著下行。国债平坦下行 70 个基点。企业债下降更多。收益率已处历史低位，信用利差也收窄至 2008 年以来的最低区间，而这是在债券净供给达到历史最高之际创下的（见图 12 – 3）。

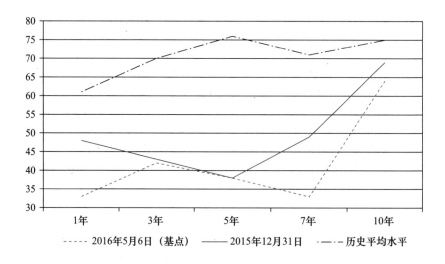

图 12 – 3 不同评级信用债券与国债利差已远低于历史平均水平

资料来源：Chinabond、WIND 资讯、中信证券。

现券与融资交易规模陡增、收益率显著下降以及信用利差急剧收窄三者同时出现，再配以大量新增甚至自带杠杆的资金的涌入，可作为判断债市是否出现泡沫的标准。以此观之，中国债市已显现泡沫的某些迹象。若货币政策宽松不及预期、债券再融资压力持续加大以及信用风险蔓延，则有可能导致投资者集中抛售。2016年4月以来市场出现调整，收益率明显上行，信用利差加大并分化，正是对此所做的一次必要修正。

2. 当前的几个反常现象

2016年12月的流动性风险消除后，市场获得了短暂的喘息，但并未真正平静。货币市场利率自2016年年底全面上行，过了春节仍持续处于高位。与此相关，当前有几个反常现象，尤其值得注意：

第一，在理财市场，大行的理财产品一向成本最低，但如今，其收益率开始高于银行体系的平均水平，十分罕见（见图12-4）。这说明银行体系的资金困难，并非局部。

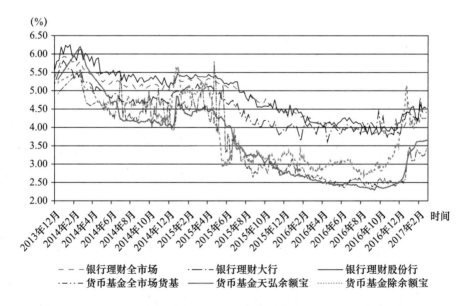

图12-4 3个月理财产品与货币市场、同业存单利率比较

资料来源：WIND资讯、中信证券。

第二，银行大规模发行同业存单（NCD），其利率中枢接近 4.5%，为 2015 年第二季度以来的最高水平。非但如此，自 2013 年下半年问世，同业存单利率在多数时间大幅低于理财产品收益率，而现在，已持平甚至高于理财产品收益率（见图 12 - 4），显示资金需求不仅强，且十分迫切。

第三，相较存款类金融机构，非存款类金融机构获得资金日益困难，成本很高。其在银行间市场质押回购融资利率 2 月 28 日为 3.68%，较存款类金融机构的 2.58% 高出 110 个基点；而自 2 月初至今，存款类金融机构的回购融资成本提高了 27 个基点，非存款类金融机构却大幅飙升了 107 个基点。考虑到非存款类金融机构在银行间市场 4 万多亿元的回购融资中，占比高达 30% 以上，这种结构性矛盾是相当突出的。

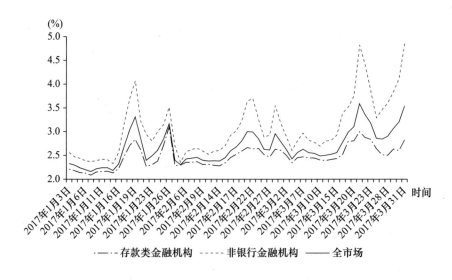

图 12 - 5 不同类别金融机构融资成本比较

资料来源：WIND 资讯、中信证券。

在此背景下，一旦出现风吹草动，流动性风险极易发生。除此之外，还有几个因素，也可能推高流动性风险：

一是债券市场的体量很大。债券余额由三年前的不到 30 万亿元增至 60 多万亿元，现券交易量由 40 万亿元增至 120 万亿元，货币市场融资交易量由 230 万亿元增至 800 万亿元，且以隔夜融资为主。面对现在这个市场，需要用与以往完全不同的眼光、方式和理念来看待。

二是市场参与者成分复杂，业务模式多样，不同金融部门紧密联结。银行业总资产占其存款的比重，最近三年提高了 30 个百分点，说明有相当多的资产不是由存款来支撑。银行对非银行金融机构的债权，最近三年由不到 10 万亿元增至 27 万亿元，反映了银行和非银行金融机构之间的联系日益紧密。银行体系表外资产约 100 万亿元，全社会资产管理规模也高达 100 万亿元，几乎涉及所有的金融机构、金融市场和金融产品，且彼此之间盘根错节。

3. 化解流动性风险的政策建议

第一，坚持货币政策的稳健中性，避免信用过快扩张。高杠杆、低效率以及信贷扩张不能带动有效的经济增长，是中国经济的突出问题，并导致资金脱实向虚，推高杠杆，这是很难持续的。

第二，阻断金融部门之间不必要的连接，控制银行体系表外规模，规范资产管理业务。要提高市场参与者的门槛和风控要求，鼓励可持续的业务模式，降低债市杠杆率，并建立有效的监管标准。

第三，流动性的提供者不能只是央行，须设法为银行体系"消肿"，重建其传统的流动性提供者的功能，否则，整个体系会因为这种不平衡而变得极度脆弱。当前的银行体系，因过度膨胀而失去了安全垫，突出表现之一是：央行试图在其流动性紧张时投放资金，但银行却拿不出足够的合格抵押品。

第四，去杠杆应循序渐进。要采取措施，缓解非存款类金融机构的融资压力，避免结构性矛盾过于突出，加大不必要的风险隐患。

第十三章　股票市场风险与防控举措[*]

一　股权质押融资：股票市场潜在的风险隐患

导致 2015 年的股市大幅度波动的最主要原因是二级市场投资者的融资杠杆过高及加杠杆的速度过快，从交易所公布的融资融券数据看，从 2014 年 11 月至 2015 年 6 月，融资买入的余额从 5000 亿元迅速增加到 22000 多亿元，在半年的时间里融资数量增加了 17000 多亿元。除此之外，场外配资数量也风起云涌，根据笔者的市场调查，在 2015 年 6 月场外配资的数量不低于融资融券的数量（至少在 2 万亿元以上）。由于场外配资不受监管约束，有些激进的投资者盲目提高杠杆比例，有些投资者的资金杠杆比例甚至超过 10 倍。由于投资者杠杆资金数量过大，部分投资资金杠杆比例过高，最终导致了强制平仓的多米诺骨牌效应，使股市连续出现"千股跌停"的惨剧。

股灾发生之后，监管部门及时清理了场外配资，场内的融资数量也大幅度下降（从 2 万多亿元降到 1 万亿元之下），由资金杠杆而导致的股市系统性风险似乎暂时缓解，但部分上市公司的大股东质押融资增长过快、数量过大问题不容忽视，这是股市的潜在风险。

由上市公司大股东质押融资导致的风险在 2016 年年初曾经集中爆发。2016 年年初股市二级市场出现较大幅度下跌，在不到一个月的

＊ 本章作者尹中立。

时间里上证指数下跌了 1000 点，跌幅超过二成，出现了多起股权质押被强制平仓案例。2016 年 1 月 18 日慧球科技成为 A 股历史上首个大股东杠杆增持爆仓被平仓的案例。

2016 年 1 月 26 日晚间，海虹控股、齐心集团、锡业股份和冠福股份 4 家公司纷纷发布停牌公告，大股东首次出现集体爆仓，致使股票 1 月 27 日同时停牌。具体而言，海虹控股大股东触及平仓线，锡业股份大股东接近警戒线和平仓线，冠福股份大股东接近预警线，齐心集团大股东接近或达到警戒线和平仓线。这是上市公司大股东首次出现集体爆仓。随后，因为股价反弹，此类由大股东质押引起的强制平仓危机逐渐解除，但其潜在的风险仍然不可忽视。

证券公司是从 2013 年开始进行股票质押回购业务的，该业务推出后一直处在快速增长的状态，其原因主要是券商股权质押业务灵活性要比银行股票质押贷款和股票质押信托贷款更强。统计显示，2016 年共有 1454 家上市公司出现股权质押，截至 2016 年年底约有 6.25 万亿元市值没有解除质押。整个市场股权质押业务规模自 2013 年以来保持每年 30% 以上的增速，2015 年更是呈爆发式增长，2015 年年初至年底股权质押业务规模达 19270 亿元，较 2014 年增长 60.40%。2016 年在经济不景气、银行融资相对困难的情况下，股权质押融资需求旺盛，截至 2016 年年底，股权质押业务规模超过了 4 万亿元。

虽然大股东可以通过追加质押来防止平仓，但一旦大股东可追加的股份不足，而股价又跌至平仓线，其控股地位将有可能丧失，如果质权方将质押股份抛售，股价将进一步大跌，引起市场的连锁反应。

股票质押风险还表现在，部分投资者把手中持有的上市公司股票质押融资获得的资金再投入到股市中，将股价炒高后再从质押获得融资，循环往复。一旦股价逆转，资金链断裂，则股价崩盘。

防控风险的对策建议：强化证券公司的风险管理措施，严格落实资本金管理制度，将股权质押融资回购交易与券商的资本金挂钩，防止无序扩张；对单一机构或个人质押融资进行一定的比例控制。

二 财务造假翻新：侵蚀股市发展之根基

上市公司的财务数据是投资者进行投资决策的最基本依据，因此，上市公司的财务数据质量关系到股市发展的根基是否牢靠。

财务造假是股票市场的痼疾，监管部门曾经采取各种措施打击和防范，但现阶段仍然存在。在股票市场发展的早期阶段，财务造假的手法比较简单，主要是通过关联交易虚增收入，或者通过伪造销售收入，但这些造假手段在财务审计时容易被会计师发现，只要让负责审计的会计师真正负责（对不负责的人员进行严厉处罚），这类财务造假行为就能大大减少。2001 年之后处罚了几家涉案的会计师事务所和相关注册会计师之后，这类财务造假行为有所收敛，但新型的财务造假行为开始涌现出来。

所谓新型的财务造假行为，我们可以称之为"全供应链造假"，不仅是销售环节造假，在采购环节就开始造假。不仅是制造假的账单，甚至按照虚增的收入进行税收缴纳，银行存款及流水对账单也完全真实存在。有些公司的上下游客户十分分散，遍布全国乃至全球，难以一一核对采购及销售的数据。参与审计的会计师很难通过常规的手段核实其业务收入的真实性。

新型的财务造假行为主要存在于新股发行过程及并购重组过程中，2017 年证监会公布的浙江九好办公服务集团有限公司（现更名为九好网络科技集团有限公司）通过虚增收入、虚构银行存款等手段具有一定代表性。

2017 年 3 月 10 日晚间，证监会新闻发言人张晓军表示浙江九好办公服务集团有限公司（现更名为九好网络科技集团有限公司）通过虚增收入、虚构银行存款等手段，将自己包装成价值 37.1 亿元的优良资产，与鞍重股份联手进行忽悠式重组，以期达到借壳上市的目的，九好集团及其鞍重股份的信息披露存在虚假记载和重大遗漏。

浙江九好办公服务集团有限公司成立于 2010 年 3 月 5 日，主营后勤托管业务，实收注册资本 7944 万元，九好集团 2013 年到 2015 年期间通过各种手段虚增服务费收入 2.6 亿元、贸易收入 57 万余元，虚构银行存款 3 亿元。为掩饰资金缺口，借款购买理财产品或定期存单，并立即为借款方关联公司质押担保。通过上述手段，九好集团将自己包装成价值 37.1 亿元的优良资产。

值得关注的是，最近几年里有一批在香港或海外上市的公司因为财务造假而被海外做空机构盯上，辉山乳业则是最新的案例，该公司的股价在 2017 年 3 月 24 日一天暴跌 85%，随后紧急停牌。

因为财务造假而被做空的案例不断上演，严重影响到中国企业在海外市场的信誉，使得我国资产在海外的估值水平受到较大影响。

为了造假，发行人往往不计代价，使上市公司陷入"囚徒困境"，一旦停止造假，业绩会大幅度滑坡，很多公司在上市之后业绩就大幅度下滑，与上市之前的业绩造假有较大关系。在虚构经济业务型财务造假中，造假的主要代价包括以下几个方面：一是资金划转过程中的各种成本，借用他人账户的成本；二是给参与出谋划策、造假人员的利益；三是虚构业务需要缴纳的各种税费，如增值税、所得税、关税等；四是虚构业绩导致的分红派息；五是通过各种方式将账内资产转为账外资产。因此，在资金循环过程中，资金会不断流失，而另一方面，为了保证业绩增长，需要虚增更多的收入和利润，为了实现这一目的，发行人除了提高资金周转的频率，更重要的是需要源源不断地补充更多的资金。因此，一旦发行人开始实施虚构经济业务型财务造假，往往会陷入"囚徒困境"。一旦停止财务造假，其业绩会立即暴跌，造假的成本无法挽回；如果继续财务造假，就需要更多的资金维持业绩增长的假象，当资金无以为继时，泡沫就会破裂。

防控风险的对策建议：第一，应该适时引进国外市场监管的成功经验，转变监管理念和方法，如引入个股做空机制及集体诉讼。第二，在《刑法》及《证券法》中，要加大对财务欺诈的处罚力度，加大犯罪成本。

第十四章 期货市场的风险点及其防控措施[*]

一 期货市场风险概述

2016 年年底召开的中央经济工作会议明确指出，要把防控金融风险放到更加重要的位置，下决心处置一批风险点，着力防控资产泡沫，提高和改进监管能力，确保不发生系统性金融风险。这是稳中求进工作总基调在金融领域的具体体现。有效防控金融风险是贯彻落实五大发展理念，继续深化供给侧结构性改革的必要前提，因而也是 2017 年经济工作的重点所在。我们在此将重点分析当前我国期货市场的主要风险点，并分析其症状背后的机理，提出相应的政策建议。

在我国期货市场的发展历史上，曾经出现过多起重大市场风波。以 20 世纪 90 年代中期爆发的 327 国债期货风波和广联籼米期货事件为代表，频繁爆发的异常事件凸显了我国期货市场发育的迟缓和监管制度的落后，也使决策者意识到抑制过度投机和防范市场风险的极端重要性。此后，我国期货市场在波动中不断前行，制度建设和市场发育取得了长足进展。特别是 2013 年党的十八届三中全会提出，要紧紧围绕"市场在资源配置中起决定性作用"这一中心目标来深化经济体制改革，加快完善现代市场体系。这就为大力发展期货市场，充分发挥其发现价格、管理风险、优化库存、熨平波动、服务实体经济的作用提供了新的机遇。

---

[*] 本章作者董昀。

　　近年来，中国期货市场在纷繁复杂的国际国内市场环境中继续发展。特别是围绕着金融为实体经济服务这一中心任务，我国期货市场在充分评估和严密监测风险的基础上，稳步推进期货产品的研发创新工作。与此同时，一些新的监管政策也相继出台。总体而言，中国期货业呈现出快速增长的演进态势，期货业为实体经济服务的能力得到一定的提升。根据中国期货业协会网站提供的数据，2016 年全国期货市场累计成交量约 41.38 亿手，占全球商品期货交易总量的 60% 以上，商品期货成交量已连续 7 年位居世界第一。截至 2016 年年底，我国上市商品期货 46 个，覆盖了农产品、金属、能源、化工等国民经济主要产业领域。我国期货市场客户权益总额 4369.07 亿元，与2015 年相比增加了 14.08%，分别是 2013 年和 2014 年的 2.19 倍和1.14 倍。149 家期货公司总资产、净资产分别达到 5439.41 亿元、911.53 亿元，同比分别增长 14.61% 和 16.42%，比 2014 年分别增长了 58.5% 和 48.8%。2016 年期货公司营业收入和净利润分别达到240.08 亿元、65.85 亿元。虽然受股指期货交易影响，营业收入同比下降了 1.64%，但净利润仍保持了近 10% 的增长。[①]

　　尽管如此，我们也注意到，我国期货市场发育与制度建设同发达经济体相比，仍存在许多短板。其至少表现在：①期货市场各类机制仍不够健全，市场化、法治化、国际化程度仍不足，这种单一、封闭的状况与中国实体经济深度融入全球经济、资本市场对外开放的总体形势已很不适应，不能充分满足实体经济的风险管理、效率改进等方面的需求；②期货市场与现货市场尚未实现融合发展，实体企业对期货的参与程度仍不够高；③期货经营机构的业务结构不尽合理，资产管理业务和风险管理业务发展滞后，经纪业务比重过高。这些缺陷严重制约着中国的期货市场发挥优化资源配置、改善风险管理功能。

　　在短期的风险点方面，各界人士对当前中国期货市场风险的担忧主要集中在两个点：股指期货对股市价格的冲击；部分商品期货价格的大幅波动。2016 年间期货市场爆发的广发期货席位在股指期货上精

---

　　① http：//www.cfachina.org/yjycb/hysj/ydjy/201701/t20170103_ 2133275.html.

准押空、"5·31"期指异常跌停事件、黑色系期货疯涨现象、"11·11"市场闪崩事件等一系列事件都与这两个风险点密切相关。下面我们分别对这两个风险点的风险形成机理进行分析，并提出相应的政策建议。

二 股指期货与股市波动

首先来分析与股指期货相关的风险问题。2015 年 6 月开始的中国股市震荡引发了人们对股指期货风险的担忧。2015 年 6 月 15 日之后，我国股市频繁出现"千股跌停"现象，上证指数从 5063 点的高位跌至 3539 点。在股灾爆发后，一种流行的观点认为，股指期货恶意做空是股票市场下跌的主要原因。其核心论点是，股指期货具有成本低、杠杆率高、信息传递效率高、可做空等特点，在股市下跌时，投资者信心不足，少量的股指期货交易可能引发市场价格的进一步变动，从而加剧股市波动，引发巨幅震荡。其主要论据是，股市波动期间，特别是出现"千股跌停"交易日的下午 2 点半之后，股指期货往往领先于股指急剧下跌，随后股指也出现暴跌，可见股指期货是股市剧烈波动的"元凶"。其政策建议是限制、暂停乃至废除股指期货产品。2015 年 9 月 2 日中金所出台政策，强力限制股指期货交易，也被持这种观点的人士视为上述论点的新证据。

我们认为，需要从基本事实和基本理论两个层面冷静地分析股指期货在我国股市中发挥的作用。

从事实层面看，在中金所 2015 年 9 月初出台强力政策之后，股指期货交易已不可能影响股市波动。然而，2015 年 9 月 14 日中国股市再度出现暴跌。此后的 2016 年 1 月，上证综合指数几无反弹之力，下跌近 25%，并出现 5 次"千股跌停"现象。这就充分表明，股指期货并非中国股市暴跌的罪魁祸首，我们需要更加冷静地审视二者之间的逻辑关系。

在此期间，学术界对股指期货与股市波动亦有大量的数据分析，从中可提炼出一些有价值的典型化事实。其中，吕江林（2016）① 的分析结论颇具代表性，他认为，一方面，我国股指期货推出后，在一定程度上放大了新信息对股市的冲击效应，这反映了我国股市期货市场运行存在着明显的缺陷。另一方面，股指期货总体上起到了一定的抑制股票现货市场波动的作用，减弱负面信息对股市的冲击效应。这就表明，中国的股指期货是一柄"双刃剑"，其与股票现货市场之间的关系也是多面的、复杂的，需要进行深入的机制分析。

从理论层面看，股指期货无非是对未来股票价格的竞价，因此其价值最终是由股票现货市场决定的。在市场交易中，期货交易者必然不断调整头寸，以求在期货合约到期时使期货价格接近股指价格。如果市场机制正常发挥作用，则套利者一定会努力减少期货市场与现货市场之间的价格差。因此，从理论上可以认为期货市场与现货市场的价格存在一定的相关性。机构投资者当可利用这一特点来优化资产配置，有效管理风险。于是，股指期货也就拥有了熨平股市波动的作用。不过，一旦金融市场机制不完备，或者市场出现暴涨暴跌等异常现象，那么，股指期货市场与股票市场之间的关系就会紊乱，两者之间的相关性也会破灭。股指期货也就未必能起到减少股市震荡的缓冲作用了。

再回到中国股市的基本事实。本轮股市大跌的主因在于，2015 年 6 月 15 日之前的大约 11 个月时间内，在政策牛市预期指引下，上证综指从 2000 点上涨到 5000 多点，上涨幅度过快，股市估值过高，股市泡沫过大。既然是泡沫，则迟早要破灭。尤为严重的是，股市泡沫积累过程中充斥着无序的杠杆融资，海量的券商融资融券、场外配置、伞形信托等高杠杆资金涌入股市，助推股市泡沫不断增大。更为可怕的是，一旦泡沫破灭，杠杆交易的强制平仓机制会引发恐慌，股票市场的抛售行为会急剧增加，进一步推动市场下跌。如此一来，市场的雪崩式下降就难以避免了。

从上述分析中可以得出一些有益的政策含义：

---

① 吕江林：《"千股跌停"是股指期货惹的祸吗?》，《金融与经济》2016 年第 12 期。

第一，2015年股指期货的波动有力地说明了完备的监管制度和市场规则对于期货市场发展的极端重要性。认真梳理总结股灾和救市的经验教训，做好立法工作的必要性怎么强调都不为过。这是因为，期货市场是典型的规则导向型市场，无规矩不成方圆。《期货法》作为中国期货市场位阶最高的法律，目前是缺位的，这很不利于我国期货市场的规范化、国际化发展。商品和金融期货市场的进一步发展和繁荣，交易所自律监管职能的充分发挥，都迫切需要期货立法和执法水平的不断提升。因此，稳步推进《期货法》的出台势在必行。在期货立法中，要更加重视促进期货实体经济发展，维护国家经济安全全局；重视场内场外期货市场，维护金融市场的完整性；统筹国内、国际期货市场，维护开放型经济体制；重视防范期货市场系统性风险，维护国家金融安全；重视交易者保护制度，维护金融消费者的权益。

第二，我国期货市场的运行机制和风险管理制度还很不完备。建议一方面尽快完善适应我国期货市场特点的保证金制度、价格限制制度、限仓制度、大户持仓报告制度、强行平仓制度、强制减仓制度、高频交易制度、风险警示制度等风险管理制度；另一方面持续壮大套期保值者的队伍，规范套利者的行为，引导投机者的理性参与，从而优化市场运行机制。

第三，我国目前只有股指期货而没有股指期权。一旦遭遇现货市场的大幅震荡，只能倚仗现有的三个股指期货产品来化解风险，方式过于单一，难以真正奏效。如果要充分发挥股指期货对股市的保驾护航作用，帮助股市在危机时减少震荡，应当稳步发展包括期权产品在内的多样化金融衍生产品。

三　商品期货价格大幅波动

下面对我国商品期货市场中的风险点做简要分析。2016年年初以来商品期货市场出现了部分期货品种价格迅速上涨、价格波动较大的情况。由于推进减产和房市较热等原因，2016年煤、钢、焦为代表的部分黑色系品种供求关系紧张，商品期货交易比较活跃、价格波动较大，一些投机资金来势凶猛。2017年年初，螺纹钢、铁矿石等商品价格也接近了近年来的高位。与金融期货类似，商品期货也始终没有逃脱被指责的命运。每当现货市场价格出现大幅波动时，对期货市场的质疑也随之产生。商品市场"金融化"现象越普遍，质疑声就越强烈。

仔细分析我国商品期货市场价格剧烈波动现象，究其原因，既有国内供需基本面短期失衡的因素，也有国际汇率波动的因素，当然其中也有一定的投机因素。

第一，2016年以来，以"三去一降一补"为主要任务的供给侧改革成为我国经济发展的主线，钢铁、煤炭等行业去产能力度持续加大，企业环保评估的门槛持续抬升，直接导致相关产品供给减少，价格攀升。2016年去库存的推进和一线、二线城市楼市的火爆则助推黑色系期货价格进一步上涨。

第二，人民币贬值对商品期货是利好，可以提升投资者对商品期货牛市持续的信心。2016年人民币汇率的持续走低助推了商品期货价格的过热。

第三，当前我国金融市场流动性较多，容易发生过度炒作。商品期货价格的上涨自然会引发投机者将资金投入期货市场。加之期货市场本身的价格信号通常领先于现货市场，产生一种领涨领跌的效应，因此从理论上说，期货市场机制会使得相关商品价格的波动更加剧烈。不过，根据方星海的分析，若一个投机者不顾现货价格走势，一味拉抬期货价格，那他在交割环节是要亏大钱的，因为现货价格主要取决于供求关系和货币信贷政策，而这些都不是他所能左右的。因此，不必过于担心期货投机是否会拉大现货价格的涨幅。事实上，2016年我国绝大部分时间期货价格处于贴水的状态，并没有对现货价格产生助涨助跌的作用。[1]

---

① 方星海：《在第十二届中国（深圳）国际期货大会上的讲话》，http：//www. cfachina. org/ggxw/xhdt/201612/t20161205_ 2133018. html。

根据上述分析，我国商品期货市场的稳定运行有赖于实体经济的持续健康发展、人民币汇率的总体稳定和及时有效的市场监管。前两者的变化并非期货市场的参与者和监管者可以控制的变量，因此我们只需对市场监管做些探讨。市场监管的总理念应定位于要发挥期货市场价格发现和风险管理的功能，不追求虚高的交易量。在市场波动过大时，要及时调整交易费用和保证金要求，对异常账户和违规账户加强监控。当然，在市场机制要发挥决定性作用的新环境中，监管当局既要提高监管警惕性，也要注意使监管措施尽量少而精准，避免对市场正常运行产生过多的干扰。同时还要积极引入境内外实体产业客户，提高期货市场定价质量；不断推进产品创新，提升期货为实体经济服务的能力。

第十五章　金融租赁之风险点与防控举措[*]

党的十八大以来，我国初步确立了适应经济发展新常态的经济政策框架，并在此基础上坚持稳中求进地积极推进供给侧结构性改革，经济结构得到一定程度的优化，实体经济缓中趋稳、稳中向好。其中，作为与实体经济紧密结合的一种投融资方式，我国金融租赁业以其兼具融资与融物的特点，在新常态经济背景下对于产业创新升级的推动、社会投资和经济结构的调整起到了十分积极的作用。在进入第五发展阶段[①]以来，中国金融租赁业受益于政策鼓励和经济需求的支持取得了长足发展，市场规模、业务规模都爆发式增长。随着金融租赁业的迅速崛起和发展，在认可其对实体经济的积极、正面作用以外，我们也需要认识到我国金融租赁业还处于发展初级阶段，相比成熟市场仍有较大差距，更为重要的是需要注意到快速发展背后所逐渐出现的问题和潜在的风险。只有对于金融租赁业有正确、客观的认识和理解，才能更好地促进其发展，发挥其对经济的积极作用。鉴于此，本章主要针对我国金融租赁业发展过程中可能存在的风险展开探讨，主要包括风险点的成因和效应、防控和化解措施等方面内容。

一　金融租赁业发展现状

我国20世纪80年代初便开始了金融租赁业的探索，经过市场竞

---

* 本章作者何海峰。

① 李扬、王国刚主编：《中国金融发展报告（2015）》，社会科学文献出版社2016年版。

争、监管环境、政策导向等不断变化从崛起到爆发再到发生风险积聚的暴露，其间历经波折。直至 2007 年中国银监会重新修订《金融租赁公司管理办法》成为中国金融租赁业发展的新起点，2007 年以来，我国金融租赁市场得到了极大发展和扩张。截至 2016 年 12 月底，全国登记在册的金融租赁企业总共有 7120 家，相较 2007 年的 58 家累计增长了 64.32 倍，平均每年的复合增速为 59%；全国金融租赁企业的合计注册资本从 2007 年的 1003 亿元增至 2016 年的 25567 亿元，累计增长了 24.49 倍；租赁业务合同余额从 2007 年的 240 亿元，以每年 82% 的复合增速实现业务飞速扩张，至 2016 年年底业务合同余额达 5.33 万亿元规模，累计增长了 221 倍。随着我国金融租赁业务体量的快速扩张，2010 年年底中国已经成为仅次于美国的全球第二大租赁市场。即便如此，相比较为成熟的美国租赁业，我国金融租赁业无论是业务的绝对体量还是渗透率上都仍有较大发展空间。近年来，为进一步促进金融租赁行业的发展，更有效地服务实体经济，政府已出台相关政策支持和推进金融租赁业的发展。

在政策支持和经济转型需要之下，金融租赁业在快速发展的过程中逐渐形成了稳定的行业格局。在地域分布上而言，国内的金融租赁业呈现出明显的区域集中化，截至 2015 年年底，集中度最高的三个省份是上海、广东、天津，三省市分别集中了全国 37.2%、19.7% 和 15.7% 的金融租赁企业，这主要跟这些地区经济较为发达、具有相关自贸区政策优惠支持有关。我国金融租赁业现有的三类企业在业务体量上基本形成稳定的市场格局，金融租赁、内资租赁与外资租赁的业务体量大体呈 4:3:3 格局，这很大程度上主要还是由于行业政策导向、监管主体和资格审批的差异所导致的。三类企业的发展尽管在业务体量上形成了相对平衡的稳定格局，然而在发展速度和结构上却存在显著的差异。三类租赁企业中尤以外资租赁的增长最为迅速，2007 年以来金融租赁公司年复合增速为 21%，内资租赁企业的年复合增速为 26%，外资租赁企业的年复合增速为 66%。所以在企业数目上，金融租赁、内资租赁与外资租赁企业数目大体呈 1:3:96 比例。国内金融租赁业这样的行业格局有其特殊性和时代性，是政策引导与历史环境等诸多因素的结果。

　　在我国金融租赁业迅速发展的过程中，金融租赁有效地给实体经济提供了融资与融物的便利，也在推动产业创新升级、加快经济结构调整等方面发挥重要作用。然而，我们必须认识到，在促进实体经济发展的同时，我国金融租赁业也积累了一些风险和问题。这些既有或潜在的风险点会影响到我国金融租赁业的发展和成熟，因此，有必要对这些风险点进行梳理和研究。

二　金融租赁业之风险点

　　关于我国金融租赁业之风险点的讨论，主要从两个角度进行展开：其一，中观行业层面的风险，主要是指整个租赁行业经营和发展过程中可能存在的风险。其二，微观公司层面的风险，主要是指租赁企业在其经营过程中因面临诸多复杂、不确定的因素而蒙受损失的可能性。

　　（一）中观角度：行业层面的风险点

　　虽然我国金融租赁行业在过往几年中实现了高速发展，规模体量急速扩张、行业格局渐趋稳定，但也逐渐暴露出诸多问题和风险，这些行业性的风险是我国金融租赁业成熟道路上的特定时期存在的，对于这些风险点的认识、研究和解决是有利于我国金融租赁业的未来发展的。总体上看，我国金融租赁行业整体上存在几个方面的风险：外部风险、系统性信用风险、行业流动性风险以及创新不当风险。

　　1. 外部风险

　　（1）政策风险。会计准则以及税收政策的变化会对融资租赁业务造成巨大影响。首先是会计政策的变化风险。新版的国际租赁会计准则要求在资产负债表中对融资租赁和经营租赁进行统一列示，这与原有的区分列示不同的地方在于，有助于对经营租赁的表外融资业务的潜在风险进行管控，更能揭示企业的资产状况和信用状况。但在实际运行中会导致融资租赁这一方式失去原有的会计优势。此外，新规增加定期评估等要求还会导致会计核算成本的直接提高，这都将影响租赁业务的需求。

其次是税收政策变化的风险。国内实施"营改增"新政后，对于承租方而言，因为是通过销售设备作为融资来源，所以在销售设备的时候需要开具增值税发票，加重的税务负担会降低企业的融资租赁意愿。同时租赁公司的税负在实际操作中可能也会有所增加，原因是租赁公司需要从原来应缴的 5% 营业税改为现在 17% 的增值税，原则上可以通过扣除购入设备的进项税进行抵扣，而在实际运作中很可能出现承租人不愿意由此导致的税务增加或者财务处理问题而拒绝开具相应的增值税发票，从而导致租赁公司因为没有进项税抵扣而造成损失。

（2）法律风险。我国现有的关于租赁行业的法律体系还不够完善，针对融资租赁业务的专门立法曾长期处于空白期，直至 2014 年最高人民法院颁布《关于审理融资租赁合同纠纷案件适用法律问题的解释》，该解释的出台一定程度上弥补了原有的法律缺陷，为租赁业的发展提供了法律支持。但仍然存在一些有待改进之处，这些地方可能对租赁业发展产生潜在风险。新的解释里面仍未明确是否将不动产纳入融资租赁标的物，这一点在业内也一直存在争议，这跟国际惯例是有差异的；另外，新的解释条款对于融资租赁的业务实质认定是有一定程度上的偏差的。实际上融资租赁业务中的租赁是手段，融资才是核心，而新解释中规定，承租人在某些特定的情形中是有权解除租赁合同的，如果一些恶意的承租人故意利用疏漏请求终止合同并拒付租金，那对于融资租赁公司而言很可能遭受巨大损失。

（3）监管风险。由于历史原因，我国金融租赁业存在三种类型的公司——金融租赁公司、外资租赁公司、内资租赁公司，它们分属于中国银监会和商务部监管。多头监管的局面一直持续至今，其中金融租赁公司主要适用《金融租赁公司管理办法》，内资租赁公司主要适用《融资租赁管理办法》，而外资租赁公司则适用《融资租赁管理办法》和《外商投资租赁业管理办法》，由于监管机构和监管办法的不同，三类公司的准入、经营、管理等方面的标准都有较大差异，没有统一的标准和监管准则，最直接的影响是三类租赁公司无法充分、合理地进行市场竞争，从长远看不利于行业的发展和成熟。

2. 系统性信用风险

我国金融租赁业相较于行业成熟度更高的欧美而言，在业务模式上还相对初级和单一。目前国内主流的业务模式还是售后回租和直租，规模上这类业务的存量规模大体上占到行业总租赁资产规模的八成比例，而发达国家的成熟租赁市场则已有十余种业务类型，且发展均衡。由于业务结构的失调，而类似售后回租这类租赁业务在实践过程中基本上是"类信贷"的，所以导致整个租赁行业都面临着与传统银行类似的信用风险。可是在对客户的信用审核和管理方面却不如银行优势明显，毕竟银行依靠其客户归属地管理特性能够更深入、准确地掌握当地经济状况、政策环境以及客户质量，从而有利于应对信息不对称问题。此外，在期限结构上的差异也带来租赁业的贷后风险管理难度大于银行，现有银行业资产端的久期平均在 1—2 年，而租赁业务通常以 3—5 年期限为主，这在期限管理上加大了管理难度，面临着更大的风险。而事实上，对于租赁行业的监管力度也远未达到银行监管的水平，所以租赁行业在实际运作中往往通过时间换取空间的方式对有问题的资产进行藏匿和延后暴露，直观的表现是行业逾期租金占比 1.7%[1]，大部分租赁公司账面不良率极低甚至为 0，这与银行业 1.74%[2]相比是不正常的。

另外，我国大多数租赁公司的杠杆水平普遍偏高，大部分接近监管红线，商务部公布的《2015 年中国融资租赁业发展报告》中显示行业整体的资产负债率为 74.3%，这基本接近银行给企业授信能容忍的负债率上限，当然，这也是大多数租赁公司的扩张策略，带来最直接的结果就是过去几年我国金融租赁行业规模的快速发展。而由于监管的不统一，实际运行中外资租赁和内资租赁受到的监管是较金融租赁要宽松的，因而外资租赁与内资租赁公司的扩张是极其迅速的，这

---

① 参见商务部《2015 年中国融资租赁业发展报告》。
② 参见银监会发布的 2016 年第四季度主要监管指标数据。

也导致了行业结构中99%是这两类公司，行业格局明显失调。所以，在行业性信用风险的基础之上，还叠加了行业高杠杆以及低监管，这又进一步扩大了整个系统性的信用风险。

3. 行业流动性风险

前面提到我国金融租赁业在业务上以类信贷业务为主，这点使其在业务运营管理上也是类似银行的，所以作为资金融出方也类似银行有着较强的资金流动性需求，而且还具有融物特性，这就对租赁业提出更高的流动性要求。租赁业这样强烈的资金流动性需求也说明，长期且稳定的资金来源是其发展的关键，这一点在海外成熟发展经验中也是得到验证的。而我国金融租赁业长期以来一直面临着融资渠道单一的问题，这也就扩大了行业的资金需求，加大了流动性风险。《2013年中国金融租赁业发展报告》① 显示，我国租赁业71%的融资来源于银行信贷渠道，可见银行信贷依然是我国金融租赁业最主要的融资渠道，其次则是自有资本金。这样的格局带来最直接的影响是我国金融租赁融资渠道上不畅通且融资成本较高，同时由于融资租赁项目往往是中长期限的业务，极容易导致期限较短的银行信贷与期限较长的租赁业务产生严重的期限错配从而导致流动性风险问题。除此之外，目前缺乏行业统一的租赁产品的登记和二级交易平台机制，也在一定程度上阻塞了融资渠道。

4. 创新不当风险

由于我国金融租赁业的融资渠道有限导致长期存在的融资不畅难题，因此行业内的创新大多集中在资金来源方面，由此衍生出与银行、互联网金融等进行资金对接的"通道"创新模式。这类创新型模式最开始受到行业内追捧，因为对于银行而言可以不占用其资本金的好处，对于互联网金融则是较优的资产配置来源，这在高收益"资产荒"的背景下推动了该业务的极大发展。然而就在其快速发展的同时，也因监管缺失频频发生非法集资和卷款潜逃等风险事故，这也暴露了这类创新型业务所隐藏的高风险性。在此背景下，e租宝事件则

---

① 选用2013年数据，系融资渠道统计数据中能找到最近一期的公开数据。

是利用了监管缺失这一漏洞，表面上以这类通道创新业务与 P2P 对接，实质上却用虚假融资租赁业务来进行非法集资的违法行为，最终导致了十分恶劣的风险事件。正是因为前述各类风险问题的存在，融资租赁公司在进行业务创新的同时很可能会产生潜在的风险点，一旦风险暴露就会给租赁业的形象带来极大负面影响且不利于长期发展。

（二）微观角度：公司层面的风险点

从租赁公司经营管理的角度看，从市场外部到公司内部，从承租人、供货商到租赁公司本身的产业链条上，存在一定的经营风险，具体而言可分为市场风险、信用风险、操作风险和流动性风险。这些风险基本上贯穿每个租赁公司、每个租赁业务，是租赁公司经营过程中必须面对和防控的。

1. 市场风险

金融租赁公司的市场风险主要是由于外部市场不确定性带来租赁资产或租赁融资的市场价格发生变化，从而对租赁公司业务经营状况产生负面影响、挤压业务收益。对于租赁公司而言，市场风险主要分为利率风险和汇率风险两种。

利率风险，是由于国内外政治、经济和政策环境等变化导致市场利率水平发生不确定的波动，从而致使租赁公司造成损失，是一种机遇风险。在一项融资租赁业务中，由于承租人所承担的租金是定期定额的，其中租金主要是包含了设备购置成本的分期摊提价值、租赁利息以及租赁公司的合理利润三部分。市场利率波动的影响机制是，当利率上升时，贴现率提高，已承租的租赁品实际价值就会有所下降，同时租赁公司负债端的融资成本则会相应抬升进而减少所获合理利润，最终给租赁公司带来损失。反之，当市场利率趋于下降时，金融租赁公司的盈利空间加大，因此，利率环境的变化会带来金融租赁公司经营业绩的不确定性风险。

汇率风险主要发生在国际租赁业务过程中，因汇率的变动导致租赁各参与方遭受经济损失的风险。具体类型上通常分为交易风险和经济风险两种。汇率的交易风险主要是指对于已经达成协议的租赁业务，在双方进行货款结算缴付时由于汇率发生了波动导致货物的人民币价格发生相应变化的不确定性风险。汇率的经济风险则是在国际融资租赁业务中，租赁运营期内，由于汇率的变动导致以本币计的租赁物成本和租金会产生相应的影响，最终存在让各方蒙受经济损失的潜在风险。

2. 信用风险

在融资租赁业务履约过程中，由于债务人的道德信用、经营能力、履约能力等状况的变化从而导致债权人的资产价值存在变动的不确定性，最终可能遭受损失或者有潜在损失的风险。产生信用风险的具体原因来自两方面，债务人的偿付能力问题或偿付意愿问题。租赁业务债务人的生产经营和盈利状况是直接决定其债务偿还能力的主要原因，因此，对于租赁公司而言，较为准确地衡量债务人的偿债能力是信用风险防范的关键。另外，也存在部分业务当事人由于自身的道德和信用水平原因，在其履约过程中不愿承担应有的偿债义务，失去偿债意愿，这也会导致承租人面临信用风险。

3. 操作风险

操作风险是很多金融机构都面临的风险，主要来自企业内部风险控制、业务合规管理和系统流程故障等所引起的风险，往往损失较高。就融资租赁公司而言，导致操作风险的原因除一般企业都存在的流程控制不严、操作失误等以外，跟其行业特性——交易的复杂性、物品的特殊性也有关。就融资租赁交易的复杂性而言，主要因为不仅在业务层面需要跨行业运作，同时在诸如专业技术、法律、财务等方面都需要涉及诸多专业知识和合同协议，这都加大了管理和控制的风险。融资租赁具备融物的特点，租赁物往往专业度要求高且价值金额巨大，相比其他金融资产的管理难度较大，一旦操作和管理不慎就会造成巨大损失。

4. 流动性风险

融资租赁公司具备加杠杆的属性，并且融资加融物的特性就决定了它的经营过程中需要尤其重视流动性，换个角度理解，融资租赁公司本身就是为承租人提供融资便利和流动性支持的一方，而在业务迭代和加杠杆的过程中，倘若管理不好资金周转就会造成流动性风险，小则损耗盈利，大则甚至有破产风险。究其原因，首先是跟公司的融资渠道有直接关系，越多元的融资渠道其流动性风险就越低；其次是资本充足性的管理，尤其对金融租赁公司而言，其监管类同银行业监管要求，对于资本充足性的管理要求很高；最后是公司流动资产的获取和管理情况，流动资产比例越高，流动性风险相应就越低。

三　防控金融租赁业风险的举措建议

前文针对微观个体层面以及中观行业层面讨论了我国金融租赁业所面临的各类风险点，虽然这意味着我国金融租赁业的发展历程仍存在很多问题，但也是有利于发挥我国金融租赁业潜力的，重要的是能否在今后的发展过程中更好地应对和防控好这些风险点，对此本章提出了一些建议。

（一）行业层面的风险防控建议

1. 营造良好的政策制度环境

首先，加强政府的鼓励和引导。我国金融租赁业的发展时间仍然较短，但对整个实体经济的服务以及经济转型的支持是有着重要作用的。当然由于我国经济发展存在一定的不平衡，一些区域、行业、企业对于融资租赁的需求是旺盛的，但同时这些需求可能对于融资租赁公司而言存在较大的风险，那么就需要政府在制定相应鼓励租赁公司支持这类实体经济的同时也能给予必要的优惠政策支持，比如适当给予租赁公司以必要的资金支持，同时减少对租赁公司的干预。在给予政策支持的同时，应更多地汲取成熟地区的意见和经验，引导我国金融租赁业在优势领域深耕细作，逐渐由重视速度向质量转变，向注重专业化转变，如此才能有利于行业的长远发展。

其次，加快法律制度的建设。如今我国关于金融租赁业的立法虽然已经不是完全空白，但仍有较大完善空间，建议首先集中现有不同法律法规中零散的有关规定，结合行业专家意见和企业建议尽快实现专门立法。同时深化法制部门、监管部门对融资租赁行业的理解和认识，既与国际成熟市场接轨，又强化已形成的国内特色和优势经验，从而制定并完善出能有效应用我国金融租赁业、有利于解决现实问题、有利于行业长远发展的法律法规。

最后，相关配套政策的完善。在税收制度方面，既加快"营改增"的落实进度，又推进类似自贸区等优惠政策的落到实处，同时逐步引导实现相对统一公平的融资租赁税收管理政策。建立全国统一的设备登机机关，完善设备登记体系，如此可以有助于行业信息的公开透明，利于风险管控，有效地避免了统一设备多方处置的行业乱象。在此基础上，尽快构建全国统一的产权交易平台，这是盘活存量资金和存量资产的重要措施。此外，建议仿照银行、证券等金融机构，实行从业人员的认证制度，规范从业资格，以及推进高校人才的培养，为行业发展储备人才。

2. 完善宏观监管环境

推进统一监管体系的建立。当前行业格局中虽然形成了三类企业共存的相对稳态，但事实上三类公司从事的业务性质是同质的，而接受的监管却是截然不同、轻重有别的，尤其体现在进入门槛、融资便利等方面，甚至监管规则的差异还会蔓延到财税、法规等领域，导致的现象是市场的分割以及不平等竞争。因此，长远看有必要设立统一、公平的监管，最终有利于引导行业实现简单粗犷地以股东性质分头监管逐渐向以专业性划分的专业化监管中来。

加强信息披露和市场化风险暴露。通过统一的监管以及全国性行业自律协会的引导，逐渐加强行业信息的披露和公开，类似银行、信托等其他金融机构在市场化的竞争下，不做风险的可以隐瞒，而是市场化公开，这才是有利于风险消除的最好办法。

3. 大力发展金融市场

金融租赁行业作为我国金融市场中与其他金融机构并存的一部分，是受到整个金融市场环境好坏的直接影响的，尤其是会影响租赁公司的风险管控水平和租赁业务的成熟发展。金融市场的发达对于我国金融租赁业最直接的受益是可以扩宽行业融资渠道，提高市场信用意识，降低信用风险，还可以促进机构业务创新，极大提升行业效率。

4. 鼓励创新、重视风控

我国金融租赁市场要逐渐走向成熟，首先需要产品设计的多样化，改善现有的"回租为主、直租为辅"的简单模式。这一方面能满足各类承租人的需求，另一方面也能有助于公司的商业模式与现金流的匹配，从而有助于风险管控，因此鼓励行业创新是需要长期坚持的方向。其次是鼓励服务方面的创新，互联网化、大数据化、细分专业化是未来产业发展的趋势，通过这些方面的积极创新，一方面可以提高服务质量，另一方面还可以增强风险的管控能力。最后是融资渠道的创新，这是行业得以发展的重要因素。金融的本质是资金融通，这也是每个金融机构在做的工作，而表现形式的不同会直接影响其效率，通过创新获取更为广阔和稳定的融资渠道是有利于租赁公司长期稳定发展的必要前提。当然，创新与规模监管往往是相互转化的，我们鼓励创新但更要强化风险防控意识，只有合法、合规、合乎市场的创新才是正确的方向。

（二）针对微观企业层面的风险防控建议

1. 建立风险控制体系

在金融租赁公司的业务运行过程中，风险是贯穿业务全程的，因此要想管控好风险就有必要着眼业务全局，结合市场情况，构建全面风险管控机制。在业务受理前，有着完整的可行性研究分析框架，在对承租人评估时构建全面、客观的审查体系，可能的话由监管接入统一的征信体系，项目运行中对经济环境、设备状况、承租人经营情况等因素必须有综合性跟踪和分析的体系，加强对公司管理和业务人员有关财务、法律、风险管理的培训等。在内部管控体系中，明确不同层级的权力和责任，建立完整的事前、事中、事后应对方案，建立相应的评估体系，有利于降低风险。

2. 完善治理结构

健全风险管理及内部控制组织架构，并建立"适度授权、分层决策、有效监控"，可以有利于从组织上十分有效地明确不同组织层级的相关责任。此外，金融租赁公司可以适当通过增资扩股等方式，引进有资源或者专业优势的股东，从而对公司治理结构起到优化作用，这样既可以增强控制资本实力，又可以提升公司综合竞争实力。金融租赁业是一个典型的金融加产业的跨产业协作机制的产物，因此在公司治理结构上既需要引进既具有金融管理经验的精英人才，也需要严谨专业的法律、风险管控人才，以及专业性极强的特定行业的专家，这些多元化人才团队的构建也是治理结构完善的重要步骤。

3. 强化人员素质

我国金融租赁行业起步较晚，同时行业发展扩张极其迅速，这就造成了极大的人才缺口，而目前行业从业人员在知识结构、文化水平、职业素养、专业度方面都参差不齐，这也跟当前行业所存在的风险点不无关系。因此，对于金融租赁公司而言，应积极培养和吸引法律、贸易、管理、技术等各方面的专家、人才，完善业务人员结构，这是利于公司也是利于行业长远发展的举措。

第十六章　高房价成因、风险及对策*

一　当前高房价的现状

自 2010 年以来中国房价经历了一轮快速增长，尽管这与我国处于快速城市化进程有关，但这其中也包含泡沫因素。由于当前全球人类经济活动向城市集聚趋势明显，我们针对各国核心城市进行统计以便更清晰地反映房价上涨情况。中国四个一线城市以及天津在六年时间中涨幅达到 134%，年均复合增长率为 15.21%，在所有样本国家中涨幅第一。涨幅较大的还包括英国大伦敦都市圈以及中国香港。总体来讲，发达经济体核心城市圈房价的涨幅接近甚至低于同期 GDP 涨幅，但中国的房价涨幅远超同期 GDP 涨幅。

表 16-1　　2010 年以来主要国家和地区核心城市房价涨幅

国家 （地区）	计算范围	计算时间段	总涨幅	年均复合 增长率	指数名称
中国	一线城市 + 天津	2010.11—2016.11	134%	15.21%	中原二手住宅领先指数
美国	10 个大中城市	2010.10—2016.10	29%	4.39%	Case - shiller 指数
日本	东京都市圈	2010—2016	7%	1.06%	日本国土交通省
中国香港	香港全境	2010.10—2016.10	65%	8.65%	中原城市指数
韩国	首尔全市	2010.10—2016.10	17%	2.72%	韩国央行
澳大利亚	8 大城市	2010.09—2016.09	31%	4.61%	澳大利亚统计局
英国	大伦敦	2010.06—2016.06	66%	8.81%	英国土地注册处

资料来源：WIND 资讯。

---

* 本章作者蔡真。

　　从房价的绝对值水平来看，在跨国比较中中国的房价水平并不低。图 16 - 1 是 2016 年全球城市房价 TOP20 的排名，中国有 5 座城市入围，包括香港、深圳、北京、上海、台北，这 5 座城市分别排在第 2、10、11、15、18 位。中国大陆是唯一入围的发展中地区，入围的"北上深"市中心房价分别为 8.5 万元、7.8 万元、8.6 万元。一座城市的房价构成了这座城市的生产服务业（法律、会计、金融、设计等中间投入环节）主要成本，它的高低反映了这座城市的服务业对全国乃至全球的辐射能力。总体来讲，中国正处于工业经济向后工业经济转型时期，生产性服务业的效率还相对较低，房价却进入全球前20 名，对经济转型升级构成较大障碍。

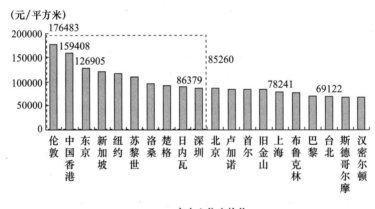

图 16 - 1　2016 年全球城市房价 TOP20

资料来源：NUMBEO，华泰证券研究所。

　　房价收入比是一个相对指标，反映了购房者收入对房价的支撑能力。这一比值越大，反映出这座城市的房价风险越大。图 16 - 2 是 NUMBEO 公司统计的全球主要城市的房价收入比情况，其中分子房价以 90 平方米公寓的套均价格为代表，分母使用净家庭可支配收入。尽管房价和收入的统计目前存在较多争议，但以这一标准来看，北京的房价收入比为 33.5，与伦敦持平；"北上深"三个一线城市房价收入比分别为 33.5、30.2 和 30.0，均超过东京。

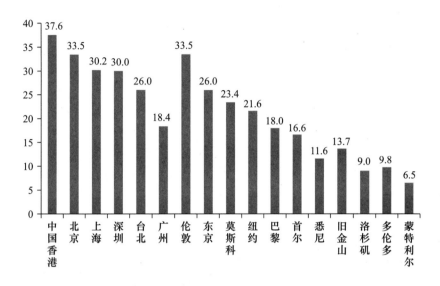

图 16 - 2　2016 年中国与全球主要城市房价收入比

资料来源：NUMBEO。

二　高房价蕴含的风险

1. 对银行体系的风险

房价的上涨离不开信贷体系的推动，近年来金融机构房地产贷款出现了快速增长。根据人民银行《金融机构贷款投向统计报告》的统计，2010 年以来个人贷款余额平均增长率为 24.0%，最低为 11.0%，最高达到 53.4%（见图 16 - 3 上图）；而同期工业中长期贷款平均增长率只有 6.7%，服务业为 12.5%（见图 16 - 3 下图）。截至 2016 年年底房地产贷款余额达到 26.7 万亿元，而金融机构各项贷款余额为 106.6 万亿元，占比达到 25.0%，从存量的视角来看，房地产贷款的集中度已不低。在这种情况下，一旦房价进入下行周期，房地产信贷所引发的风险将非常大。同时，我国金融体系是一个以银行为主导的间接金融体系，这将对整个金融系统产生冲击。

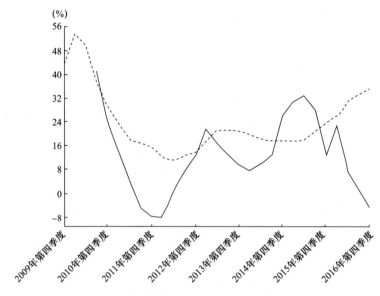

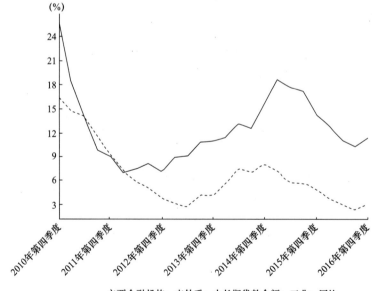

图 16 – 3　房地产相关贷款及实体经济相关贷款增速

资料来源：WIND 资讯。

2. 对土地财政和地方政府债务的风险

自1994年实行分税制改革以来，财权由地方进一步向中央上移，但同时地方承担的公共建设责任却进一步增加。1998年住房货币化改革之前，地方财政基本处于以收定支的状态，地方财政赤字缺口很小；住房货币化改革后，由于地方政府可获得土地出让收入，其财政压力相对减小并且有能力进行一定的基建投资；2003年实行土地招拍挂制度后，地方政府作为土地的唯一垄断供给者其议价能力大幅提高，土地出让收入也成为地方可支配财力的重要组成部分。根据中国地区金融生态环境评价课题组的统计，各地方政府土地出让收入占地方可支配财力的比重平均达到31.7%，最高值达到49.8%（见图16－4上图）。

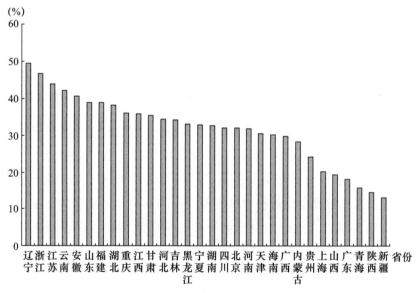

■土地出让收入占比

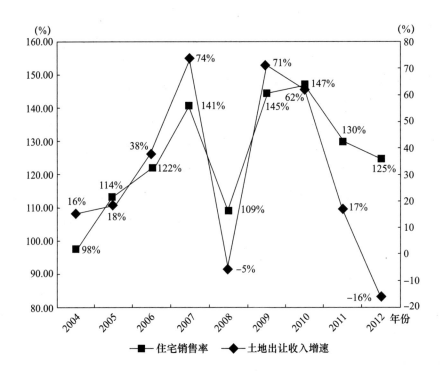

图 16 – 4　地方政府土地出让收入与房地产市场的关联

资料来源：中国地区金融生态环境评价课题组及 WIND 资讯。

　　近年来，地方政府债务迅速增长，根据中国地区金融生态环境评价课题组的统计，地方政府债务由 2008 年年初的约 1 万亿元上升至 2013 年 6 月的 17.9 万亿元，保持了年均 56% 的增速。地方政府债务快速膨胀固然与城市化过程中真实融资需求有关，但更多的影响因素是 GDP 竞赛模式及土地担保机制导致的融资饥渴症。由于缺乏严格的预算约束，地方政府总是试图随时把握机会利用所有可能的举债资源，这就导致政府负有担保责任和救助责任的债务大量出现。

　　地方政府债务和土地财政隐藏的巨大风险表现在其与房地产市场紧密联系。图 16 – 4 中下图表明了土地出让收入增速与住宅销售率之间的关系。住宅销售率指标用住宅销售面积除以住宅竣工面积得到，如果该指标大于 100%，说明市场处于供不应求的状态；如果小于 100%，说明市场供过于求。我们以住宅销售率反映住宅市场的供需关系，这一指标与土地出让收入增速表现出高度一致，两者的相关系数高达 80.10%。土地出让收入在地方可支配财力中占据1/3左右的份额，由于可支配财力是债务还款的主要来源，这就意味着：如果未来房价大幅下跌，将出现地方土地出让收入下跌进而引起债务风险的连锁反应。

3. 系统重要性风险

系统重要性风险是在金融危机之后提出的重要概念。它的含义是指单个金融机构的破产产生的负面影响看似不大，但由于其较大的规模以及与整个金融体系的关联渗透性，可能产生系统性的风险。这一概念也可泛指金融系统网络结构中的重要节点出现问题进而导致整个系统坍塌的风险。目前房地产市场本身就是系统重要性市场，一头连接着银行信贷领域，另一头连接着土地市场并进而连接融资平台债务，因而如果房地产市场发生深度下跌，银行体系将面临重大威胁。

当前一线城市和部分二线城市房价高企，这些中心城市无论在政治、经济、文化等方面在一省中都具有不可替代的作用，如果这些城市的房价出现下跌，那么在全省会产生示范效应。另外，从地方政府负债率（债务余额/GDP）来看，中心城市的负债率都远远大于非中心城市的负债率，其中19个省份中心城市的负债率超过60%的国际警戒线标准（见图16-5）。一旦这些城市的房价下跌导致平台债务违约，也会产生示范和传导效应。

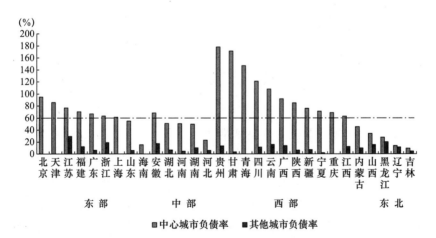

图16-5 各省中心城市相对于其他城市的负债率

资料来源：中国地区金融生态环境评价课题组。

此外，融资平台的债务主要集中在国有银行上，因为融资平台的债务规模都较大，只有规模大的国有银行才能提供，而国有银行显然是系统重要性机构。根据 Lu 和 Sun（2013）的估算，2011 年四大国有银行加上国开行总的融资平台贷款额达到 5.25 万亿元，占地方政府债务当年存量的 43%。根据他们的情境分析，假定 35% 的平台贷款转变为不良，整体不良率将由原来的 1.32% 上升至 7.62%，上升 4.7 倍（见表 16 – 2）。

表 16 – 2   银行对融资平台的风险暴露以及不良率的潜在增量

银行	不良率	总贷款（亿元）	平台贷款（亿元）	分析		
				平台贷款所占份额	假设35%平台贷款变为不良，不良率的增量	潜在的不良率
中国工商银行	1.3%	79434.6	5100.0	6.4%	2.2%	3.5%
中国建设银行	1.4%	64964.1	2840.0	4.4%	1.5%	2.9%
中国银行	1.3%	63428.1	3800.0	6.0%	2.1%	3.4%
中国农业银行	2.2%	56287.1	3900.0	6.9%	2.4%	4.6%
国家开发银行	0.4%	55258.7	36839.2	66.7%	23.3%	23.7%

资料来源：Yinqiu Lu & Tao Sun，"Local Government Financing Platforms in China：A Fortune or Misfortune？"，IMF Working Paper.

三 导致高房价的成因分析

1. 城市化进程导致房价快速攀升

中国处于快速城市化的进程中，人口由农村向城市涌入为房价上涨提供了原动力。根据纳瑟姆曲线，城市化进程分为三个阶段：第一阶段，当城市人口超过 10% 以后，进入城市化的初期阶段，城市人口的增长以自然增长率为主；第二阶段，当城市人口超过 30% 以后，进入城市化加速阶段，城市人口迅猛增长，这其中人口迁移占多数；第三阶段，当城市人口超过 70% 以后，进入城市化后期阶段，城市化进程放缓，以郊区化和形成城市带为主。根据国家统计局的统计，2008—2016年中国城镇化率由 46.99% 上升至 57.35%，平均每年上升 1.2%（见图16-6）。中国的城镇化正处于加速进程的第二阶段，人口向城市集聚导致对住宅的需求上升，这是导致房价上涨的合理因素。

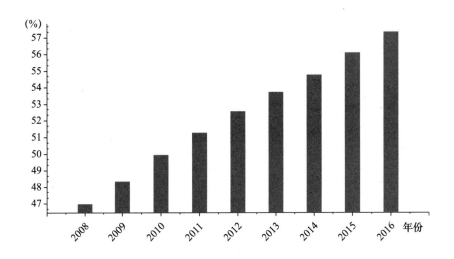

图 16-6 中国的城镇化率

资料来源：WIND，国家统计局。

2. 不合理的调控政策导致房价进一步推高

在城市化快速进展的第二阶段，一个国家的人口首先向最中心城市集聚，在完成郊区化之后进而形成城市群。从国际经验来看，日本在城镇化率达到 77% 时，最大城市人口在城市人口的占比达到峰值34%，此后伴随着最大城市人口占比下降以及城市带人口的激增；巴西在城镇化率达到 65% 时，最大城市人口在城市人口的占比达到峰值15%，此后开始下降并伴随城市带的增长；美国自 1960 年以来城镇化率由 70% 一直呈上升趋势，最大城市人口在城市人口的占比由11% 一直下降，但城市带人口占比一直呈上升趋势。[①] 表 16-3 给出

---

① 主要发达国家中，只有德国未遵循这种大城市的发展模式，其最大城市人口在城镇人口中的比重一直较低。

了 2012 年世界主要国家最大城市人口和城市带人口分布情况，从这一截面数据可以发现一个很有意思的现象：无论从城镇化比例还是从最大城市人口占比来看，都可以得出中国还未走完城市化第二阶段的结论；在这样的背景下，中国却出现了最大城市人口还不够集聚，城市带人口密度比较高的怪现象。这一方面与我国人口密度较大、国际上对大城市人口 100 万标准定义过低有关；另一方面也与我国特大城市的人口控制政策有关。北京和上海都有相应的人口规模计划，同时北京还实行了以房控人、以业控人等措施。这些措施不可避免地对房地产市场产生了影响。

表 16 - 3   世界主要国家最大城市人口和城市带人口分布情况

国家	城镇化率（%）	最大城市中的人口（万人）	最大城市中的人口占城市人口的百分比（%）	人口超过 100 万的城市群中的人口	人口超过 100 万的城市群中的人口占总人口的百分比（%）
加拿大	80.8	562.13	19.9	1571.65	44.9
美国	82.6	1976.68	7.5	15230.54	48.1
澳大利亚	89.3	452.87	22.1	1387.63	60.6
阿根廷	92.6	1328.81	34.6	1676.12	40.4
智利	89.3	613.71	38.9	619.33	35.1
法国	86.3	1068.28	18.7	1499.06	22.7
日本	91.7	3696.93	31.7	6488.68	51.3
德国	74.1	347.80	5.8	770.43	9.5
英国	79.8	867.02	17.0	1651.65	25.9
韩国	83.5	976.80	23.3	2364.59	47.2
俄罗斯	74.0	1061.52	10.1	2872.38	20.3
中国	51.8	1731.51	2.4	30458.34	22.4
巴西	84.9	2098.93	12.3	8159.21	40.7
印度	31.7	2336.33	5.8	16126.16	12.9
南非	62.4	380.57	11.6	1819.16	34.9

资料来源：CEIC。

2010 年 4 月，北京出台"国十条"实施细则，率先规定"每户家庭只能新购一套商品房"，随后共有 47 个城市实施限购政策。2014 年由于整个房地产市场面临去库存压力，除三亚外所有的二、三线城市都取消了限购政策。一线城市的限购政策对投资者来说犹如铜墙铁壁，二线城市限购放开后很快迎来了房价的快速上涨。对此，我们应用百城房价指数提供的一、二线城市数据，考察两者之间的因果关系。表 16－4 给出了一线城市和二线城市的格兰杰因果检验结果：在滞后 1—3 期的情况下，一线城市和二线城市房价互为因果关系；在滞后 3 期以上，一线城市房价导致二线城市房价上升，但反过来不成立。这意味着，长期来看一线城市的限购政策确实导致了外溢效应。

表 16－4　　一线城市房价和二线城市房价的格兰杰因果检验

Null Hypothesis	Lags1	Lags2	Lags3	Lags4	Lags5	Lags6
LN_ HP2 does not Granger Cause LN_ HP1	0.052	0.032	0.039	0.440	0.443	0.371
LN_ HP1 does not Granger Cause LN_ HP2	0.013	0.001	0.004	0.000	0.000	0.002

3. 房价上涨存在外部冲击因素

在当前全球化背景下，资金的跨境流动日益频繁，房地产很容易成为投资、投机的对象。自美国次贷危机以来，美国利率一直在低位运行，资金涌向新兴市场国家；同期我国主推人民币国际化战略，人民币升值预期明显。从相关统计数据来看，2010—2014 年间中美国债收益率之差一直保持在 1.5%—3%，这说明从利差角度为跨境资金提供了套利空间；在 2009—2011 年这一时间段，远期汇率处于升水状态，那么从套汇角度也为跨境资金提供了套利空间；尽管 2011 年后远期汇率由升水转为贴水，但利差远可以覆盖汇率损失。从状态条件看，房地产投资面临的风险相对较小。一方面，利差空间大为无风险套利套汇活动提供较长的时间保障；另一方面，中国正处于城镇化过程中，美国已经完成城镇化，即以房地产为投资标的，两国的套利空间是明显的。

以上对跨境投资、投机房地产进行了背景分析，也即讨论了投资、投机的可能性，下面使用向量自回归模型（VAR）进行实证研究。我们以美联储资产购买计划作为量化宽松政策的代理变量，以此反映外部冲击的影响；百城房价指数较为真实地反映了中国房价走势，我们以此作为房价的代理变量；其他变量方面，我们考虑了汇率以及外汇占款的变动，未考虑利率变量。其理由是：我国实行的是有管理的浮动汇率制度，针对外部均衡，一方面通过汇率调节资本流动，另一方面通过央行的冲销操作调节流动性；利率变量从长期实践来看主要则是针对内部均衡。上述四个变量汇率进行差分处理后满足平稳性条件，其他变量取对数后满足平稳性条件，模型滞后阶数为2，特征根都在单位圆内。

在完成上述建模后，我们使用脉冲响应函数观察各变量对外部冲击的影响。图 16 - 7 左上角图反映了房价对各变量冲击的影响，美联储的资产购买政策对房价产生持续正向影响，且影响程度最大；外汇占款对房价的影响在期初是负向的，直到第 9 期才转为正，这可能与外汇占款和量化宽松的外溢效应正相关有关；汇率差分对房价的冲击是负向的，由于汇率采取的是直接标价法，这意味着汇率的加速升值导致房价快速上升，直到第 8 期才趋于平稳。美国 QE 对汇率的影响是负向的，即美联储的资产购买政策导致市场流动性充裕并且流向新兴市场国家，导致其汇率加速升值，就中国而言这种冲击的影响是短暂的，到第 4 期后影响近乎为零（见图 16 - 7 右下角图）。美国量化宽松政策对中国外汇占款的影响起初为负，在第 4 期后转为正；这可能是由于美元的外溢流动性最初由汇率承担，然后再由冲销操作完成；从外汇占款对汇率冲击的反应来看，也验证了汇率加速升值将导致相应冲销操作（见图 16 - 7 左下角图）。

总体而言，美国量化宽松政策导致流动性外溢，对中国汇率形成了升值压力；在有管理的浮动汇率制度下，部分升值压力由冲销操作承担；但无论是价格渠道还是数量渠道，充裕的流动性都导致了房价快速上升。

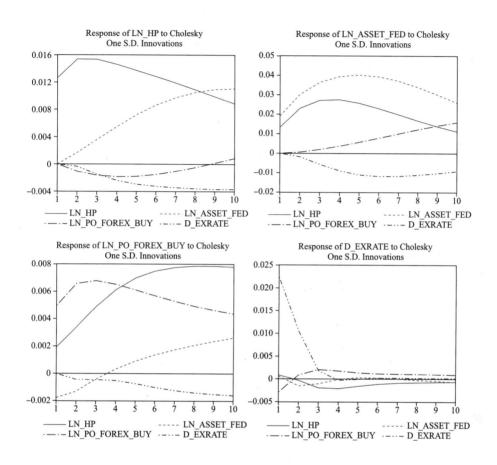

图 16 - 7 外部冲击对中国房价的影响

四 防控高房价风险的对策建议

当前中国的房地产市场面临巨大的风险，一方面面临着高房价下跌风险，另一方面在汇率贬值背景下面临前期炒房资金套现外逃风险，对此必须采取一定的风险防范方法。

从外部均衡的视角看中国面临较大的资金外流压力。一方面，实体经济的资本回报率处于下降通道；另一方面，汇率由升值转为贬值，加之中美利差收窄，这些因素都导致资金外流。作为资金外流的一个综合表现，外汇储备由 2014 年 6 月接近 4 万亿美元的峰值下降至 2016 年 12 月的 3 万亿美元。面对如此快速的外汇流失，我们不能采取牺牲外储保外汇的方式，也不应采取加息吸引资金回流的方式；因为问题的根源在于实体层面已经面临严重的"脱实向虚"，因而我们建议在"不可能三角"中选择一定程度的资本管制措施。这绝不是为了保房价，而是为了防风险，因为快速大规模的资本外流可能导致房价、汇率双杀；筑起防止资本外流高墙的最终目的是将"向虚"的资金重新导向实体经济，通过金融支持供给侧结构性改革使经济的潜在回报重新提升。

构筑防止资本外流的高墙只是治标之策，是为房地产市场回归理性争取时间。对此，我们应该坚决贯彻中央经济工作会议提出的"房子是用来住的、不是用来炒的"精神，在住房政策上坚决抑制投资、投机性需求。首先，对于热点城市应严格落实限购措施，购房资格应升级为"非户籍居民需提供当地 5 年以上纳税证明或社保证明"。这么做的目的是让真正为该城市建设做出贡献的人具有购房资质，将投机性和投资性需求挡在市场外。其次，清理各类形式的首付贷以及为购房进行场外配资的行为。针对具有购房资质的人群，应严控金融风险，须清醒认识到，需要首付贷的购房人就是典型的次级贷款人，增加了房地产市场的杠杆。此外，针对中介提供的各类过桥性质的贷款也应清理，通过延时交易为整个市场"降温"。最后，应完善保障房管理制度，通过推广"租售并举"，提高保障房使用效率；积极发展保障房二级市场，加强保障房循环利用，满足更多困难市民的住房需求。

抑制房地产市场泡沫，除了在需求侧做文章外，还应在供给侧下功夫，改变地方政府的土地财政制度才是治理高房价的治本之策。当前，我国财政体系财权向中央集中，事权地方则承担较多；这一体系得以持续运转的重要条件是土地出让收入弥补了财政缺口，而快速城市化背景下高涨的住房需求为这一体系运转提供了持续动力。于是，我们可以看到那些经营较好的城市，往往在限制购房需求的同时，也减少土地供给。以刚刚公布的《北京市 2017 年国有建设用地供应计划》为例，在当前房价快速上涨期，住宅用地却减少一半。改变当前地方政府的土地财政依赖性，首先，应开征不动产税。2012 年"营改增"之后，地方已没有稳定的地方税种，开征不动产税有利于地方财政与土地市场脱钩。此外，从理论上讲房价的上涨有很大一部分是因为周边基础设施投资产生的收益，因此对不动产征税是对外部效应的修正，是一种庇古税，征收后有利于城市基础设施的建设和运营。其次，应加大闲置用地的处罚力度。我们的研究表明，在房价上涨期开发商往往大量购置土地并放缓开发力度，即通过囤地进一步抬高房价，因此加大闲置用地处罚有利于激发供给。最后，应鼓励多种性质的土地进入建设用地市场，改变当前地方政府垄断供地的局面。

第十七章　上市公司治理风险和防控举措[*]

现代企业由于所有权与经营权的分离，形成了典型的委托—代理关系，企业所有者与经营者利益诉求不同进一步衍生出公司治理问题。公司治理可以概括为保证公司按照股东利益最大化原则进行运营的内部制度安排和企业文化的总称。公司治理不完善，将难以形成公司股东与管理层间的制衡关系，无法全面贯彻股东利益最大化原则，具体表现为控股股东、少数股东、外部股东和公司管理层等各方产生意见分歧甚至导致股东利益受损。至于上市公司，由于通常存在大量公众股东，公司决策可能引起股价波动和涉及公众利益，因此其公司治理问题就更加复杂敏感。伴随全国性股票市场建立，我国的上市公司发展已近 30 年，截至 2017 年 2 月沪深交易所上市公司超过 3000家，流通股市值 41 万亿元，持有沪深两市上市公司股票的投资者超过 5000 万人。大量理论和实证研究以及现实案例表明，我国上市公司中同样存在着比较明显的公司治理问题，治理问题的存在导致了诸如大股东掏空上市公司、管理层中饱私囊等不当行为的出现。但这些事件通常是分散出现的，基本没有直接影响到金融体系稳定。2015 年7 月以后，部分保险机构动用巨额高杠杆资金买入上市公司股票，甚至争夺公司控制权，对目标企业的原有股权结构和稳健经营形成威胁，其行为直接将金融风险与实体经济联系在一起，客观上引起了决策层和社会公众对于公司治理关键枢纽作用的重视。新形势下，需要系统研究和防范由于公司治理不完善可能引致的金融风险。

---

　　[*] 本章作者张跃文。中国社会科学院世界经济与政治研究所于换军博士对本章也有贡献。

一　我国上市公司治理的基本情况

与成熟市场相比较，我国的上市公司治理问题有其特殊性。首先，股票市场建立时间尚短，上市公司的治理结构仍存在"形似神不似"情况，许多上市公司的大小股东和管理层都没有真正进入角色。其次，我国股票市场建立的初衷是支持国有企业改革，因此国有企业是早期上市公司的主体，时至今日股票市场仍然有1000多家国有上市公司。由于国有企业天然的大股东缺位，内部人控制成为国有上市公司的一大特征。再次，大量公众股东的存在使得上市公司治理问题具有了社会问题属性，大股东与管理层同公众股东关系疏离。又次，由于投资者保护的法制体系不健全，与上市公司治理有关的案件存在司法介入不及时，以及查处难、起诉难、判决难和执行难等诸多难题，投资者维权成本偏高。最后，股票市场的高流动性和高波动性，增加了通过外部股东力量改善公司治理的难度，公众股东可以"用脚投票"规避存在治理问题的上市公司，而具有资金优势的机构投资者可以较低风险和成本猎取优质上市公司控制权，获得现金流支配权和股票溢价收益，却使公司治理问题进一步复杂化。

1. 一个新的上市公司治理评价体系

根据我国公司治理问题的阶段性特征，李维安和唐跃军（2006）综合公司治理中所涉及的控股股东治理、董事会治理、经理层治理、信息披露、利益相关者治理和监事会治理机制整合成一套上市公司治理评价指标体系，较早对我国上市公司治理水平进行了全面评价。此后近10年，我国股票市场和上市公司治理环境发生了很大变化，股权分置改革基本完成，上市公司流通股份数量大幅度增加，在中小板和创业板上市的科技型和民营上市公司数量大幅度增加，上市公司治理体现出了新的特征。张跃文、王力（2017）的上市公司质量评价指标体系中，包含了狭义的公司治理评价部分。本章中，我们综合新理论研究成果和上市公司治理新特征，从股东大会、董事会、管理层和外部股东四个角度，设计了一个包括 11 个基础指标的上市公司治理评价指标体系，用以评价和发现当前我国上市公司治理存在的主要问题。11 个指标采用了等权重设计，单一指标均按照百分制评价，公司治理水平总得分由 11 个指标的各自得分乘以权重之和得出。

表 17 -1　　　　　　　　上市公司治理评价指标体系

一级指标	二级指标	评分标准
股东大会	1. 年度股东大会股东出席比例	使用功效系数法评分
	2. 股东大会是否实行网络投票制	是为 100 分，否为 0 分
	3. 股东大会是否实行累积投票制	是为 100 分，否为 0 分
董事会	4. 董事长与总经理是否由一人兼任	两职合一的 0 分；分开的为 100 分
	5. 董事会中独立董事人数所占比例	占比 50% 以上的为 100 分，占比 40%—50% 的为 80 分；占比 33.33%—40% 的为 60 分；占比 20%—33.33% 的为 40 分
	6. 董事会成员有无持股（除 CEO 外）	没有持股为 0 分，有持股为 100 分
管理层	7. 实际控制人控制权与现金流权分离度	分离度为零的为 100 分，其他为 0 分
	8. 高管是否持股	没有持股为 0 分，有持股为 100 分
外部股东	9. 机构持股比例	使用功效系数法评分
	10. 公司章程中是否有股东回报计划或现金分红政策	是为 100 分，否为 0 分
	11. 是否组织投资者活动	是为 100 分，否为 0 分

2. 上市公司治理的基本状况

表 17 -2 是我们根据 2536 家非金融上市公司 2015—2016 年度的公开信息所进行的公司治理评价结果。数据资料主要来自国泰安数据库和万得数据库，少量数据以手工收集方式获得。根据评价结果，我国 A 股上市公司的平均治理水平仍然偏低，平均仅达到及格水平。其中公司数量最多的主板市场，治理水平还低于及格线。创业板和中小板上市公司总体上治理水平要高于主板上市公司，且创业板公司的治

理水平差异更小。总体而言，上市公司在推行网络投票制、董事长与总经理分开任职、董事持股和公司章程中列明股东回报计划等公司治理指标上表现较好。表明资本市场发展和加强监管，对于改善上市公司治理发挥了积极作用。

表 17 – 2　　　　　2015—2016 年 A 股上市公司治理评价得分

	公司数量	最大值	最小值	均值	中位数	标准差
主板	1403	99.30	21.01	58.07	58.63	12.21
中小板	728	93.84	31.69	67.38	68.45	10.59
创业板	405	88.11	35.27	69.92	70.09	8.79
全部上市公司	2536	99.30	21.01	62.64	64.12	12.39

3. 上市公司治理中存在的突出问题

如果进一步考察上市公司具体治理问题，可以发现有些问题还是比较突出的。

第一，控股股东权力过大。许多上市公司的控股股东完全控制上市公司，其他股东的意见难以表达或者被采纳。在我们的研究样本中，绝大多数上市公司都没有在股东大会上选举董事或者监事时实行累积投票制，客观上限制了非控股股东推选代表自身利益的董事会或者监事会成员的权利。而独立董事人选通常也是由控股股东推荐，股东大会按照持股数量计算的表决权选举产生，这使得独立董事难以真正保持独立性。除此之外，有 1000 余家上市公司的控股股东持股比例小于其真正享有的现金流权，意味着控股股东获得了超出其持股比例的上市公司现金流权，为控股股东侵占上市公司权益提供了动机。

第二，管理层激励不够充分。长期以来，部分上市公司高管现金薪酬过高一直为社会所诟病。从管理层激励的角度考虑，高管人员获得与上市公司股东长期利益一致的激励，可以使高管行为更加符合股东利益最大化原则。通常的做法是赋予高管人员股权或者股票期权。

尽管许多上市公司推行了员工持股计划，但仍有近 800 家上市公司高管没有持股。而且据了解实践中一些上市公司的员工持股计划也成为一次性福利，对于管理层的激励作用有限。管理层激励不足，必将产生管理层偏私进而侵占股东利益的隐患。

第三，股东关系普遍疏离。由于控股股东权力过大，对于公众股东的权益保护不够，导致控股股东与公众股东的利益不一致，股东关系疏离。年度股东大会是上市公司股东参与公司决策的最重要会议，但从历年参会人数来看，公众股东参与度普遍较低。2016 年，样本上市公司平均每家有 5.9 万名股东，但平均仅有 30 位股东参加上市公司年度股东大会，其中还包括了以网络方式参加会议和投票的股东。更有 800 余家上市公司出席年度股东大会股东人数竟然低于 10 名。与此同时，相当一部分上市公司全年组织或者接待的投资者活动不足 5 次，外部机构投资者持股比例偏低，这些都不利于增进外部股东对于上市公司的了解和信任，更不利于建立和谐的公司治理结构。

低水平的公司治理是上市公司出现内幕交易、证券欺诈和侵害公众股东合法权益的根源。实践证明，仅就上市公司表面上的违法违规行为进行查处，很难杜绝违规行为再次出现。而一些上市公司貌似合法实则不符合全体股东长远利益的行为，如过度分红和过度投资等，则不太容易通过外部行为监管进行调整。因此上市公司控股股东、管理层、外部股东和其他相关方，都应当在完善公司治理方面做出更多努力。尽管我国上市公司的治理问题是证券市场发展过程中的阶段性问题，但也要注意防止阶段性问题长期化。已有研究表明，公司治理并不总是与上市公司当期业绩和股价存在着密切关系，但大量理论和实证文献已经证明公司治理与企业长期绩效存在正向关系，特别是在企业运营遇到困难的时候，完善的公司治理能够帮助企业形成内部合力渡过难关。因此，政府决策层、证券监管机构和市场组织者除维护证券市场秩序以外，还需要将推动上市公司提升治理水平放在更加重要的位置。

二　上市公司治理问题的风险形成机制

我国上市公司治理问题与金融风险的关系，不同时期有所变化。在我国金融市场发展初期，市场分割客观上将上市公司治理不完善的负面影响限制在具体上市公司和股东，引发和传导金融风险的可能性较小。但是在当前国内外金融市场联系紧密，资金融通渠道多元化，特别是经济增速下行和融资成本上升的形势下，上市公司具有共性特征的治理问题有可能导致群体性后果，其引发和传导金融风险的可能性增大。综合国内外研究成果，上市公司治理引致金融风险的机制有四：一为债务违约——不良资产机制；二为估值下降——资产缩水机制；三为示范效应——市场恐慌机制；四为金融类上市公司自身治理机制。其最终结果均为金融机构破产风险增加，金融体系稳定性基础被削弱。

1. 债务违约——不良资产机制

公司治理的作用既体现在企业创造价值的环节，也体现在管理和分配价值的环节。不完善的公司治理不仅会降低企业决策效率和管理层执行效率，而且可能会对公司留存收益的使用、管理和分配产生负面影响，导致股东与管理层利益分配不均衡和公司债务违约。

在经济下行和以"三去一降一补"为主要内容的供给侧结构性改革大背景下，处于周期性行业和产能过剩行业的上市公司由于外部环境的变化，其盈利能力和偿债能力有所下降。在公司治理不完善的条件下，管理层承受的业绩压力却没有适当的正向激励，导致管理层工作积极性下降，高管离职现象增加，上市公司经营状况进一步恶化；部分上市公司大股东，有可能出于自身利益考虑，利用控制权优势过度甚至违规占用上市公司资金资产，导致公司现金流紧张。加之上市公司股票再融资政策收紧，公司对债务资金的依赖性增强，债务违约风险增大。上市公司债务违约分为三类：一为银行债务违约；二为债券违约；三为应付账款违约。银行债务违约直接导致银行不良资产增加，为银行体系增加了负担。债券违约将风险传递给了债券市场，由于相当一部分债券持有人是金融机构，因此也会导致金融体系不良资产的增加。应付账款违约使上市公司的业务关联方受到损失，偿债能力下降，进而将损失传递给商业银行或者金融市场。

上市公司总体偿债能力仍然保持在较高水平。2014年以前上市的2528家企业2016年第三季度末的资产负债率中位数为35.03%，较上年下降了2个百分点，流动比率和速动比率分别为1.95%和1.45%，较上年均有所增强，而且在绝对值上明显优于非上市公司。由于在公司治理和信用环境方面的差异，国有上市公司投资和负债冲动以及实际负债水平远超过民营上市公司（魏明海、柳建华，2007；陆正飞等，2015）。国有上市公司的负债率中值为51.9%，比民营公司高出15个百分点，其他偿债指标也明显弱于民营公司。

尽管上市公司总体债务水平较低，但仍然有300余家分布在能源、钢铁有色、机械设备、公用事业和地产建筑行业的上市公司及部分ST公司负债率超过70%，且主要偿债指标大幅度落后于平均水平。这部分企业的总负债为12.5万亿元，其中流动负债8.5万亿元。在去产能、控房价和股票上市、退市制度改革的大背景下，部分上市公司债务违约可能性上升。仅就上述300余家公司而言，即使违约损失仅为10%，损失总额也将达到1万亿元左右，约相当于目前银行业贷款损失准备金的37.5%。

2. 估值下降——资产缩水机制

上市公司发行的股票和债券大部分可在市场流通，这些证券有其市场价值，并为机构投资者所持有。这些证券的价格如果发生波动，将直接影响到持有人的资产价值。由于上市公司存在治理问题，因此大股东或者管理层有激励为维护股价刻意隐瞒坏消息，或者制造虚假的好消息，一旦真相败露，市场将对积累起来的虚假信息做出一次性证券价格调整，甚至有可能导致证券崩盘（Hutton et al.，2009）。证券价格下降导致投资者短期资产价值缩水，并有可能引发连锁反应将风险传递给金融体系。

最近一些文献研究了我国上市公司治理同股价崩盘风险之间的关

系。比如，梁权熙和曾海舰（2016）证明了上市公司独立董事的独立性，对于防范股价崩盘风险有作用；王化成等（2015）发现我国上市公司控股股东持股比例增加，有助于调动其监督上市公司的积极性并主动控制掏空上市公司的行为，进而降低了股价崩盘风险；顾小龙等（2015）对于股东结构与崩盘风险的研究也间接支持了王化成等的观点；权小锋等（2016）则论证了良好投资者关系所具有的信息职能和组织职能能够防止股价崩盘。众所周知，我国上市公司大股东偏私行为、独立董事不独立和公司与投资者关系疏离的现象普遍存在，这些因素大大增加了股价崩盘风险，有可能引起投资者资产缩水。在杠杆资金大规模进入股市以前，个股崩盘和股市崩盘损失的主要是投资者自有资金，银行资金不允许进入股市，因此上市公司治理问题对于金融体系的整体影响比较小；但2010年融资融券业务开办以后，杠杆资金开始进入股市，并在2015年股市震荡期达到高点，其中部分资金来自金融机构理财产品和自有资金。在股价下行阶段，杠杆资金使用者由于被强制平仓而受到损失；不能强制平仓的情况下，提供资金的金融机构也要被迫承担部分损失。

至于治理问题所导致的债券违约风险增加和实质性违约，则通过市场更加直接地传递给金融机构。持有违约债券的金融机构将被迫核销不良债权和减计资本，并在未来面临补充资本金的挑战。

3. 示范效应——市场恐慌机制

如果某些代表性上市公司由于治理不完善、内控不严而爆发出负面事件——如美国的安然公司和世通公司，中国的银广厦和亿安科技等企业——均会产生示范效应，引发投资者联想，进而不同程度地对市场形成负面影响。

治理问题在我国乃至世界范围内都是长期存在并会影响企业经营绩效的基础性问题。由于治理不完善引发的侵害投资者权益、虚假信息披露、内控不严等现象和制度性缺陷，对于单一上市公司股价会产生直接负面影响。与其他特定事件不同，公司治理问题的普遍性，极易引起持有不同上市公司股票的投资者产生共鸣，在短时间内抛售所持股票，进而引发市场恐慌情绪甚至股市危机。同估值下降——资产缩水机制不同的是，示范效应——市场恐慌机制的作用范围更广，时效更长，因此其对金融稳定的威胁也更大。2016年发生的"东北特钢"违约事件，将这一机制的作用扩展到了债券市场。虽然该企业违约同外部经济环境有直接关系，但究其根本是控股股东没有切实履行股东责任造成的。事件发生后，东北地区的企业债务融资工具发行均不同程度受到影响，或者融资成本提高，或者取消或调整发行计划。随着经济下行和产业结构调整压力增加，上市公司和国有企业中缘于公司治理的重大违规、违约事件极有可能重复发生，在示范效应——市场恐慌机制作用下，此类事件可能导致市场震荡，是重要的金融风险隐患。

4. 金融类上市公司自身治理机制

金融类上市公司是我国A股市场上规模最大的一个行业门类。截至2017年3月12日，尽管上市金融企业的数量仅有70家，但其总股本却达到1.9万亿股，市场占比达到33%；流通市值8.3万亿元，占比20.4%。其中，仅工、农、中、建、交五大银行的总股本就达到1.3万亿股，流通市值近5000亿元。由于金融类上市公司股票单一体量较大且属于相对稳健的周期性行业股票，因此通常持股的外部股东众多，不乏社保基金、保险公司和公募基金等机构投资者。如果金融类上市公司由于自身治理问题和内控不严而发生风险性事件，将通过业务条线和股东条线在金融体系内部迅速传递，对金融稳定构成严重威胁。

2000年以来，我国积极推动金融机构改革，促进国有银行商业化。主要国有银行陆续完成了股份制改造和上市，一批城市商业银行、证券公司、保险公司和其他金融机构也陆续改造上市。上市对于促进传统计划体制下建立的金融机构实现商业化，对于完善金融机构的治理结构、推动其规范运营和建立良好投资者关系都产生了积极作用。另外也要看到，金融机构商业化和股东多元化，增加了其控股股东和管理层追逐短期盈利的压力和动力，如果不能很好地与稳健经营目标相平衡，其固有的治理问题将有可能使这些上市金融机构承担过多风险。近年来，随着新的金融产品、服务和市场的不断出现，金融监管空白在所难免，一些金融机构利用监管的"灰色地带"拓展业务规模，如商业银行的理财产品和非标债权、非银行机构通道业务和保险机构的资本市场投资业务等。这些产品和业务短期内确实可以为金融机构创造利润，但其所形成的金融风险隐患却相当巨大，且现有监管体系对于这些产品和业务的监管仍然比较薄弱，完善的数据统计系统尚未建立，此类工作已经成为监管机构的当务之急。

三　积极投资者对于完善公司治理的作用

自 2015 年以来，我国股票市场上出现了以保险公司为代表的外部投资者进入某些蓝筹上市公司并争夺控制权的事件，相关上市公司管理层迅速采取反制措施，外部资本与管理层展开较量，相关股票价格也出现大幅波动。虽然在监管机构的积极干预下，事件已经逐渐平息，但在法律和监管规则层面，并没有而且今后也不太可能完全禁止外部投资者以合法合规方式争夺上市公司控制权的行为。积极投资者到底是在破坏上市公司治理还是在完善治理，是在掠夺股东价值还是创造价值，这个问题需要从两方面来看。

一方面，成熟市场的积极投资者在完善公司治理方面发挥了重要作用。20 世纪 90 年代中期以来，在成熟市场中以对冲基金为代表的积极投资者进入上市公司，并同其他机构投资者共同改善公司治理，以提升企业盈利能力和股价，高峰时每年有 150—200 只对冲基金进入 200—300 家上市公司积极活动（Alon Brav et al.，2015），这一现象引起了实务界和理论界的广泛关注。研究者发现，积极投资者倾向于进入小市值、高流动性、股价被低估、机构投资者持股比例高、高杠杆、股利支付率低且盈利能力弱的上市公司（Mietzner and Schweizer，2014；Boyson and Mooradian，2011），因为这类上市公司的进入成本低、风险小且公司业绩和股价具有提升空间。积极投资者通过主动发声、提起诉讼和实施退出威胁等手段，有可能改善公司治理，抵制控股股东和管理层的偏私行为，影响公司分红、投资和其他重要决策，进而提高公司业绩和股价。与消极投资者不同，积极投资者依靠自主行动创造价值和获取超额投资收益，客观上对于提升公司长期绩效发挥了重要作用（Bebchuk、Brav and Jiang，2015）。

另一方面，与成熟市场积极投资者猎取"差公司"所不同的是，近期我国股市外部投资者争夺控制权的上市公司基本都是"好公司"。这些公司股权相对分散、治理完善、长期业绩较好、现金流充裕同时股价又被一定程度低估。显然，外部投资者进入这些上市公司，对于完善公司治理的贡献比较有限，由于专业资源和经验缺乏，投资者也不太可能帮助这些公司进一步提高运营效率。目前看其主要贡献，是让这些长期以来被市场忽视的优质公司得到了重新关注，股票价值得到重估。中外积极投资者行为模式相反的主要根源在于各自所处的市场效率不同。大量实证研究表明，成熟股票市场的股票价格可以更好地反映上市公司基本面信息，上市公司基本面发生实质性改善或者投资者产生改善预期，一般都可以在股价上得到及时反应，因此积极投资者在绩差上市公司的积极行动，可以在短期内带来所持有股票的市场价值提升，长期来看可以提升上市公司经营业绩，投资者与股价之间形成正反馈机制，有利于促进股票市场的健康发展。而我国股票市场的效率偏低，股价与上市公司基本面的关联性不强，投资者主要收益来源是买卖价差，如果公司基本面的实质性改善对于提升股价作用有限，投资者就缺乏足够的动力展开积极行动，正反馈机制难以形成。相反，由于我国股市具有较好的流动性，为流通股投资者提供了方便的退出机制，这进一步削弱了投资者参与公司治理的积极性。外部投资者可以通过大规模收购上市公司股票，改变市场供求关系，引发市场"羊群行为"推高股价，同时还可以获得优质上市公司的控制权和现金流权，即便以后投资者不愿继续持股，也可以相对低的成本退出上市公司，确保稳定收益。这一切仅通过二级市场操作就可以完成，并不需要深度介入本就运转良好的上市公司的经营活动，除非投资者希望获得不当利益。由以上分析可见，低效率的中国股市为具有资金优势的机构投资者提供了夺取优质上市公司控制权的低风险盈利模式，但这一盈利模式不仅不能够改善上市公司治理，反而有可能破坏既有的良好治理结构，并降低公司运营效率。

2015 年以来，以宝能系为代表的一批机构投资者，正是利用这一盈利模式陆续获取了一批优质上市公司的控制权，投资收益巨大。不过从初期结果来看，这些机构的行为尚未构成系统性风险隐患。以万科为例，自宝能系于 2015 年 7 月首次举牌万科之后，万科 A 股股价开始频繁波动，特别是在宝能系成为万科第一大股东和要求撤换公司管理层后，股价波动幅度迅速扩大。尽管如此，除了事件初期房地产行业上市公司股票价格受到轻微影响之外，其余时间段行业股票指数和大盘蓝筹股指数并没有受到明显影响。可以认为宝能系购买万科股票的行为本身并未导致明显的市场波动和系统性风险。但由于宝能系使用了杠杆资金且资金成本较高，其中部分资金来自银行，万科股价波动直接影响到宝能系的偿付能力，这确实在一定程度上形成了风险隐患。

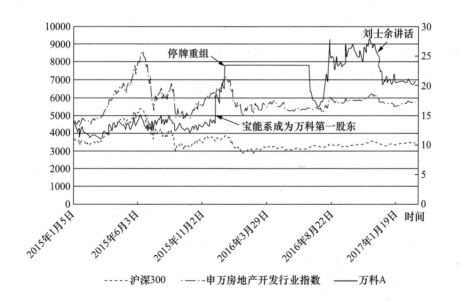

图 17 - 1 争夺控制权期间万科 A 股股票行情

资料来源：万得资讯数据库。

四 防控和化解上市公司治理风险的政策举措

综观上市公司治理导致金融风险的作用机制，主要是在不完善的市场环境中，通过上市公司治理缺陷影响上市公司股东、管理层和外部投资者的行为而产生的。低效率的市场风险识别和定价机制在其中发挥了核心作用，"政策市"和国家隐性担保则进一步增强了治理风险。因此，防控和化解上市公司治理风险，需要充分认识解决上市公司治理问题的复杂性和长期性，既要制定改善上市公司治理的基础性、长期性政策措施，也需要从加强外部监管和整顿市场秩序的角度，制定短期有限的预防治理风险外溢的防范措施。

1. 改善上市公司治理的长期政策

从法律和政策角度看，上市公司治理水平同国家的法制化水平和资本市场发展水平密切相关。成熟市场的上市公司治理，通常是将发挥大股东功能、保护少数股东利益和适当的管理层激励并重（Shleifer and Vishny，1997；Claessensa and Burcin，2013）。加强投资者保护和促进上市公司股权适当集中，都有利于改善公司治理。根据我国资本市场和上市公司的现实情况，以下长期政策对于提高上市公司治理的整体水平可能会比较有效。

第一，坚持不懈地提高证券市场效率。通过持续打击证券交易违法行为，提高上市公司信息披露质量，及时查处"忽悠式"信息披露，推行广泛的投资者教育等措施，提高市场投资者对于上市公司治理和其他基本面信息的重视程度，引导市场对治理良好的上市公司给出合理溢价，鼓励上市公司及其控股股东积极改善公司治理。在这一过程中，及时制止恶意猎取优质上市公司控制权的行为，鼓励机构投资者积极介入并改善上市公司治理，形成"投资者介入——改善治理——提高绩效和股价——投资者获利"的良性循环；另外，可结合多层次资本市场建设，促进交易所市场投资者和资金分流，降低 A 股市场过高的流动性，引导投资者减少对短期炒作获利的依赖，促进理性投资和长期投资，逐步建立理性的市场定价系统。

第二，坚持不懈地加强投资者保护。重点保护投资者的财产权、知情权和提供行权便利。保护投资者的财产权，主要是监管机构保障投资者持有的上市公司股权及相关合法权益不受侵犯。保护投资者的知情权，是指要确保投资者及时了解与自身利益直接相关的上市公司信息，便于及时做出投资决策。提供行权便利，是为投资者行使上述权利及与之有关的诉讼、追索和索赔权提供便利，如提供必要的法律援助和经济援助。随着外部股东在上市公司中决策地位的提升，推动上市公司主动改善投资者关系。

第三，坚持不懈地引导控股股东完善公司治理。控股股东是上市公司权益和风险的主要承担者，是完善公司治理的核心力量。通过逐步收紧外部融资条件，引导控股股东通过改善治理来吸引外部资金，应是长期政策选项。为此，需要通过深入的金融体系改革，促进资源向高效率部门和治理良好的企业流动，逐步削弱国有企业融资优先权，通过混合所有制改革和其他改革措施切实缓解国有上市公司大股东缺位和内部人控制问题。在这一过程中，积极加强党组织对上市公司的领导，弥补现有公司治理结构的不足并逐步清除改革障碍。

2. 防范和化解上市公司治理风险的短期政策

有效预防和化解上市公司治理问题的外溢风险，需要及时切断公司治理问题向金融体系传递的渠道。目前来看应重点关注前面提到的四个风险作用机制。

第一，预防上市公司治理性违约。在经济增速下行时期，债权银行和其他债权人评估上市公司违约风险时既要评估其经营性因素，也要评估其治理性因素，需要对上市公司大股东违约和管理层操纵违约的可能性做出客观评价，并纳入统一的违约风险评估体系中，做出相应的风险应对预案。

第二，预防上市公司治理性股价崩盘。加强对于上市公司信息披露的监管和查处力度，增加中介机构监督责任，扩大上市公司自愿性信息披露范围，对于公告重述行为给予严格限制，以提高上市公司公开信息的整体质量。同时，通过完善管理层内部治理，强化高管人员相互监督机制，以弥补公司治理的不足。

第三，防止某些治理缺陷引发的个体风险形成示范效应导致市场恐慌。吸取宝万之争的教训，对于由治理缺陷引起的少数股东和上市公司受到较大损失且社会影响较大的事件，一定要从重从快处理。防止其形成示范效应，引发市场对类似问题的联想和恐慌。目前需要从服务实体经济角度，加快对股市中的恶意收购行为从法律或者监管规则上进行规范。

第四，加强对于上市金融机构的外部约束。鉴于金融机构特殊的监管环境和风险环境，需要特别预防上市金融机构的治理性风险。应进一步加强银监和证监部门的合作与信息共享，针对上市金融机构制定单独监管规则，及时预防金融机构治理缺陷引发的个体性风险向金融体系传递。并以此为契机，探索制定针对所有金融机构的治理准则。

第五，适当调整监管部门的工作思路。调整监管部门传统的"救火队"思维，投入必要资源对于尚未形成风险的某些上市公司的严重治理缺陷进行监督和积极干预，通过当前的"治本"减少未来的"治标"行动和成本。应敢于根据上市公司治理的特殊性，提出高于一般企业的治理标准或者治理准则，推动上市公司治理从"形似"走向"形神兼备"。

第十八章　金融控股集团风险和防控举措*

随着我国经济发展进入新常态、金融改革及利率市场化的推进，许多金融机构及实业集团正在加快推进多元化经营步伐，选择成立金融控股集团是实现金融业务多元化的重要组织形式。但是，在实现金融业务多元化的过程中，各种金融风险不可避免随之而来。因此，金融控股集团在推进金融业务多元化的背景下，如何防范和管控金融风险成为迫切需要研究的重要课题。

一　金融控股集团的特征及风险

（一）金融控股集团的特征优势

国际上对于金融控股集团比较权威的解释是巴塞尔银行监管委员会、国际证券联合会、国际保险监管协会发起成立的"多样化金融集团公司联合论坛"（以下简称联合论坛）有关金融控股公司的界定：在受监管的银行业、证券业或保险业中，实质性地从事至少两类金融业务，并对附属机构有控制力和重大影响的集团公司。

金融控股公司产生于各国（或地区，下同）金融由分业向混业转变过程之中，各国的金融市场背景、政府的监管水平及法律法规不尽相同，对金融控股公司的具体界定有所差异。1999 年，美国通过《金融服务现代化法案》，引入"金融控股公司"这个全新的组织，结束了对混业经营的限制。《金融服务现代化法案》明确地取消了之

＊ 本章作者王力。

前《银行法》和《银行控股公司法》对金融业经营组织的限制，规定了全面的金融业经营范围，金融控股公司可以是银行控股公司、保险控股公司以及投资银行控股公司。2001年欧盟《金融集团审慎监管统一指引》界定符合下列条件的集团为金融企业集团：（1）业务活动主要是在金融领域内提供多种服务；（2）至少应该包括一个受管制实体，且该实体依据相关法律法规的规定已获得许可；（3）至少应包括一个保险业实体，且至少其中另一个实体从事着不同的金融业；（4）上条所指在金融业内从事跨行业的金融活动是必不可少的。日本在《银行法》《保险业法》和《证券交易法》中分别定义了银行控股公司、保险控股公司和证券控股公司，将以银行、保险、证券为子公司的控股公司，统称为金融控股公司。

尽管各国金融控股公司的表现形式不尽相同，但作为一种创新性金融经营组织形式，金融控股公司具有以下基本特点：一是金融控股公司完全或主要经营金融业务，并且其业务范围至少涵盖两个或两个以上金融子领域；二是金融控股公司是以控股公司形式存在的企业集团；三是金融控股公司采用"集团混业，子公司分业"的经营模式；四是金融控股公司合并财务报表，子公司自负盈亏。从实际发展来看，金融控股公司是分业经营向混业经营转变的良好平台，兼具了分业经营与混业经营的优点。虽然2008年金融危机对综合化经营模式形成了一定挑战，但全球金融综合化经营的总体趋势没有改变。

金融控股集团金融综合化经营的优势：

第一，资源共享，成本节约，规模经济和范围经济效应明显。欧洲的金融学者在对金融控股公司或全能银行与专业金融机构进行比较后发现商业银行的规模效益在存款水平不到1亿美元时几乎是不存在的，而当银行的资产超过6亿美元时，就存在一定的规模经济效益。同样近年的实践表明，各国银行纷纷通过合并重组的方式建立大金融集团，其直接目的都是追求规模的扩大。合并后的金融集团的经济效益都有所提高，表现出很强的规模效应和范围效应。

第二，能产生协同效应，实施交叉经营。金融控股公司的协同效应主要可分为管理协同效应和财务协同效应。管理协同效应主要表现在交叉业务的优势互补与互利上，例如在美国，美洲银行的批发业务具有优势，而国民银行则擅长零售银行业务，合并后彼此都可以将自身业务轻松地延伸到对方的优势领域，而不必担心这些陌生领域的不确定，从而产生了巨大的协同效应。财务上的协同效应主要体现在实现并购后，金融控股公司财务上出现的成本节约和收入提高，而且在实现并表管理后可以充分利用税收优惠政策，也可以更有效地进行财务策划。

第三，财务并表，合理避税。金融控股公司是中央集权式的经营管理组织，可以通过合理调度集团内的资金和财务资源，实现集团内的利润最大化并充分发挥合理避税效应。一方面集团内各子公司由于经营资源和经营能力不同，其边际收益和边际成本也不同，而按照"并表管理，统一纳税"原则，控股母公司可以通过平抑各子公司的利润规模，在一个最优化的利润规模下纳税。另一方面金融控股公司业务领域广阔，子公司众多，可以充分利用各国对不同领域的税收优惠政策，实现合理避税。

第四，通过多元化经营实现分散风险。金融控股公司通过风险互补效应来分散风险，它在提供多元化金融服务的同时，也实现了收益的多元化和风险的分散化。一方面，当金融控股公司某一个地区的子公司因当地经济不景气而出现经营亏损时，就可以通过另一个经济相对较好地区的子公司的盈利来弥补亏损。另一方面，金融控股公司在同时经营银行、证券、保险、信托等金融业务时，当某一金融行业不景气而导致该行业的子公司出现亏损时，就可以通过另一个较好行业的子公司的盈利来弥补亏损。由于金融控股母公司将资产密集型业务、贷款业务、收费业务、证券业务等结合在一起，因此它可以比专业金融机构更容易获得稳定的收入流，实现不同金融服务之间的风险对冲。这样金融业务风险被有效地分散了。

此外，金融控股集团还能实现信誉外溢，例如整体评级上升、消费者品牌需求外溢、向并购目标外溢等效果。

（二）金融控股集团面临的风险成因

金融控股集团具有诸多优势，但也面临一定的风险。金融控股集团面临的风险既包括成员金融机构所面临的一般性风险，也包括成员机构组集团化后的特殊风险。

1. 一般性风险

一般性风险指各成员机构独立经营所面临的风险，主要包括信用风险、市场风险、操作风险、法律合规风险、流动性风险、战略风险、声誉风险等各项风险。

信用风险指借款人不能按时还款给机构带来损失的不确定性。信用风险对于商业银行来说至关重要，贷款是商业银行的主要资产，一旦发生大规模的贷款违约事件，银行经营将难以为继。各金融机构一般会采取授信管理、缓释品管理、贷后管理等方法来管理信用风险。

市场风险指市场因子价格波动带来的风险，例如利率、汇率和股票价格的波动。银行还会因为资产负债在期限、利率等方面的不匹配，受到利率风险的影响。各类市场风险通过金融市场的传播，会给各类金融机构造成不同程度的影响，金融控股公司横跨多个行业，更容易受到市场风险的影响。

操作风险指由于失效或者有缺陷的系统、人员、流程或外部事件，给金融机构带来损失的可能性。操作风险遍布金融机构的各个业务领域，隐含在各项业务活动中，因此防范操作风险需要做好全局工作并注意把握细节。金融机构管理层应当加大对操作风险的重视，在部门和岗位上设置必要的隔离，建立完备的业务政策和制度，以及形成良好的企业风险文化。

法律合规风险指金融机构因未能遵循法律法规、监管要求、规则、自律性组织制定的有关准则以及适用于银行自身业务活动的行为准则，而可能遭受法律制裁或监管处罚、重大财务损失或声誉损失的风险。从内涵上看，法律合规风险主要是强调银行因为各种自身原因主导性地违反法律法规和监管规则等而遭受的经济或声誉的损失。

2. 特殊风险

特殊风险指成员机构集团化后，由于组织结构和风险监管的复杂性带来的风险。特殊风险主要体现在：

（1）过度杠杆（资本不足）风险。当母公司发行债务（或其他在附属机构中不被认为是监管资本的工具）并将资金以股权或其他监管资本形式注入附属机构时，附属机构的实际杠杆可能大于单独计算的杠杆，引发过度杠杆问题。由此带来的潜在风险是，受监管实体须向母公司支付红利，以帮助母公司偿还债务，承担过度压力。

（2）集中度风险。集中度风险是指各成员机构对单一客户总体风险暴露或组合在集团未被加总反映，可能威胁集团整体安全的风险。存在集中度风险的情形包括但不限于：交易对手集中度风险，地区集中度风险，行业集中度风险，资产集中度风险，表外项目集中度风险，等等。

（3）整体流动性风险。金融控股集团整体流动性风险，是指单体机构流动性风险导致集团整体遭受挤兑或流动性枯竭的风险。尤其是在金融市场出现大幅波动和系统性危机的时候，若金融控股集团自身欠缺有效的流动性补充能力，将加剧整体流动性风险恶化的程度和速度。贝尔斯登的崩溃就是整体流动性风险的例子。

图 18 - 1　贝尔斯登：流动性压力的传导催化了贝尔斯登的崩溃

（4）利益冲突风险。金融综合化经营容易发生各种形态的利益冲突，因为金融集团巨大化伴随着市场力、资金力的优势地位，导致其利益冲突往往可能偏向金融集团有利方向发展，主要表现形式有破产风险转嫁、投资者贷款、捆绑销售、回旋（Spinning）和抢先行动（Front - running）、私人信息的滥用等。

（5）关联交易风险。内部关联交易主要包括：交叉持股；交易性运营；互相提供担保及贷款承诺；在公司内部配置客户资产的风险；主要股东的风险暴露；集团内子公司之间的资产买卖；源于保险或重复保险的转让风险等。内部交易可帮助金融控股公司实现协同效应与规模经济，内部交易的双方互相了解，可以分享资源，减少搜寻和谈判的成本，提高整个公司的效益。但如果不能对内部交易进行合理的监管与控制，会给整个集团带来巨大的危机。尤其是集团内部的风险传递，集团各子公司因为母公司的关系而联系在一起，一家子公司出现经营问题可能引发另一家子公司的流动性风险，像多米诺骨牌一样给整个集团带来巨大风险。因此，对内部交易既要肯定其积极作用，又要加以限制，重点防范各子公司通过内部交易操纵利润。

（6）合规风险。金融综合化经营会带来多重监管，增加合规性风险。如美国金融控股集团成员机构要接受各行业监管机构的监管，而金控集团还要接受如美联储等专属机构的监管。此外，不同国家的监管要求存在差异，金控公司在境外展业亦会面临复杂的合规性问题。

（7）信息不透明风险。金融控股公司经营多元化业务，内部治理结构复杂，管理上层级设置较多，因而容易造成信息的不透明，包括母公司与子公司之间的信息不对称，以及集团与监管者之间的信息不对称。在这种情况下，无论是内部管理者还是外部监管者，都不能准确地评价集团整体风险。一方面，这会引起监管套利。金融控股公司内部各业务受到不同法律条文的约束，不同的监管制度对各子公司的资本、会计制度等各方面要求也是不一样的，由于信息不透明，金融控股公司可以通过内部的资产转移来躲避监管要求，实现监管套利。另一方面，这会导致集团管理者的管理困难。集团内部因为子公司与母公司之间信息交流障碍，使集团的管理层不能很好地把控风险，甚至在危机来临时不能及时预警或做好应对措施，造成不可挽回的后果。此外，信息不对称容易引发子公司的逆向选择，这将进一步加大风险管理的难度。

（8）风险传染。风险传染有财务风险传染和声誉风险传染两大类。财务风险传染，是指某成员机构的危机可能恶化其他成员机构的经济基础状况，如导致其他成员机构现金流减少，投资收益下降，坏账骤增；进而使金融控股集团面临严重财务压力，最终引发危机。

财务风险传染又分为股权传染和债券传染。股权传染路径见图18-2。

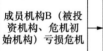

图 18 - 2　股权传染路径

债务传染路径见图 18 - 3。

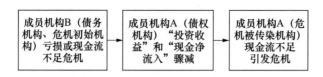

图 18 - 3　债务传染路径

声誉风险传染，是指成员机构之间的实质经济（如资本控股关系、债权债务关系）联系薄弱，成员机构的危机虽未直接恶化另外成员机构的经济基础变量，但最终也诱发了对其他成员机构的危机冲击。

图 18 - 4　声誉风险传染路径

此外，还要考虑强监管带来的额外成本。金融综合化经营会带来规模、业务复杂程度和关联性的上升，若被认定为系统重要性金融机构，则会受到更为严格的监管。如巴塞尔委员会建议对系统重要性金融机构使用包括更严格的资本工具、流动性附加、金融机构税、风险暴露限额和结构性措施等工具，以降低金融控股集团业务复杂性和相互关联度，提高风险抵御能力。

二 境外金融控股集团监管及风险管理实践

（一）监管模式

全球主要经济体对金融控股集团风险管控建立了相对成熟的准则、方法和监管模式。国际通用的金融控股集团监管模式有两大类：一类是"多元分业监管 + 主监管"模式，又称为"伞形监管"模式；另一类是"一元混业监管 + 集中监管"模式。

1. "多元分业监管 + 主监管"模式

在这种监管模式下，金融控股集团涉及的银行、证券、保险业务分别由对应的监管机构监管，同时有一个主监管机构对金融控股集团进行监管，并负责银行、证券、保险业务监管的统筹协调。监管遵循的原则是《金融控股公司监管原则》，该原则由联合论坛（巴塞尔银行监管委员会、国际证监会组织、国际保险监督官组织）制定。该监管模式的典型代表是美国和中国台湾地区。

以美国为例。总体上，美国对金融控股集团的监管实行伞状监管架构，即联邦储备委员会（FSB）监管金融控股公司和金融控股集团，附属机构分别由功能监管者监管。这种监管方法也称为"单独加法"监管模式。联邦储备委员会充当任何架构形式的金融控股公司的主监管者角色。即无论是以银行为主体的金融控股公司，还是以证券为主体的金融控股公司，或者是以保险为主体的金融控股公司，都是由联邦储备委员会实施主监管和集团整体的监管。联邦储备委员会对金融控股集团的监管理念是"类银行"监管。金融控股集团的监管目标集中于金融控股公司的稳定、并表风险管理和整个集团资本充足率水平。联邦储备委员会极力评估因各功能监管者对资本、资产、负债等要素定义存在差异给整个金融控股集团带来的影响；评估资本双重运用带来的影响；监督内部风险暴露和风险集中带来的影响，强调联邦储备委员会在风险暴露监管技术方面的专业性。

2. "一元混业监管＋集中监管"模式

在这种监管模式下，金融控股集团涉及的金融业务由一个监管机构统一完成监管。这种模式的典型代表是英国和德国，遵循的原则是《对金融企业集团中的信用机构、保险业及证券公司之补充性监管及修订其他相关指令的指令》。以英国为例，金融服务监管局（FSA）负责金融控股集团的统一监管，几乎拥有绝对的权利。金融服务监管局是并表监管者，也是监管协调者。并表监管的核心目标为确保主银行的资本充足水平与作为独立机构的银行所要求的资本充足率水平相等；监督和限制对个别相关机构的巨额风险暴露；确保适度的内部控制。

上述两种监管模式有着共同点，即以风险为本，以资本管理为重要手段实施审慎监管。

（二）风险管理实践

1. 以资本充足性为核心指标进行风险管理

联合论坛和欧盟的通用性原则中，建议对金控集团整体的"资本充足性"进行评估和管理。计算原则为：计算母公司及其子公司的法定资本要求，与集团资本进行比较，以确定集团资本富余或不足。提出了多种资本充足性的计算方法。资本剔除项目为：通过并表管理或其他有效的资本评估和计量技术剔除资本重复计算、过度杠杆（如母公司发债注资子公司）、内部资本转移的限制等影响。随着规模、业务复杂程度和关联性的上升，若金控公司被认定为系统重要性金融机构，则会受到更为严格的资本充足要求。

以美国为例，对资本的要求是这样的：1999 年，《金融服务现代法》中规定，金控公司的附属存款机构需满足"well - capitalized"的要求；2011 年，推出了全面资本评估与评审（CCAR）监管改革计划，对大型银行控股公司、金融控股公司、商业银行、投资银行等被认定为系统重要性金融机构的组织提出以资本规划和风险管理为核心，以压力测试为手段的更严格的监管要求；2015 年，对全部金控公司的整体层面上的资本充足率提出了最低要求，标准同全面资本评估与评审的要求。若不满足，美联储可以命令其出售不合规的存款机构，或禁止其从事任何新业务。

2. 通过设置防火墙对内部风险分拆控制，严格限制关联交易

美国《金融服务现代法》对不同金融领域之间的相互渗透做出了明确的限定。在行业渗透方面，允许银行、证券公司和保险公司以控股公司的方式相互渗透，但不允许以全资子公司的方式进行业务渗透。在业务内容渗透方面，允许金融控股公司通过其控股证券子公司和保险子公司，从事证券承销、保险包销等以直接当事人方式进行的业务；但是对于银行、证券公司和保险公司的子公司（即金融控股公司的孙公司）的业务，只限定于从事金融服务代理业务。在银行控股公司综合经营方面，银行控股公司转变为金融控股公司，应达到一定的自有资本比率以及相应的有关资格；当它无法满足这些条件时，则必须退出相应业务。

3. 关注集中度风险，强调集团层面统一授信或限额管理

为了防止金融控股集团在总体上风险过度集中于某些特定交易对象、地区、部门和金融市场，联合论坛和欧盟以及有关国家监管当局均对其风险集中进行控制。一是设定风险集中的数量限额。如英国金融服务监管局（FSA）规定：（a）大额风险指等同于或超过机构自有资金10%的风险。单个的大额风险不得超过金控公司自有资金的25%。（b）在非金融企业的持股，单个企业的投资不得超过金控公司自有资金的15%。二是建立集中度管理制度。要求金控公司建立有效的内部风险敞口和集中度管理制度，监管当局应对这些程序和机制进行审查和评价。三是做好信息收集和披露。要求金控公司定期向监管部门报告相关风险集中情况，健全公众信息披露制度。

4. 关注流动性风险

联合论坛在2010年对金控公司监管原则的修订中，提出了集团层面流动性监管的原则：对金控公司，一要充分和持续地识别、计量、监测和管理母公司和整个集团的流动性风险；二要满足整个金控公司在正常和压力情景下的资金需求。对金控公司的母公司，当金控公司是更广泛集团的一部分时，监管机构应及时了解其所在更广泛集团的流动性头寸（liquidity position）及其风险。

5. 注重客户信息和消费者权益保护

保护客户隐私以及限制联营机构间的信息共享。组建金融控股公司的动机之一就是交叉营销同一集团内各关联公司的产品，然而这种交叉销售有可能会侵犯客户隐私，因此，多国有关金融控股公司的立法对客户隐私进行保护。

美国对客户信息的原则是允许共享，限制使用。《公平和准确信贷交易法案》规定，如果某机构同其关联机构共享了若干消费者的信息，该关联机构不得使用该信息向该消费者作出或发出与其产品或服务有关的招揽，除非该消费者已经获得通知，并且有合理的机会可以选择不同意该信息的使用，并且该消费者没有作出否定选择。

6. 强调独立风险管理体系和机制的建设

各国监管政策均要求金控公司建立集团层面的独立风险管理流程，包括识别、计量、监测和控制各类风险（如信用风险、操作风险、战略风险、流动性风险），并提出适当的资本计提要求。

三　加强我国金融控股集团风险防范的政策建议

（一）我国金融控股集团发展概况

自20世纪80年代开始，我国金融业开始大发展，随之而来出现一个现象，专业银行"全能化"，非银行金融机构"银行化"，混业经营助长了金融机构的非理性投资和投机行为，导致证券市场和房地产市场出现泡沫，这些负面效应在1993年的上半年达到高峰。1993年6月，党中央、国务院开始了对金融业的全面治理整顿，从此开始在政策和法律上确立了金融"分业经营、分业监管"的原则，并在以后制定的《中国人民银行法》《商业银行法》《保险法》《证券法》中有明确的体现。进入21世纪以来，随着西方国家打破分业经营、推动混业经营，我国也在金融改革中开始尝试多元化经营。2005年，中共中央在国民经济和社会发展第十一个五年规划建议中提出，要稳步推进金融业综合经营试点。金融控股集团则是金融业综合经营的重要形式，近年来得到较快发展。

表 18 - 1　　　　　　　我国有代表性的金融控股集团介绍

类别	集团	银行	证券	保险	基金	租赁	信托	期货
大型实业集团类	中信	中信银行	中信证券	信诚人寿	华夏基金、信诚基金	中信金融租赁	中信信托	中信期货
大型实业集团类	招商局	招商银行	招商证券	仁和保险、招商局保险、招商信诺、招商海达	招商基金、博时基金、招商局中国基金、招商局资本	招商局融资租赁		招商期货
银行类	建行	建设银行、建银亚洲、中德住房储蓄银行	建银国际	建信人寿	建信基金	建信金融租赁	建信信托	建信期货
保险类	平安	平安银行	平安证券	平安寿险、平安产险、平安养老险、平安健康险、平安香港	平安大华基金	平安融资租赁	平安信托	平安期货
资管公司类	信达	南洋商业银行	信达证券	幸福人寿、信达财产保险	信达澳银基金	信达金融租赁	中国金谷国际信托	信达期货

资料来源：根据公开资料整理。

目前，我国金融控股集团大体分为五大类。第一类是大型实业集团控股金融机构，成立了或实际形成了金融控股集团。这一类的典型代表是招商局集团。招商局集团旗下有招商银行、招商证券、招商基金、仁和保险、招商期货等金融机构。第二类是银行类金融控股集团，以商业银行为主体，通过设立或收购子公司不断扩充业务范围。这一类的典型代表是建设银行集团，旗下有建设银行、建银国际、建信人寿、建信基金、建信金融租赁、建信信托、建信期货等金融机构。第三类是保险类金融控股集团，以保险公司为主体，通过设立或收购子公司不断扩充业务范围。这一类的典型代表是平安集团，旗下有平安银行、平安证券、平安寿险、平安大华基金、平安融资租赁、平安信托、平安期货等金融机构。第四类是由投资公司通过参股、控股形成的金融控股集团。这一类的典型代表是特华投资，旗下有华安财产保险、久银投资基金等金融机构。第五类是由资产管理公司发展而成的金融控股集团。这一类的典型代表是信达集团，旗下有南洋商业银行、信达证券、幸福人寿、信达澳银基金、信达金融租赁、信达期货等金融机构。

（二）金融控股集团监管发展趋势

目前，我国实施分业监管，银监会、证监会、保监会分别对银行业、证券基金业和保险业金融机构进行监管。我国的金融综合化经营已事实存在，但在目前的分业监管体制下，监管机构只对银行控股和保险控股型金控集团进行主监管，对非直接经营型金融控股集团尚未形成统一的监管。当前的金融监管体制面临越来越大的挑战，我国在近年来开始酝酿金融监管体制改革。2017 年 2 月 28 日，中共中央总书记习近平主持召开中央财经领导小组第十五次会议，会上再次强调要防范金融风险、加快监管协调机制的建立。

未来，我国对金融控股集团层面进行统一、综合监管是必然趋势。在监管原则方面，将出台金融控股公司监管法律和制度，强调以风险为核心，以资本充足管理为手段的审慎监管。在监管主体方面，对综合化、纯粹型金融控股公司可能由专设机构或央行金融稳定局承担监管职责。可能的监管抓手，有资本充足性要求、风险集中度限制、关联交易限制、客户信息共享限制等。

（三）加强我国金融控股集团风险防范的建议

1. 强化公司治理，健全风险治理组织架构

建立现代的、科学的、规范的公司治理结构，有效发挥股东大会、董事会、监事会、高级管理层的作用，尤其是要完善并增强监事会的功能，形成公司内部的监督约束机制。以实现有效控制风险、提

高管理效率为主要目标，构建法人结构与业务结构平行的矩阵式组织结构，确保金融控股集团一方面管好集团层面的风险，另一方面管好成员公司的风险。

2. 强化资本的充足性，将资本作为核心管理手段

未来中国对金融综合化经营的监管，可能会以"资本充足率"或"资本充足性"为核心。对于金融控股集团而言，要用好资本管理这项工具，将资本管理作为集团风险管理的"牛鼻子"工具。做好资本充足性的测算，评估是否存在资本金不足的状况；关注资本金来源和构成，例如，使用往来款进行成员公司股权投资，若被监管认定为过度杠杆，则会在集团合并层面的资本计量中剔除。

3. 设置防火墙，加强风险隔离

对于兼有金融和实业的集团（如中信集团、招商局集团），在金融板块与实业板块之间设置防火墙，实施产融深度结合的风险控制，促进长期健康的产融结合。

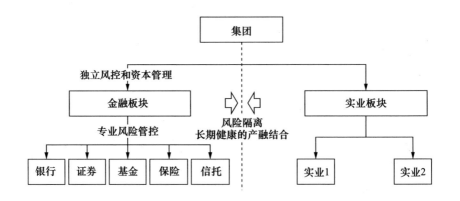

图 18-5　风险隔离示例

在兼有金融和实业的集团的金融板块，或者金融机构组成的金控集团，各金融机构之间也要设置一定的防火墙，通过设置法人防火墙、身份防火墙、管理防火墙、信息防火墙等，实现风险阻隔。

4. 创新流动性管理机制，强化流动性风险防范

一是密切监测和评估金融控股集团范围内的流动性风险；二是建

立金融控股集团范围内的流动性调配机制，集团对成员公司提供一定的流动性支持（如明确什么情况下，集团对成员公司提供流动性支持，限额多少），同时在法律允许的范围内，探索成员之间实行流动性互助机制；三是提前研究利用央行再贷款、流动性支持和金融市场融资的能力，推动融资渠道多元化，防止成员公司过度依赖集团的流动性支持。

5. 识别和控制风险敞口，防止形成集中度风险

在金融控股集团中后台搭建系统，通过系统实现对业务、客户、行业、区域等集中度的识别、计量、监测和控制。在系统未对接情况下，可采用大客户和黑名单报送汇总等形式加强集中度风险管理。

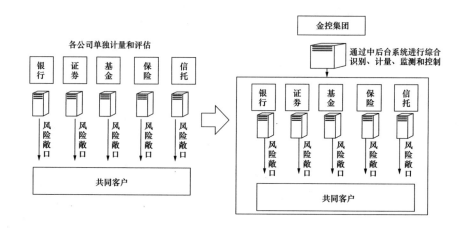

图 18 - 6　搭建中后台系统

6. 加强中后台建设，建立风险信息集中收集制度

风险管理信息系统应包含完善的风险预警指标库，并建立与集团办公平台和各成员公司信息系统的对接关联，并通过自动提取、计算预警指标和数值，实现对风险的实时跟踪和预警，做到事前预防和事中监控，为集团防范风险提供保障。

附件：

巴塞尔联合论坛和欧盟建议的资本充足性计算方法

附表 18 – 1　巴塞尔联合论坛关于金融集团资本充足性计算方法比较

基础审慎法	金融集团资本充足性水平 =（已扣除集团内部交易的母公司资本 – 母公司法定资本要求）+ ∑（子公司资本 × 母公司对其持股比例 – 子公司法定资本要求 × 母公司对其持股比例）
	特点：适用于合并报表，允许资本在集团内部转移
以风险为基础的加总法	金融集团资本充足性水平 =（未合并母公司资本 + ∑ 子公司资本 × 母公司对其持股比例 – 集团内上缴或拨付资金）–（母公司法定资本要求 + ∑ 子公司法定资本要求 × 母公司对其持股比例）
	特点：适用于无法获取合并报表的情况
以风险为基础的扣减法	金融集团资本充足性水平 = 未合并母公司资本 – 母公司对子公司投资 + ∑（子公司资本 × 母公司对其持股比例 – 子公司法定资本要求 × 母公司对其持股比例）– 母公司法定资本要求
	特点：适用于无法获取合并报表的情况，并从母公司的立场出发

附表 18 – 2　　欧盟关于金融集团资本充足性计算方法比较

会计合并法	金融集团资本充足性水平 = 集团合并自有资本 – 集团内不同金融部门偿付能力要求之和
	特点：适用于合并报表
扣减加总法	金融集团资本充足性水平 =（集团内非受监管主体自有资本 + 集团内非受监管主体自有资本）–（集团内非受监管主体偿付能力要求 + 集团内非受监管主体偿付能力要求）– 集团内交叉参股的账面价值
	特点：适用于无法获取合并报表的情况
账面价值/要求相减法	金融集团资本充足性水平 = 母公司自有资本 – 母公司偿付能力要求 – 母公司对集团其他实体持股的账面价值（或参股公司偿付能力要求）
	特点：适用于无法获取合并报表的情况

第十九章 外汇市场主要风险点和防控举措[*]

一 外汇市场与各市场关联的全景概览

中共十八届三中全会明确提出"使市场在资源配置中起决定性作用和更好发挥政府作用",对于金融改革强调要"完善金融市场体系"。从市场体系出发,综合考量"新常态"下我国宏观经济运行和内外环境,从开放经济基本全貌看(见图 19 – 1):

位于下方的是要素市场(包括劳动力和资本等,其中劳动力市场是关键的要素市场),主体是政府、企业和居民,在实体产业价值链中居于上游。在此,PPI 与之密切相关,劳动的凝结形成重要的价值基础,生产的凝结形成资本存量(主要是存量分析)。

中间的是商品市场(包括贸易品和非贸易品两大类,其比例结构涉及汇率和资源配置问题),主体是企业和居民,在实体产业价值链中居于中下游。在此,CPI 与之相关,开放条件下跨国商品流和资金流形成经常账户跨期动态(主要是流量分析)。

上方的是资产市场(包括信贷、外汇、证券等,其中的信贷和外汇都是零售市场),主体是银行、企业和居民,在金融业价值链中居于中下游。在此,资产价格由此形成,资产市场说(主要是存量分析)为汇率具有资产价格属性和"超调"提供了理论基础。

左方的是本外币市场(包括货币市场的批发市场和外汇市场的批

* 本章作者林楠。

发市场等银行间市场），主体是中央银行和商业银行，在金融业价值链中居于上游，并且货币资金是"源头活水"。在此，基准利率和基准汇率由此形成，数量型调控向价格型调控转型，定价权的主导和博弈在开放条件下更为严峻和迫切。

右方是世界市场，在中国实体经济高度开放、扩大金融开放的背景下，世界市场与国内市场体系相连通。外部冲击扰动与国际政策协调，人民币国际化意义重大。

基于要素市场的关联。见图 19－1，过程①是生产性企业与资产市场的关联（企业或以信用方式或以抵押等形式从银行得到贷款，或通过证券市场进行直接融资）。其中，过程①的虚线向下箭头表示资金（主要是生产性资金）流向企业，过程①实线向上箭头表示企业提供相应的实物抵押品（如厂房等）。过程②是上游的要素市场（要素或初级产品）与中下游的商品市场（生产加工或销售）的关联。其中，过程②的实线向右上箭头表示要素或初级产品进入商品市场后生产或再加工生产后以最终产品销售给消费者，过程②虚线向左下箭头表示对应于要素和产品出售的资金回收，以及在资产市场的再配置（体现为过程④）。对于要素市场与世界市场的关联，主要是原料劳动国际流动（过程⑦）和国际资本流动（过程⑧＋过程①）。

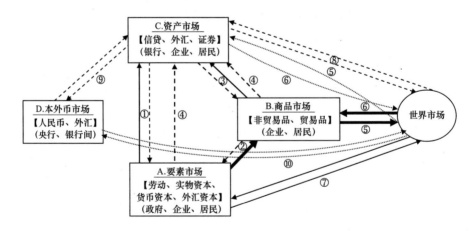

图 19－1　中国开放经济运行概貌与市场体系各种关联结构性示意

资料来源：笔者绘制。

　　基于商品市场的关联。见图 19 - 1，过程②和过程③是国内关联。其中过程③对于商品市场中间产品生产者而言与上述的过程①相类似。对于最终商品售卖而言则体现为企业资金回收后在资产市场的再配置，体现为过程④。对于商品市场与世界市场的关联，主要是通过进出口贸易建立联系，国内对外出口（过程⑤实线向右直线箭头），获得外汇收入（过程⑤虚线向左上弯线箭头）；国内从国外进口（过程⑥实线向左直线箭头），对外支付外汇（过程⑥虚线向右下弯线箭头）。世界市场会影响国内参与世界市场的贸易价格，而贸易条件是国内经济受外来冲击最重要的指标之一。

　　基于资产市场的关联。见图 19 - 1，如上所述的过程①、过程③和过程④都通过金融账户这一关键环节来完成国内关联。资产市场关联的特殊性体现为"一体两面"：作为金融业，同业跨界金融交易（资金在同业体内循环，本身就可能导致资产市场不断膨胀，风险的跨市场传染），与此同时，一方面体现着市场实体供求诉求（企业和居民，过程①、过程③和过程④），另一方面连通本外币货币供求（央行、银行间，过程⑨）。对于资产市场与世界市场的关联，上述的过程⑧还可表达为另一种形式，即跨境资金流动（而非如前所述要素市场与世界市场关联的 FDI 或 ODI 形式）；上述的过程⑤和过程⑥也可以表达成另一种形式，即假借进出口贸易的游资。因而资产市场的国际关联可能是所有涉外关联中最直接、最强和最快的关联。

　　基于本外币市场的关联。见图 19 - 1，主要是体现国内关联的过程⑨和体现国际关联的过程⑩。前者是央行货币政策调控的重要阵地，后者是金融开放、金融外交和国际政策协调重要渠道。从批发市场看，无论是货币市场还是外汇市场等银行间市场，央行都是最强大的市场主体，数量型（广义货币 M2 和社会融资规模余额）和价格型（人民币兑美元汇率中间价和利率等）各类信号在这里形成、输出（体现为过程⑨），伴随经济金融运行后再次交汇并进行新的"反馈和校准"后开始新一轮的形成、输出……这些信号以及更广谱的一般价格 CPI（主要是在商品市场）和 PPI（主要是在要素市场及其与世界市场和商品市场的关联）不仅是"镜像"反映，更重要的是伴随经济运行已参与到利益切分和收入分配中。

二 从外汇市场结构与供求关系 看风险的传导链条

在概念上，外汇市场是外汇交易的场所，是外汇供求关系的总和。

从外汇交易看，按交易主体划分为零售市场和银行间市场。结合图 19-1 及以上分析，外汇市场是图 19-1 中的本外币市场的一部分（银行间市场外汇市场）加上资产市场的一部分（零售外汇市场）共同构成的。从市场结构看，目前中国已形成以银行结售汇为基础的银行零售外汇市场和全国统一的银行间外汇市场的双层市场体系。一般而言，动态情景下，价格型信号变化（汇率变化）、数量型信号变化（国际收支调整、外汇储备增减）都可能会产生损益，这如果是不确定的，相关主体又没有及时有效地做好预案，一旦损失产生，外汇风险也就产生。将双层体系下的外汇市场作为一个整体，结合图 19-1，从各种关联看有以下几方面：

一是外汇市场为"终端"与要素市场、商品市场以及世界市场之间的基础性关联。对此可能产生的风险或是收益在机制上传导链条较长（也较为间接），具体传导机制分别如下：

〈1〉"外汇市场⇔外汇资源可得性及配置⇔要素成本⇔要素市场⇔世界市场"；

〈2〉"外汇市场⇔汇率（对外经济竞争力）⇔贸易条件⇔商品市场⇔世界市场"；

〈3〉"外汇市场⇔汇率物价、货币量、债务等⇔中美货币博弈⇔世界市场"。

其中，〈1〉是外汇市场与要素市场的关联，是外汇资源作为金融要素的重要体现，宏观上外汇储备是央行所持有的外汇资产，微观上企业外债及居民的结售汇情况，都是重要观测指标。〈2〉和〈3〉是外汇市场与商品市场、世界市场的关联，是汇率（价格型信号）、经常账户（数量型信号）的重要体现；〈2〉更加突出贸易条件、对外竞争力可持续下的内外联系和在世界市场中的份额维护；〈3〉体现了人民币国际化（中美博弈）的微观基础和宏观条件。

二是以外汇市场为"中介"与世界市场、本币的货币市场和资产市场之间的跨市关联。对此可能产生的风险或是收益在机制上传导链条较直接（也更短），具体机制分别如下：

4."世界市场—外汇市场⇔跨币种转换（汇兑）⇔本币的货币市场"；

5."世界市场—外汇市场⇔跨产品转换（交易）⇔本币的资产市场"。

其中，〈4〉是外汇市场与本币的货币市场的关联，在宏观上央行资产负债表变化与外汇储备增减息息相关，在微观上企业资产负债变化（杠杆率）与企业外债、汇率变化相关联，其中，跨币种转换（即汇兑）也是资本项目可兑换的重要一环。〈5〉是外汇市场与本币的资产市场的关联，如前所述，资产市场的国际关联是所有涉外关联中最直接、最强和最快的关联，其中，跨产品转换（即交易）也是资本项目可兑换的重要一环。一般而言，资本项目可兑换是指居民和非居民之间的资产交易和汇兑不存在障碍和管制。人民币资本项目兑换，是对目前仍不可兑换或部分可兑换的项目，以人民币进行交易，从而跨境人民币业务也可以成为实现人民币可兑换的突破口。

从外汇供求关系看，在不同的汇率体制安排下，价格会反映在汇率上，数量又会反映在国际收支并最终体现在外汇储备上（这与汇率体制安排密切相关）。改革开放以前，中国的外汇资源稀缺，实行的是高度集中的计划管理。1994 年汇率并轨以来，外汇市场供给总体上大于需求，表现为外汇储备持续增长。"新常态"下中国外汇储备出现下降。从 2014 年 6 月的 3.99 万亿美元历史峰值，下降到 2017 年 1 月的 2.998 万亿美元（2017 年 1 月下降了 123 亿美元），2017 年 2 月回升为 3.005 万亿美元（2017 年 2 月增加了 69 亿美元）。与之相应，央行外汇占款也从 2014 年 5 月的 27.2998 万亿元的历史峰值（见图

19－2），下降到 2017 年 1 月的 21.7337 万亿元（2017 年 1 月减少 2088 亿元）。这表明当前外汇市场供求已发生改变。

与此同时，伴随外汇储备的消耗，人民币兑美元汇率贬值、跨境资金外流及其相互强化，在宏观上带来很多压力。考量其背后的经济逻辑，至少与上面所述的传导机制〈1〉和机制〈5〉有关，即在基本面上"新常态"下外汇资源收益与企业要素成本的权衡，以及扩大金融双向开放下人民币国际化与资本项目可兑换进程中可能存在的套利冲击扰动。对于目前中国外汇市场的双层市场体系，就其中具体的主体而言，主要涉及央行、商业银行、企业和居民以及非居民等，这些主体都是外汇市场的风险（或收益）的可能承受者，并且通过市场关联，伴随经济运行，可进一步归纳为风险承受、风险共担及风险溢价三过程。

三　中国外汇市场的风险承受、风险分担与风险溢价分析

1. 风险承受（Risk Taking）

不仅包括承担风险的相应主体（潜在、可能的风险承受者和事实上、最终的风险承受者），还包括该主体承受风险的能力和限度（超越该限度，风险损失就有可能出现）。从外汇市场双层体系出发，核心是银行间外汇市场，主体是银行，但是商业银行在中国并不是外汇风险的最终承受者（而是风险转移者），长期以来，真正的最终承受者是中央银行。就此而论，对于外汇市场的（最终）风险承受，是体现在外汇市场与本币货币市场的关联上的。

从银行间市场的功能看，主要是为银行平补结售汇头寸提供服务，基本功能之一是生成人民币基准汇率和市场汇率，这也是人民币汇率形成机制的核心所在。长期以来，人民银行作为外汇市场本外币的终极买家和卖家，对人民币汇率具有绝对定价权，同时也成为外汇风险的最终承受者。"新常态"下人民币兑美元汇率贬值与之前升值

时期的情况完全相反，使外汇管理措施应对产生很多不适应。

结合央行资产负债表来看（见图 19－2），对于央行资产负债表外化程度，在进入"新常态"前是持续提升的，但在 2014 年后开始不断下降，目前已大致回落到国际金融危机爆发前的水平。实际上，这与人民币兑美元汇率贬值、跨境资金外流、外汇储备的消耗及其相互强化有关。从风险暴露看，其间经历了股市汇市动荡，但重要的是央行还是完成了人民币汇率与美元汇率的"脱钩换锚"，也为提升央行货币政策的有效性扩大了空间。

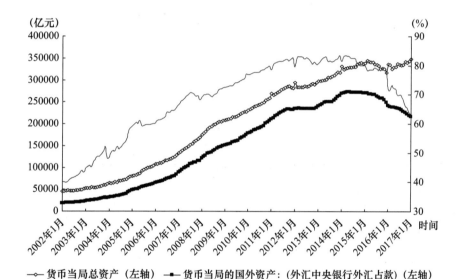

图 19－2 央行资产负债表总资产、央行外汇占款及其占总资产比例

资料来源：WIND 和笔者绘制。

2. 风险共担（Risk Sharing）

如前所述，长期以来央行实际上是外汇风险的最终承受者。但是，"新常态"下这种情形也在发生变化。主要是在当前意愿结售汇制下，企业和居民对汇率变化的敏感性不断提升，"新常态"下外汇风险的最终承受者已经逐步从央行推向市场由多方共担。

对于外汇市场结构，核心是银行间外汇市场，主体是银行，但是商业银行在中国更多的是外汇风险的传输中介，而不是外汇风险的最终承担者。对此，从银行自身结售汇差额和银行代客结售汇差额的对比看，可得到初步印证。如图19－3所示，银行自身结售汇基本上在零线上下，而银行代客结售汇波动较大且自2014年9月到2017年1月基本上每月都是逆差。

总之，对于外汇市场的风险共担，很重要的体现是在外汇市场与资产市场的关联上，更主要的是零售外汇市场，而在零售外汇市场的背后则是与商品市场相联系，根本上体现的是市场调整的自发诉求。

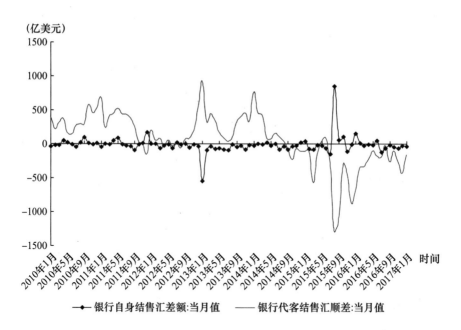

图19－3　银行代客结售汇当月顺差和银行自身当月结售汇差额

资料来源：WIND和笔者绘制。

3. 风险溢价（Risk Premium）

人民币从风险货币逐步成为安全货币的过程，既是人民币国际化的过程，也是人民币的风险溢价形成和释放的过程。2014年12月中央经济工作会议首次提出人民币国际化，"十三五"规划纲要再次予以明确，2016 年 10 月人民币正式加入 SDR，人民币国际化迎来新起点，2017 年 3 月政府工作报告中首次提出"保持人民币在全球货币体系中的稳定地位"。

实施人民币国际化战略，树立对人民币的信心，有利于在全球范围内配置资源，也为促进我国经济实力转化为国际制度性权力提供了战略机遇。但是，机遇与挑战并存。人民币加入 SDR 后，金融监管挑战比以前也更大、更复杂。随着人民币置身于国际聚光灯下，央行加强国际收支监测，强化本外币政策协调和本外币政策一体化的关系，以及加强宏观审慎管理的任务将更为繁重。伴随着人民币资本项目可兑换有序实现，货币政策所受到的外部影响以及内外互动机制将更为复杂，完善开放经济货币政策调控体系的重要性将进一步凸显。

四 "生产—市场—货币"框架下
人民币国际化战略思考

遵循马克思"生产的国际关系、国际分工、国际交换、输出和输入、汇率"理论逻辑，借鉴《资本论》产业资本循环的三阶段和三种形态分析，可将人民币国际化战略纳入供给侧结构性改革下产能、市场与货币红利的大分析框架（见图 19 - 4）。图 19 - 4 中的"生产"是生产能力、产能及特定时点经济增长（稳态下）某"切面"的抽象，"市场"是市场体系、市场化、供求关系的综合，"货币"是货币、资金和金融体系的概括。将图 19 - 1 中的"要素市场""商品市场""资产市场""本外币市场"按照各自在价值链上的位置，对应于图 19 - 4 中的"生产""市场"和"货币"的循环过程（相关解释见图 19 - 4）。其中，"供给侧结构性改革"更多以"生产"维度统观"生产—市场—货币"全局；"市场在资源配置中起决定性作用"更多以"市场"维度统观"生产—市场—货币"全貌；"人民币国际化"对应的是"货币"维度。

从供给侧结构性改革出发，以生产函数刻画经济增长作为生产的国际关系重要组成，与之相应的首要条件是市场，其在资源配置中起决定性作用。一方面，作为流通的时空场所，市场本身就是最稀缺的资源；另一方面，价值规律是在市场经济中得以体现。作为市场交易的"镜像"，货币又是生产的"第一推动力"。货币的本质是通过货币职能（价值尺度、流通手段、财富储藏等）来体现。由此，人民币在国际范围内行使货币功能，逐步成为贸易计价结算货币、金融交易货币以及国际储备货币，就是人民币国际化的完整定义。后 SDR 时代，人民币国际化路线图在"按功能推进方式"下日渐清晰。伴随生产能力的不断提升，在储蓄向投资转化的市场运行过程中，劳动年龄人口占比的人口红利不断释放，人民币汇率也逐步趋向合理均衡，这与经济增长和发展方式转变相伴而行。

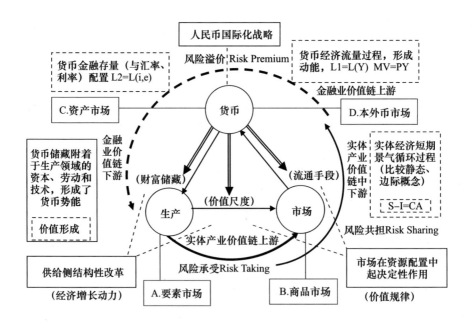

图 19−4　供给侧结构性改革下产能、市场与货币红利的大分析框架

资料来源：笔者绘制。

　　综合风险承受、风险共担和风险溢价分析，人民币国际化战略关键是"生产"维度上，以服务"贸易投资和产业链升级"为重点，将人民币打造成以"中国制造"为支撑的生产性世界货币；在"市场"维度上，以维护我国在国际市场足够份额为底线，在增强国际竞争力的基础上，在中美博弈中维护国民福利，实现人民币国际化本位基础是"人民"；在"货币"维度上，逐步从巩固人民币计价结算地位，向支持人民币市场交易和国际储备功能不断推进，在加快国内货币市场、外汇市场以及人民币"资产池"建设的同时，筑牢金融"防护墙"。

五　中国外汇市场的风险点聚焦

综合市场关联和风险传导机制，聚焦"新常态"下中国外汇市场的主要风险点（见表 19 - 1）：第一，从外汇市场与要素市场关联和传导机制〈1〉看，微观上企业对外负债与宏观上外汇储备的综合变化所体现的外汇资源错配是重要的风险点所在，聚焦来看，主要是货币错配风险（具体体现：短期外债占外债总额比重不断提升；短期外债占外汇储备比重不断提升）。第二，从外汇市场与商品市场和世界市场关联以及传导机制〈2〉看，一方面，对外竞争力和世界市场份额维护日益紧迫，特别是在美国 TPP "以退为进"和特朗普冲击下，对外竞争力透支风险（具体体现：人民币持续单边升值伴随中国工业企业盈利削弱和资产负债率提升）需要高度关注。另一方面，再进一步考虑外汇市场与本币的货币市场关联以及传导机制〈3〉，在人民币国际化进程中，外化冲突内卷风险和本币定价权弱化风险也不可忽视（具体体现：人民币国际化出现阶段性波动回落以及回收人民币汇率定价权所付出的离岸市场大幅萎缩代价）。第三，从外汇市场与资产市场和世界市场关联以及传导机制〈4〉和传导机制〈5〉看，随着人民币国际化不断推进，中国金融稳定面临更大挑战，主要是跨境资金异动风险。

表 19 – 1 "新常态"下中国外汇市场的风险点聚焦

判定依据		风险点	关键指标	具体体现
外汇市场与要素市场关联	传导机制〈1〉	货币错配风险	外汇储备、短期外债、外债总额	短期外债占外汇储备比重骤升骤降；短期外债占外债总额比重高位徘徊
外汇市场与商品市场和世界市场关联	传导机制〈2〉	对外竞争力透支风险	人民币实际有效汇率、贸易条件、工业增加值	人民币持续单边升值伴随中国工业企业盈利削弱和资产负债率提升
外汇市场与商品市场和世界市场关联以及外汇市场与货币市场关联	传导机制〈3〉和传导机制〈4〉	外化冲突内卷风险	人民币国际化指数，各国货币结构 M21	人民币国际化出现阶段性波动回落
		本币定价权弱化风险	CNH、CNY（备选：SHIBOR、HIBOR，离岸存款）	人民币汇率、利率定价权回收与离岸人民币资金池大幅缩水
外汇市场与资产市场和世界市场关联	传导机制〈5〉	跨境资金异动风险	跨境资金流动，人民币国际化下的本外币流动性	跨境资金流动波动易变，资本内流向资本外逃转变与人民币兑美元汇率贬值和外汇储备下降相互叠加

资料来源：笔者绘制。

● **风险点 1：货币错配风险**

目前中国对外资产负债的主要风险是货币错配风险。从存量角度看，货币错配是指资产负债表（即净值）对汇率变动的敏感性。当前，我国短期外债占比仍然较高，所存在的风险隐患，应引起高度重视，实际中在外币债务敞口以及企业杠杆融资规模较大的情况下，如果本币汇率出现大幅贬值，很可能会对企业产生冲击，并对国内货币政策和金融体系产生影响。从亚洲金融危机的经验教训看，短期货币错配指标（短期外债对外汇储备的比率）在危机期间相对较高，甚至有上升的情况；在危机爆发后，短期货币错配指标迅速下降。从中国的季度数据看，见图 19 – 5，以 2014 年 9 月为分界，在此以前我国短

期外债占外债余额比例持续上升，此后开始下降，截至 2016 年 9 月
该比例为 62%；以 2015 年 3 月为分界，此前短期外债占外汇储备比
例从 2009 年 3 月开始回升后持续攀升，2015 年 3 月后该比例大幅跳
升，在 2015 年 6 月达到近期峰值已近 32%，后又回落至 2016 年 6 月
的 27%（同比下降了 5 个百分点），之后又有所回升，截至 2016 年 9
月该比例为 28.25%。[①] 对照前期我国经历的股市汇市动荡（2015 年
中期股市剧烈波动，2015 年年底人民币汇率快速贬值）过程和我国
短期外债占外汇储备之比例在 2015 年 3 月后大幅跳升后 2015 年 9 月
又开始持续回落过程，两者的时间节点正好重叠，对此也需要引起高
度关注。

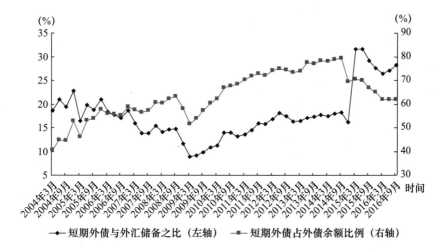

图 19-5　中国的短期外债与外汇储备之比及短期外债占外债余额比例
资料来源：WIND 和笔者绘制。

● 风险点 2：对外竞争力透支风险

当前中国维护自身对外竞争力可持续方面存在内外约束。从外部
环境看，在发达经济体所编织的全球流动性网络和全球贸易投资协定
网络的虚实相济下（特别是美国 TPP"以退为进"），我国参与世界市

① 莫里斯·戈登斯坦、菲利浦·特纳：《货币错配——新兴市场国家的困境与对策》，
李扬、曾刚译，社会科学文献出版社 2005 年版，第 16 页。

场，维护自身在国际市场的足够份额面临严峻考验。从内部环境看，由于贸易条件波动受大宗商品价格波动的影响较大，并会带来福利变化，甚至影响国家财富。主要是当贸易条件恶化时，一国对外交往中价格变化对实际资源的影响表现为出口相同数量的商品只能换回较少数量的进口商品。我国的贸易条件在 2008 年国际金融危机爆发前后，以及进入 2016 年后出现了下降。相应地，人民币实际有效汇率也出现了阶段性贬值，贸易顺差也有所下滑（见图 19-6）。尽管出口竞争优势依然存在，但是出口对经济发展的支撑作用已减弱。这与人民币汇率近十年来持续单边升值有关。从货币维度看，本币汇率升值会导致更高的风险承受，货币升值的风险承担渠道（risk taking channel）与债务杠杆和风险承受相关联，从而体现为人民币兑美元汇率升值与企业加杠杆相叠加，即汇率的高位运行透过低迷的经济，使"可贸易程度"越高的行业资产负债率越高，工业企业不得不加杠杆。综合来看，如何解决过去人民币升值中国工业企业盈利能力不断削弱所累积的问题需要更为深入的思考。

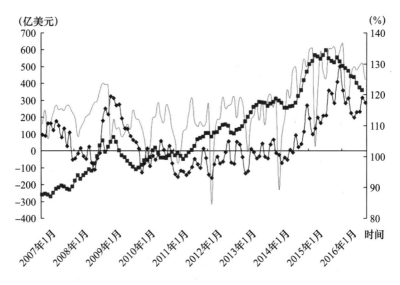

图 19-6 贸易差额月度值与贸易条件指数及人民币实际有效汇率指数

资料来源：CEIC 和笔者计算绘制。

• 风险点 3：外化冲突内卷风险

从 2016 年伊始发生的股市汇市动荡到 2017 年的特朗普冲击，国际经济走势的"故事"被彻底改变，外化冲突不断内卷风险。从外部冲击看，发达国家量化宽松货币政策渐次实施，如图 19 - 7 所示，"新常态"之前欧美量化宽松货币政策历次强度加大都是需要以人民币兑美元汇率升值来配合的，"新常态"下欧美量化宽松货币政策产生分化，美国逐渐回归常态，欧盟量化宽松货币政策与人民币兑美元汇率具有同步性，即欧央行量化宽松政策加强，人民币兑美元汇率贬值。此外，进一步考察准货币（M2 - M1）和狭义货币 M1 之比 M21①，其大致代表了执行价值储藏功能与交易媒介功能的不同货币存量对比，该比例近似表达了不同货币的"自身透支"情况。从走势上看，见图 19 - 8，其中日本的 M21 较为平稳；中国的 M21 在 2009年以前基本稳定，但在 2009 年之后逐渐呈现上升趋势，2015 年之后开始有所下降；欧美的 M21 走势基本一致，并且 2008 年国际金融危机后与中国正好相反。在某种程度上，欧美的宏观政策去杠杆是以中国的宏观政策加杠杆的代价来实现的。面对全球失衡从贸易失衡转向金融失衡不断加剧，人民币国际化面临新的挑战，进入了新的调整期。中国银行人民币跨境指数 CRI（见图 19 - 9）显示人民币国际化出现了阶段性波动回落，如何"保持人民币在全球货币体系中的稳定地位"已成为 2017 年中国政府工作的重要安排。

• 风险点 4：本币定价权弱化风险

2015 年"8·11"汇改，其背景是当时离岸人民币市场越做越大，交易规模超过了境内市场，于是自然就有了是否会产生独立定价权，CNH 即期汇率是否会反过来主导人民币兑美元即期汇率 CNY 的问题。"8·11"汇改后，人民币兑美元汇率开始不断贬值。更重要的是实现了之前偏离较大的 CNH 即期汇率与人民币兑美元汇率中间价

---

① 选取美国、日本、欧盟各自准货币（M2 - M1）和狭义货币 M1 之比（M21_ us、M21_ jp、M21_ eu）代表宏观货币结构，以上数据来自 WIND；中国的准货币（M2 - M1）和狭义货币 M1 之比（M21_ cn），数据来自 CEIC。

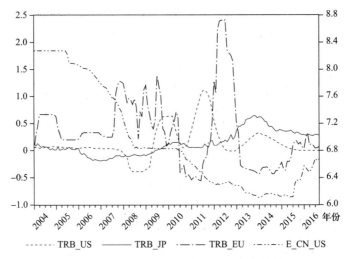

图 19 - 7 外部冲击下人民币汇率走势①

资料来源：CEIC 和笔者计算绘制。

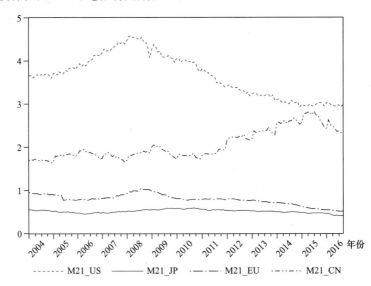

图 19 - 8 相关各国准货币与狭义货币之比 M21

资料来源：CEIC 和笔者计算绘制。

---

① 选取了美联储国债持有量同比增长（trb_ us）、日本央行购买政府债券同比增长（trb_ jp）、欧洲央行长期再融资操作同比增长（trb_ eu）代表不同国家的量化宽松货币政策走势。以上数据来自 WIND，数据样本区间为 2004 年 1 月至 2016 年 9 月，共计 153 个样本观测值。

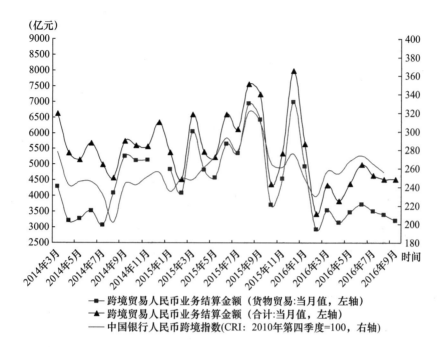

图 19 – 9　人民币跨境指数与跨境贸易人民币业务结算额

资料来源：WIND 和笔者绘制。

相互收敛。见图 19 – 10，在 2015 年 8 月 11 日前，CNH 即期汇率与人民币兑美元汇率中间价之间除个别时点相重合外，存在明显的偏离，并且 CNH 即期汇率甚至经常触及人民币兑美元汇率波动的上下边界（2014 年 3 月 17 日后波动幅度从 1% 扩大至 2%，这种情况有所减少）。不容忽视的是，"8·11"汇改后，短期限人民币利率波动更加剧烈，市场资金面供求由市场驱动转向了事件驱动，影响市场供求的因素也发生变化，点心债发行量下降，人民币资产配置减少，离岸市场规模下降，跨境资金流动收紧，即期头寸融资需求上升。从实践看，央行是在"8·11"汇改后通过 CNH 和 CNY 市场的对冲中完成对人民币定价权的回收。但其代价是"8·11"汇改后离岸市场的持续萎缩，交易来源由实需（企业汇率对冲，债券、贷款利率对冲等）转为投机化（套利交易、赌市场方向、高杠杆运作等），如何重塑也成为新问题。

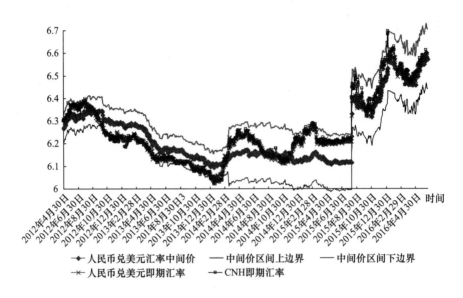

图 19-10 人民币兑美元汇率中间价、即期汇率、

汇率波动区间、CNH 即期汇率

数据来源：WIND 和笔者计算绘制。

● 风险点 5：跨境资金异动风险

从跨境资金流动看，"新常态"下双向流动显著上升，跨境资金异动是指跨境资金流入激增或跨境资金流出激增。以 IMF 通常所使用国际收支平衡表中的非直接投资形式的资本流动（包括证券投资、金融衍生工具和其他投资，见表 19-2 中灰色底纹部分）来衡量，从 2015 年第一季度到 2016 年第三季度，非直接投资项下当季逆差所反映的跨境资金流动呈现"W"形。尽管还没有达到激变的剧烈程度，但在形态上已具有波动性。对比人民币国际化进程中本币流动性来看，其他投资项下的货币和存款项的负债方（非居民的存款）前三季度每个季度都为正（表示顺差），表明境外主体在境内持有的人民币存款有所上升（与 2016 年离岸人民币资金池出现大幅缩水形成对比反差）。实际中，境外主体在境内的人民币存款增加后（表 19-2 中斜体行的正数部分）很可能购买某种在岸资产并再次变现流出，从而进一步增强跨境资金双向流动。伴随人民币正式加入 SDR，中国金融体系将全方位暴露在跨境资金流动的波动性和易变性下，人民币汇率贬值可以在没有经济基本面支持而受预期等因素影响并且与资本外逃压力相互叠加，并带来金融市场剧烈动荡，需要高度关注。

表 19－2　　　　　　　　　　跨境资金流动情况　　　　　　单位：亿美元

	2015 年第三季度	2015 年第四季度	2016 年第一季度	2016 年第二季度	2016 年上半年
2.2.1 非储备性质的金融账户	－1626	－1659	－1233	－488	－1721
资产	－857	－1127	－1098	－1259	－2358
负债	－769	－532	－135	771	636
2.2.1.1 直接投资	－67	80	－163	－304	－466
2.2.1.1.1 资产	－508	－661	－574	－640	－1214
2.2.1.1.2 负债	441	741	411	337	748
2.2.1.2 证券投资	－172	－252	－409	78	－331
2.2.1.2.1 资产	－1	－159	－220	－157	－377
2.2.1.2.2 负债	－171	－93	－189	234	46
2.2.1.3 金融衍生工具	－14	0	10	－34	－24
2.2.1.3.1 资产	－12	0	－17	－29	－46
2.2.1.3.2 负债	－2	0	27	－5	22
2.2.1.4 其他投资	－1373	－1487	－672	－228	－900
2.2.1.4.1 资产	－337	－307	－287	－433	－720
2.2.1.4.1.1 其他股权	0	0	0	0	0
2.2.1.4.1.2 货币和存款	－524	－325	4	－46	－42
2.2.1.4.1.3 贷款	－309	375	－204	－237	－441
2.2.1.4.1.4 保险和养老金	17	7	－2	75	73
2.2.1.4.1.5 贸易信贷	－400	－190	307	－107	200
2.2.1.4.1.6 其他	878	－173	－392	－118	－510
2.2.1.4.2 负债	－1036	－1181	－385	206	－179
2.2.1.4.2.1 其他股权	0	0	0	0	0
2.2.1.4.2.2 货币和存款	**－509**	**－542**	**70**	**150**	**220**
2.2.1.4.2.3 贷款	－375	－533	－349	31	－318
2.2.1.4.2.4 保险和养老金	5	5	1	－1	0

	2015 年第三季度	2015 年第四季度	2016 年第一季度	2016 年第二季度	2016 年上半年
2.2.1.4.2.5 贸易信贷	−140	−126	−340	33	−307
2.2.1.4.2.6 其他	−16	15	233	−7	226
2.2.1.4.2.7 特别提款权	0	0	0	0	0
2.2.2 储备资产	1605	1153	1233	345	1578
2.2.2.1 外汇储备	1606	1151	1293	343	1636

注：在人民币国际化初级阶段，国外银行持有的人民币存款主要是停留在持有在岸银行人民币存款的地步，其反映在国际收支上，是列入"其他投资"的"货币和存款"。从流动性角度看，资产的流动性，是外币流动性（包括外汇储备和境外存款）；负债的流动性，是人民币流动性（指的是非居民在华存款）。表中2016年前三季度初步数由2016年上半年正式数与2016年第三季度初步数累加而成，表内计数采用四舍五入原则。

资料来源：国家外汇管理局和笔者整理。

六　中国外汇市场风险点成因与处置对策

1. 货币错配风险的成因与处置对策

成因分析：从规模看，近年来我国外债不断增加。伴随国内企业不断拓宽海外融资渠道，一方面，国内金融机构也通过海外融资扩大了对外投资，加快全球布局；另一方面，相对于房地产、钢铁等产能过剩行业，其他行业的海外借款具有一定的成本优势。从币种看，我国企业外债以美元为主。2015年以来，美联储进入加息周期则引发了市场对我国外债风险的担忧。实际中，若借款人拥有本币资产但借入了美元，借款人也就产生了净敞口的货币错配，一旦美元由弱走强，就会产生人民币兑美元汇率贬值与去美元外债的相互强化。在美元外债去化过程中，银行等其他接受存款公司外债规模变化又是导致外债总规模变化的重要因素。

处置对策：密切关注人民币兑美元汇率预期由升值转为贬值过程

中微观市场主体的行为由"资产本币化、负债外币化"转向"资产外币化、负债本币化"的微观进程和宏观效应。国际上认为短期外债和外汇储备的比重的安全线是100%，尽管目前我国远远低于这一比重，但是重点行业的外债偿付压力依然较大。结合"藏汇于民"的资产方面以及"债务偿还"的负债方面的综合考量，对于外债可能面临的规模和币种错配等问题，改变过去前置审批、数量控制为事中事后监测，强化以负债率和币种匹配为核心，加快建立健全宏观审慎管理框架下外债和跨境资本流动管理体系，做好国际收支监测，切实防范外债风险和货币错配风险。

2. 对外竞争力透支风险的成因与处置对策

成因分析：受国际金融危机及世界市场变化的影响，大宗商品价格剧烈波动，导致中国的进口产品价格进而贸易条件的波动，已成为我国对外贸易顺差变化的重要原因。由于贸易条件与大宗商品价格紧密相连，大宗商品价格下跌，贸易条件得以改善，此时福利提高伴随贸易顺差和人民币实际有效汇率升值；反之，当大宗商品价格上涨时，贸易条件恶化，福利水平下降并伴随贸易顺差下降和人民币实际有效汇率贬值。结合人民币实际有效汇率、贸易差额与贸易条件指数月度值（见图19-6），三者之间存在一定的正向关联。由于贸易条件波动受大宗商品价格波动的影响较大，并会带来福利变化，因此，如果未来受到国际大宗商品价格重新调整的外部冲击是大概率事件，当前就必须要客观审视我国对外竞争力的真实状况，并且需要对贸易条件恶化所可能带来的福利损失提前做好相应的对冲准备。

处置对策：习近平总书记系列重要讲话指出，主要国家去杠杆、去债务，全球需求增长和贸易增长乏力，保护主义抬头，市场成为最稀缺的资源。从近十年来中国出口额占G20出口总额比重看，始终在10%以上并保持稳步增长态势（见图19-11），该比例与人民币在SDR新货币篮子中的比重（10.92%）相当，为人民币国际化奠定了基础。"新常态"下必须继续发挥好出口对经济发展的支撑性作用，加紧培育对外竞争新的比较优势，切实维护好我国在世界市场中的足够份额。

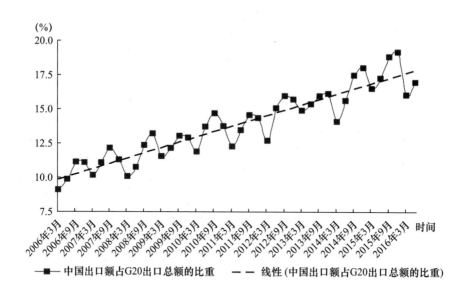

图 19 – 11　中国出口额占 G20 出口总额比重

资料来源：CEIC 和笔者计算绘制。

3. 外化冲突内卷风险的成因与处置对策

成因分析：面对全球失衡从贸易失衡转向金融失衡不断加剧，人民币币值内外关系始终存在背离。"新常态"之前是对内贬值对外升值并存的背离，加速了人民币实际汇率升值，希望出现的产业结构升级没有实现，工业企业盈利能力却不断削弱，资产负债率也持续上升，资金脱实向虚、产业空心化问题不断累积。"新常态"之后是对内升值对外贬值并存的背离，人民币实际汇率也开始贬值。从经验事实看，伴随人民币汇率从升值到贬值，中国的 M21 从不断变大也开始降低（见图 19 – 8），工业增加值和社会消费零售总额仍然延续趋势下行（见图 19 – 12）。汇率的高位运行，通过低迷的实体经济，迫使宏观政策加杠杆，产业结构升级受阻，可贸易程度越高的行业资产负债率也越高，工业企业盈利能力不断削弱，资金不断脱实向虚。伴随汇率从高位回落，外化冲突内卷风险，经历股市汇市动荡后，面对特朗普冲击，人民币国际化将面临新的挑战。

处置对策：作为非成熟对外净债权人，我国对外金融资产和负债还存在着较明显的主体错配，即对外净资产集中于公共部门（包括中央银行和政府部门），对外净负债集中于银行和企业等民间部门。中国从不成熟的债权国向成熟债权国的转型需要人民币国际化。人民币加入 SDR，不是为了国际化而国际化，而是应以服务"贸易投资和产业链升级"为重点，将人民币打造成为"中国创造"支撑的生产性世界货币。鉴于在趋势上社会消费零售总额当月同比增长率要领先于工业增加值当月同比增长率（见图 19－12），社会消费零售总额当月同比增长率与人民币实际有效汇率在两次金融危机期间呈现负向关联，从风险共担和危机预警的角度看，通过"供给侧结构性改革"与"内需提振"双管齐下为对冲未来可能会再次发生的国际金融危机做好准备，以实现实际汇率战略贬值与未来相机抉择下名义汇率策略升值。

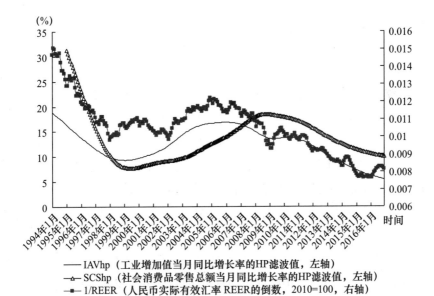

　　　──IAVhp（工业增加值当月同比增长率的HP滤波值，左轴）
　　　─△─SCShp（社会消费品零售总额当月同比增长率的HP滤波值，左轴）
　　　─■─1/REER（人民币实际有效汇率 REER 的倒数，2010=100，右轴）

图 19－12　人民币实际有效汇率、工业增加值及社会消费品总额当月同比增长率

资料来源：WIND 和笔者计算绘制。

4. 本币定价权弱化风险的成因与处置对策

成因分析：与发达国家相比，正如 Krugman、Obstfeld 和 Melitz（2015）[①] 所指出的，对于货币政策自主性、汇率稳定和资本自由流动只能有两个目标可以同时实现的三难困境，汇率稳定对于一般的发展中国家更为重要。因为发展中国家左右自身贸易条件的能力不如发达国家，对于发展中国家而言，为了抑制通胀预期，汇率的稳定可能更重要，特别是，很大范围内的国家以美元或其他主要货币进行（外部和内部）借贷，意味着货币贬值会大幅增加债务的实际负担。在现行的国际货币体系中不受"三元悖论"约束的只有美国，因为美国是超级大国，美元是国际核心储备货币，并且通过美元环流、石油定价和军事霸权三大支柱，获得强大的本币定价权。从经验事实看，见图 19 - 13，美元占全球外汇储备的比重与美元指数正相关，相比 1985—1995 年贬值期（美元占外汇储备份额曾下降至 45%）和 21 世纪美元贬值期，后者并没有出现显著下降，这实际上与人民币国际化以前盯住美元及由此积累美元储备进而为美元国际地位提供重要支持有关。[②] 尽管中国目前已是"经济大国"，似乎不满足"三元悖论"的前提，但中国还是"金融小国"，在现行国际货币体系下本币定价权相对弱化，加之人民币实际汇率内生于开放经济运行，因此，"三元悖论"的理论分析对中国是适用的。实际上，在"风险点 4：本币定价权弱化风险"分析中 CNH 和 CNY 汇率及离岸人民币市场乱象是"三元悖论"下中国"半汇率稳定、半资本自由流动、半货币政策自主"模式带来货币政策有效性制约的体现，并非问题的本质所在。根本上，是人民币本币定价基础还不牢固。

处置对策：2016 年 10 月人民币"入篮"正式生效，人民币国际化迎来新起点。从在 SDR 货币篮子中的货币占比看（见表 19 - 3），人民币在世界货币体系中位居第三位，"十三五"时期，"保持人民

---

① Paul R. Krugman, Maurice Obstfeld, Marc J. Melitz：International Finance：Theory and Policy（10e），2015 by Pearsonl Education.

② 潘英丽：《论人民币国际化的战略目标》，《财经智库》2016 年第 2 期。

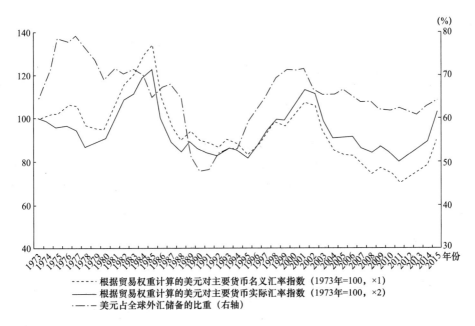

图19-13　美元汇率指数与美元占全球外汇储备比重

资料来源：陆磊、李宏瑾（2016）。①

币在全球货币体系中的稳定地位"将有效提升人民币本币定价权。实际上，"8·11"汇改很重要的成果就是完成了人民币对美元的"脱钩换锚"，改变过去人民币与美元的强正相关（见表19-3，相关系数为0.91），而像欧元与美元那样的负相关（相关系数为-0.87），即实现人民币兑美元汇率中间价与美元名义指数中美战略性相依下的"标而不盯"，见图19-14。后SDR时代，在战略上应保持人民币币值稳定，稳步走向大国货币复兴之路。应尽快化解存量泡沫，逐步化解过剩产能，觅得新的增长动力，这是保持人民币币值稳定以此促进经济增长，人民币走向真正的大国货币的必由之路。微观上，实现人民币汇率合理均衡，促进企业技术和核心竞争力提升，增强实体经济应对外部冲击的弹性；宏观上，实现人民币汇率动态稳定对国际收支趋向平衡发挥相应作用，并且对应于符合自身国民利益和参与全球资

---

① 陆磊、李宏瑾：《纳入SDR后的人民币国际化与国际货币体系改革：基于货币功能和储备货币供求的视角》，《国际经济评论》2016年第3期。

源配置的理想状态。策略上，通过人民币兑美元汇率对美元汇率指数"标而不盯"（见图 19-14），人民币兑美元汇率双向波动，在路径上为完成人民币实际汇率"升值强国"下的"中等收入陷阱"超越做好充分准备。

表 19-3　　　　　SDR 货币篮子与利率工具及其相关系数
（2005—2015 年，月度变化）

| | Basket weights | | Interest rate1/ |
	Current	As of October 1, 2016	(3 - month instrument)
Dollar	41.9	41.73	U. S. Treasury Bill.
Euro	37.4	30.93	Central government bonds with AA rating and above. 2/
Pound	11.3	8.09	U. K. Tresury Bill.
Yen	9.4	8.33	Japanese Treasury Discount Bills
Renminbi		10.92	Benchmark yield for China Treasury bonds. 3/

| | Currencies | | | | | Interest Rates | | | | |
	Dollar	Euro	Pound	Yen	Renminbi	Dollar	Euro	Pound	Yen	Renminbi
Dollar	1.00						1.00			
Euro	-0.87	1.00				0.19	1.00			
Pound	-0.24	0.14	1.00			0.40	0.79	1.00		
Yen	0.22	-0.52	-0.38	1.00		0.05	0.34	0.42	1.00	
Renminbi	0.91	-0.80	-0.20	0.16	1.00	0.01	0.50	0.48	0.38	1.00

资料来源：IMF 和笔者整理。

5. 跨境资金异动风险的成因与处置对策

成因分析：当前，跨境资金流动对人民币汇率走势、外汇储备的影响已明显增强。伴随"藏汇于民"和"债务偿还"，监管套利在外汇市场多重均衡下不仅导致汇率预期自我实现，同时也增加了跨境资金流动的波动性、易变性和激烈性。从汇率变动金融渠道看，其在信贷泡沫和金融脆弱性中的重要性不容忽视（Shin，2016①），国际清算

———————

① 申铉松：《汇率与全球流动性传导》，《中国金融》2016 年第 5 期。

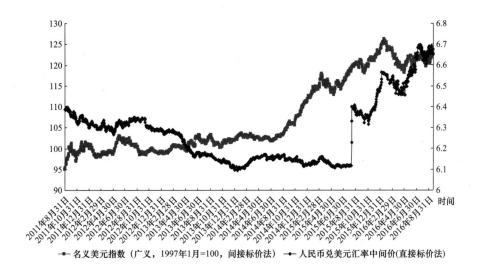

－◆－名义美元指数（广义，1997年1月＝100，间接标价法）　－◆－人民币兑美元汇率中间价(直接标价法)

图 19－14　人民币兑美元汇率中间价与美元名义指数走势

资料来源：WIND 和笔者计算绘制。

银行对货币升值风险承担渠道（risk taking channel）及汇率和杠杆率之间联系研究报告也进一步表明，一旦货币升值会导致借款人的资产负债表估值发生变化，风险承担渠道就会发生。相关的实证调查结果显示，风险承担渠道是通过本币兑美元汇率的双边汇率发挥作用，而与按贸易权重计算的有效汇率无关。对于跨境资金流动，按照 IMF 通常使用的国际收支平衡表中的非直接投资形式的资本流动（包括的证券投资、金融衍生工具和其他投资，见表 19－2 中灰色底纹部分）来衡量，其中，其他投资项下资本流动既是跨境资金流动的最主要部分，也是当前影响中国国际收支状况的重要因素。截至 2016 年上半年，其他投资主要子项目大多为净资产增加，这表明境内主体对境内外利率、汇率和市场风险等预期变化下的境外债务偿还以及资金境外运用扩大。"新常态"下，伴随人民币兑美元汇率预期由升值转为贬值，微观主体由"资产本币化、负债外币化"转向"资产外币化、负债本币化"，美元外债去化过程中人民币汇率贬值与资本外逃压力相互叠加构成国际收支风险。国际收支逆差与人民币贬值一旦形成趋势，可能在相互促进和加强的过程中，加剧产业空心化，导致产业转移受阻，带来国际收支风险，甚至引发系统性金融风险。

处置对策：结合 Ostry 等（2010）[①] 提出的管理资本流动政策框架（Capital Flow Management Measures，CFMs），应对跨境资金流入激增和流出激增，对相关政策工具进行排序，见图 19–15 和图 19–16。

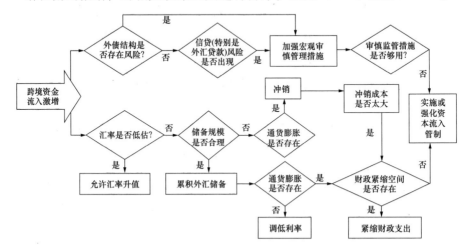

图 19–15 对跨境资金流入激增的管理

资料来源：Ostry 等（2010）和笔者整理绘制。

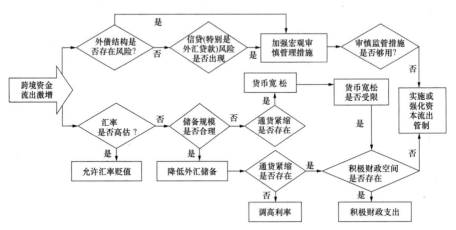

图 19–16 对跨境资金流出激增的管理

资料来源：Ostry 等（2010）和笔者整理绘制。

---

① Ostry, Jonathan D., Atish Ghosh, Karl Habermeier, Marcos Chamon, Mahvash S. Qureshi, and Dennis B. S. Reinhardt, 2010, "Capital Inflows：The Role of Controls", IMF Staff Position Note10/04（Washington：International Monetary Fund）.

从技术路线看，首先，实施结构改革和审慎管理政策，以增强国内资本市场深度和流动性，提高金融体系抗冲击能力；其次，考虑本币汇率升值、增加储备、实施财政和货币政策等宏观手段；最后，只有在上述措施不明显，且满足汇率未失调、外汇储备适度充裕而经济出现过热或过冷等前提时，才应考虑采用资本管制措施，将资本管制作为"最后的防火墙"。

第二十章　金融的国际风险和应对之策*

目前全球经济与政治格局正处于范式转换期，其未来发展具有相当的不确定性。全球经济危机的余波及各国应对政策的负面效应，加上国际经济与政治新的不稳定因素，共同构成了我国未来经济与金融发展所面临的国际风险。

一　当前全球经济与金融发展概况

总体来看，世界经济仍处于危机后的复苏阶段，开始走上增长轨道且渐趋稳定。根据世界银行的估计和预测，全球经济增长率在2016年为2.3%，2017年和2018年则分别为2.7%和2.9%。在这期间，美国经济企稳，尤其是其就业情况的改善，对于恢复国际投资者信心和拉动世界经济增长具有较明显的效果。在2017年3月，美国的失业率降至4.5%，为近10年来最低，已经逼近自然失业率水平。日本和欧元区的经济也在回暖，综合采购经理指数（PMI）和消费者信心都表现积极。在新兴市场经济体方面，除中国维持稳定增长外，印度经济也保持了7%以上的增速，其他"金砖国家"当中南非经济温和增长，俄罗斯和巴西虽然是负增长，但情况也明显改善，预计2017年就将转为正增长。

世界金融市场的状况也趋于稳定，投资者的风险偏好有所回升，新兴市场经济体的融资条件也得到改善。国际清算银行的全球流动性指数（GLIs）在2016年下半年显著上升，国际债券净发行量也有所

---

* 本章作者程炼。

增长。截至 2016 年年底，国际债券存量较 2015 年年底上升了 3.8%，是 2010 年以来的最大涨幅。自 2016 年年末以来，美国、欧洲和日本的股票市场都有大幅上涨或反弹，新兴市场国家当中巴西、印度和俄罗斯的股市也有明显回调。

不过就长期来看，全球经济发展仍然存在相当多的不确定因素，其中之一是经济增长的驱动因素。在过去几年中，发达经济体的增长主要是私人消费推动的，而相形之下，企业投资情况则不是那么乐观，这就导致了对于经济增长可持续性的疑问。在缺乏足够投资配合的情况下，消费扩张会受到收入的限制，因此很难保持稳定的增长势头。如果消费是基于信贷或者由于房价上涨的财富效应所推动的，它还会带来私人杠杆率的上升，这不仅会抑制未来的消费，还可能导致金融风险和泡沫。因此，除非企业投资情况得到根本改善，否则全球经济增长的基础并不稳固。与此同时，世界经济的供给侧也存在很大风险。美国、欧洲和东亚都面临着人口结构恶化的问题，劳动人口减少、抚养比上升，这也构成了全球增长的长期"瓶颈"，并可能带来严重的金融风险。

全球经济增长的另一个隐忧在于当前逆全球化思潮和复杂地缘政治环境的挑战。全球金融危机后的经济低迷使发达国家本已十分严重的收入分配问题更趋恶化，希腊等国的债务危机迟迟得不到解决让许多民众对于欧盟的治理机制产生不满，而难民问题更加剧了人们的排外情绪。在这种背景下，发达经济体中的民粹主义和分裂主义兴起，英国脱欧和特朗普当选美国总统就是它们的直接体现。这种逆全球化的倾向不仅会阻碍世界贸易与产业分工的深化，威胁经济增长，而且给世界经济与社会发展带来了巨大的不确定性。尤其在金融市场上，对于全球经济与金融秩序的稳定预期一旦被破坏，就可能导致金融动荡，使世界经济尤其是新兴市场经济体，受到巨大冲击。

二　超宽松货币政策及其金融风险

自此次全球金融危机爆发以来，诸多国家和经济体都采取了宽松乃至超宽松的货币政策以应对金融体系的流动性紧张和宏观经济不振，其中的一个突出表现就是负（名义）利率政策。它发端于2012年7月丹麦央行为阻止欧洲热钱涌入而将金融机构在丹麦央行的定期存款利率（期限为一周）下调至负值。2014年6月，欧洲央行将隔夜存款利率降至零下，随后瑞士、瑞典银行跟进实施负利率政策，日本央行也于2016年1月宣布将商业银行在日本央行的超额准备金利率调为负值，当年3月匈牙利央行也加入负利率国家的行列，使超宽松的货币政策达到了一个高潮。

上述以负利率为代表的超宽松货币政策有着内外部的双重目标：对内是为了提升通货膨胀率，抑制储蓄，刺激消费与投资；对外则是为了降低本币汇率，改善经常项目。不过具体来看，这些超宽松货币政策的动机和影响则有所区别：欧元区的负利率政策目标在于提高经济体内部的通货膨胀率；丹麦、瑞士的负利率政策主要着眼于汇率目标，即阻止热钱和避险资金流入导致的汇率升值；日本虽然宣称其负利率政策针对的是国内通胀率，但明显具有国际收支方面的意图，这也是其政策引起经济界较大反应的原因。事实上，日本央行在采纳负利率政策上态度非常犹豫，内部投票也是5票对4票勉强通过，其中的主要顾虑也是其他经济体（尤其是美国和中国）是否会做出激烈的政策反应。从政策实施效果来看，相关国家和经济体的货币并没有随着负利率政策的宣布而出现大幅贬值；相反，日元和欧元对美元反而持续升值，直至2016年9月美联储加息意图明显，美元因而走强。负利率政策在提升国内需求方面的成果也非常有限，不过日本和欧元区的经常项目盈余都有显著上升，尤其货物贸易盈余更是表现突出。

就目前来看，欧元区和日本的超宽松货币政策仍然没有立即结束的迹象，但是其进一步扩展的趋势则已经受到抑制。欧元区的货币政策是其成员国之间妥协的产物，且在相当程度上受原德国央行的理念所影响。由于魏玛时期恶性通货膨胀的教训，德国央行强调货币价值的稳定，这一点也被欧洲央行所继承。同时欧元的特殊之处在于，它不仅是经济工具，更是欧洲统一的政治象征。因此，尽管欧元大幅贬值有助于改善欧元区的国际收支，尤其有利于希腊等经济困难国家的结构调整，但是这种政策被采纳的可能性很小。由于内部的经济问题和各种政策摩擦，加之英国脱欧的示范效应，一些欧元区成员国的分离主义倾向高涨，也使欧元币值走弱。在这种情况下，欧央行并不愿意进一步打压欧元汇率。不过虽然特朗普对于欧元区操纵汇率的指责并不完全合理，但很可能激发人们对于欧元另一个问题的关注，即德国实际上通过统一货币锁定了与欧元区其他国家的汇率，排除了后者通过货币贬值进行经常项目调整的可能性。这也是希腊等国经常抱怨的一点。如果这个问题持续发酵，可能会削弱德国在欧洲央行的影响力，导致更为宽松的货币政策。

日本一直高度重视货币政策在出口中的影响，其官方长官等经济官员也多次强调要通过汇率为出口企业的经营创造良好环境，并认为G20关于约束竞争性货币贬值的共识并未排除干预汇率的可能性。不过特朗普就任美国总统之后，日本通过超宽松货币政策来抑制日元汇率并促进出口的政策则受到了很大压力。基于这一原因，加上日美之间特殊的同盟关系，日本政府虽然极力否认特朗普关于日本操纵汇率的指责，但是从实际应对上则表现出妥协姿态。估计在未来一段时期内，日本的超宽松货币政策会受到一定制约。

对于超宽松货币政策的实际绩效仍然存在较大争议，而其负面作用则已经在不断显现出来。除了极易导致竞争贬值和贸易摩擦之外，超宽松货币政策对于世界金融体系的稳定性也有一定的影响。首先是超宽松货币政策，尤其是负利率政策，导致了商业银行利润的下降。包括负超额储备利率、负国债利率在内的负利率政策降低了商业银行在资产端的收益，但由于储户对于利率的敏感性，商业银行并不愿意相应地将存款利率降为负值，这就使其利润空间被压缩。商业银行利润的下降本身就提高了金融体系的风险，而一些商业银行为了降低成本，转向其他较为廉价但是风险也相对较高的融资方式来替代存款，则更损害了金融系统的稳定性。

类似地，负利率政策也给养老基金和保险公司带来了很大利润压力。在资产端，国债等固定收益产品是养老基金和保险公司资产配置的重要组成部分，而负利率政策则使这部分收益大大下降甚至变为负值。在负债端，负利率则大大提高了养老基金和保险公司支付现金流的现值，使其受到两面夹击。在这种情况下，一些养老基金和保险公司不得不增加对较高风险资产的配置来提高收益，相应降低了安全性。另外超宽松货币政策与负利率政策降低了融资与负债成本，使居民与企业的杠杆率重新上升，延缓了亏损企业的退出，在某种程度上冲销了危机后降杠杆和清理金融市场的努力，给金融稳定埋下了隐患。

三　英国脱欧造成的金融冲击

英国脱欧无疑是第二次世界大战结束以来欧洲乃至世界政治与经济发展过程中最为重大的事件之一。由于脱欧过程的复杂性以及脱欧后英国与欧盟的关系定位尚无明确线索，目前很难对于英国脱欧的后果作出明确评估，但是脱欧公投结果本身已经给英国经济带来了巨大冲击。从金融层面来看，除了脱欧引发的不确定性之外，英国金融体系的最大损失来自脱欧公投的声誉效应和信号效应。伦敦能够成为仅次于纽约的国际金融中心，一个不可忽视的因素在于英国政治系统的"稳定性"或"保守性"，后者与英国的习惯法系统一同成为投资者信心的重要保证。然而此次脱欧公投的结果大大出乎人们的意料，也严重打击了人们对于英国政治环境稳定性的信心，这对于英国的国际投资吸引力和伦敦的国际金融中心地位都是根本性的损害。英国脱欧公投所反映的排外情绪对于在英国工作的外国移民也造成了阴影，公投结果宣布后有不少移民考虑迁离英国。但外国移民对于英国金融系统的运转具有极为重要的作用，尤其在伦敦金融城，60%以上的从业者是外国人。如果这些外国人由于英国的排外情绪而离开，将大大影响伦敦金融城的活力。

无论脱欧之后英国与欧盟之间的关系如何定位，英国都将不再是欧盟的一部分，这一政治概念上的变迁也将严重削弱伦敦金融城的吸引力。在传统上，伦敦一直被作为外部投资者进入欧盟的"金融门户"，这也是英国所着力打造的金融品牌。欧盟 27 国资本市场活动有近 80% 发生在英国，超过 75% 的欧洲对冲基金资产和大量的欧盟 OTC 衍生交易、风险投资活动集中在英国。一旦英国不再是欧盟成员国，这种品牌意象无疑将大为贬值。在更为实际的层面上，脱欧可能使欧洲银行业管理局等欧盟金融监管机构迁离伦敦，英国无法再像以往一样便利地使用欧央行的支付结算系统，与欧盟国家的人员往来也受到影响，这些都会极大地损害伦敦的"欧洲金融门户"形象。

对于欧盟而言，英国脱欧是政治与经济上的双重打击。英国的离开不仅使欧盟在世界经济与政治格局中的分量大大下降，引发了对于欧洲一体化信念的强烈质疑，也进一步增加了德国等欧盟领袖国家的财政负担。英国是全球第五大经济体，GDP 占欧盟的 17.56%，在欧盟对外进口中的贡献为 14.5%，对出口的贡献达 11.6%，均仅次于德国。在欧盟已经被经济衰退、债务危机和难民问题所困扰的情况下，英国脱欧将使其境况雪上加霜，进一步损害人们对于其经济增长的预期和欧元的影响力。在更深层次上，英国脱欧反映了经济与政治全球化在国际之间以及发达经济体内部利益阶层分化的压力下出现了倒退趋势，在长期上，它可能预示着全球经济与治理结构的重要调整，这对于国际金融稳定的影响还需要做进一步的观察。

对于包括中国在内的其他国家，英国脱欧也给它们与原欧盟国家之间的金融和贸易关系构成了困扰。由于其发达的金融体系和语言优势，英国一直是诸多国家对欧盟进行投资和其他金融合作的跳板和前进基地，在英国脱欧之后，它能否继续承担以往的欧洲门户值得怀疑，而相关的国家和企业也必须对其金融机构和业务的区域布局进行相应调整，这会带来相当大的资产重置和交易成本。与此同时，这些国家与英国的经贸关系在相当大程度上都基于其与欧盟之间的协议，在英国脱欧之后，则需要重新对这些协定加以确认或修订。并且英国脱欧很可能带来其与欧盟之间贸易关系和欧盟内部贸易关系的调整，这也需要相关国家进行一定的调整与适应。

在货币方面，因为脱欧公投，英镑汇率大幅下跌。由于担心经济增长预期下调导致通货紧缩，英格兰银行随即下调了利率。在此之后，尽管英镑汇率有所回升，仍与公投之前的水平有15%左右的差距。不过从英国货币当局的态度来看，其对于英镑汇率下跌并不太担心，反而有不少人认为这是英镑的价值回归，有助于纠正其金融业发展导致的非贸易品价格上涨效应。由于英国脱欧进程的不确定性，其经济增长和英镑汇率都面临着较大的压力，货币当局也因此继续保持低利率和宽松货币供给来配合经济恢复过程。但随着近期英国通货膨胀率逐渐逼近2%的水平，要求收紧货币供给的声音也变得更为强烈。在经济复苏趋势逐渐明朗之后，英镑汇率应该会随着政策利率回升。到目前为止，英国的脱欧谈判刚刚开启，英国政府与议会在未来与欧盟关系上的意见也存在分歧，这使英镑汇率和英国外汇市场成为了全球金融体系中重要的不确定因素。

四　特朗普执政带来的不确定性

全球经济与金融发展中的另一个重要的不确定因素是美国特朗普执政带来的影响。就目前来看，关于特朗普是否会坚决实施其竞选期间所承诺的政策，以及该政策可能产生的经济影响，都存在着很大的争论。如果特朗普真的将其竞选期间提出的执政理念付诸实践，则意味着对美国企业实施大规模减税、实行更为激进的贸易保护政策、放松美国的金融管制。减税政策会在改善美国企业经营环境、增加其利润的同时，使美国财政赤字进一步上升，推高美国国债收益率，这两者都会吸引国际资本进入美国并驱动美元升值，使新兴市场经济体面临资本外流和本币贬值的风险。

特朗普执政对于全球经济更深远的影响，可能在于美国在世界经济秩序中角色的转变。在过去数十年里，美国作为资本主义经济体的领袖，一直是世界（自由）贸易体系的构建者、维护者和金融全球化的倡导者。然而特朗普政府的孤立主义倾向则显示美国可能改变在经济与金融全球化中的立场，并且不再扮演国际经济秩序领导者的角色。在这种情况下，未来国际经济与政治格局的走向就值得关注。一方面，目前世界上还没有哪个国家具备与美国相同的政治、经济和军事实力来承担其原有的国际秩序领导者的角色；另一方面，即使有其他国家站出来扮演上述角色，美国特朗普政府所实行的单边主义政策和反全球化态度也会给现有国际经济秩序造成巨大冲击。而如果要彻底对目前的国际经济与政治秩序改弦更张，转换为新的多元化格局，其利弊与可行性都存在很大疑问。

对于全球金融体系的发展，美国货币政策是一个关键，这不仅由于美元是当前全球汇率体系中的枢纽，而且也因为美国政府具有影响其他经济体货币政策的意愿和能力。在美联储加息预期的主导下，美元在不断走强。但是这种相对稳定的趋势由于特朗普在美国总统大选中胜出而被打破。特朗普公开指责日本和欧元区操纵汇率以促进出口，从而引起了经济界的普遍忧虑，担心美元汇率贬值或其他国际货币政策发生变化而引发全球金融体系的动荡。

由于美国的特殊体制安排，美元走势取决于美联储和特朗普政府两方面的态度。就美联储而言，其政策的基点仍然是国内经济状况，基本态度倾向于通过渐进加息控制通货膨胀和防范金融风险。目前美国实体经济的走势较为理想，就业情况良好，财政刺激的效果明显，在这种情况下，美联储不会改变稳步退出量化宽松政策的计划。特朗普政府在货币政策上的态度则具有很大的不确定性。一方面，从其公开表态可以看到，特朗普政府的货币观念具有鲜明的重商主义特征，强调汇率政策为出口和就业服务，并多次抨击耶伦主导的货币政策。另一方面，特朗普政府宣布的扩张性财政政策将大大提升政府债务，这势必会推高美元利率，进而促使美元升值。同时以"让美国再次变得伟大"为口号的特朗普及其拥护者又在很大程度上将美元币值看作美国国力的象征，他们是否真的能够接受弱势美元相当值得怀疑。还要看到，特朗普的政策观点经常变换，甚至自相矛盾，例如他在竞选期间也曾经对美联储保持低利率表示强烈不满，所以我们很难预测其在执政过程中是否会根据实际需要改变其货币政策观点，其能否在与美联储和其他制衡机构的博弈中取得上风也很难说。综合这些因素来看，尽管特朗普政府常有出人意料之举，但美元大幅贬值的可能性不是很高，其也仍会在相当长时期内继续扮演关键国际货币的角色。

五　我国的风险应对策略

在判断国际环境对于中国经济与金融发展的影响时，一个基本的前提是我国的经济发展需要一个相对稳定的国际经济秩序。尽管 20世纪 90 年代以来的国际经济秩序存在诸多可诟病之处，但不可否认的是，我国正是在这一治理框架中获得了高速增长，尤其在加入 WTO之后更是如此。在根本上，人民币国际化、我国海外投资布局和上海国际金融中心建设等国际金融战略的实施都有赖于我国经济的高速增长和对外经济活动的扩张。因此，国际经济与金融环境的动荡或不确定性并不符合我国的根本利益。英国脱欧和特朗普执政所反映出的民粹主义抬头和贸易保护升温都是值得我们警惕的迹象，很可能给我国的经济增长和对外投资带来困难。

另外，国际经济与金融环境的变化也给我国带来了一定的机遇。首先，欧元与英镑竞争力和国际地位的削弱，客观上为人民币在国际货币体系中的崛起创造了更大空间。而伦敦为了维持其国际金融中心的地位，必然需要中国金融机构与资金对其的支持，因而加大与我国的合作力度。相应地，巴黎等欧盟城市要抓住英国脱欧机遇提升其金融中心地位，也同样需要我国的支持。从目前情况看，双方都把人民币国际化作为与中国合作的重要内容，法国还试图以帮助中国资金进入非洲市场作为合作的新领域，这些都是我国在国际金融合作上的重要机遇。

由于当前我国资本项目尚未完全开放，国际风险因素对于我国金融体系的传染效应相对有限，我们需要考虑的主要问题是国际环境变化对于我国金融发展和金融开放的影响，它包括短期和长期两个方面：短期上是跨境资金流动对于外汇储备的冲击和人民币汇率贬值压力；长期上则是我国在全球金融体系中的定位和相应内外部经济目标的协调。

　　在跨境资金流动方面，随着国际投资者风险偏好的上升和新兴市场国家总体经济形势的好转，我国的跨境资本外流压力会得到较大改善。但值得注意的是，由于经常项目收支在未来不一定能够维持过去的大幅顺差状态，我国的外汇储备规模可能仍会有一定收缩。国际金融市场存在的大量不确定性意味着我国企业与金融机构的国际融资和"走出去"面临更高的风险，对此相关的监管当局需要密切加以关注，尤其是防范系统重要性金融机构出现重大的货币错配和流动性风险。就长期来看，随着我国金融开放的推进和在国际金融市场中扮演更为重要的角色，在国际收支当中资本项目的地位也会相应提高，对此需要加以重视。

　　对于人民币汇率，在讨论相关政策之前，我们首先应该明确人民币在对外经济活动中的角色定位。就目前而言，其焦点在于，我们是仅仅将人民币汇率看作调节国际贸易与投资的工具，还是期望它在国际金融体系中发挥更大的作用，包括成为国际货币。如果我们的目标是后者，那么只从国际收支的角度来看待人民币汇率问题，包括参考贸易权重篮子确定人民币汇率的做法，就存在相当的局限性。

　　客观来看，由于以往人民币汇率的升值趋势包含了投资者对于我国经济增长的乐观预期和部分投机因素，目前人民币汇率的适当回调是可以理解的。不过基于我国当前的经济增长速度和拥有的外汇储备规模，人民币汇率大幅下跌则不合逻辑，它主要反映了市场恐慌情绪导致的外汇储备"挤兑"。在上述恐慌情绪和投机势力得到控制之后，人民币汇率应该可以维持在相对稳定的水平上。在长期来看，我们更应该关注的是人民币在国际金融体系中的声誉和可接受性，而其中的关键则是相对稳定的币值和在国际市场的使用便利性，这也应该是有大国风范的人民币政策的着眼点。

　　作为上述政策方针的具体表现，我们在汇率政策和资本管制方面应该表现出更强的规则意识和透明度，给国际投资者以稳定的预期。尤其是在跨境资本流动的管控上，对于经常账户和资本账户下的各项目的管理应该有更为规范的操作，不应该将各项目下的业务流程和操作便利性作为跨境资本流动的调控手段。在人民币汇率方面，应慎谈汇率目标，强调人民币汇率形成的规则和市场机制，在公开宣传中将人民币汇率与国际储备管理脱钩，避免对于国际储备规模的过度关注。

此外，我们在人民币离岸市场的流动性干预对于打击人民币做空势力是非常有必要的，但其负作用则是影响了国际投资者对于人民币离岸市场建设和人民币国际化的信心，尤其是某些深度介入人民币业务的海外机构因此遭受很大损失。因此，这种做法不应该成为汇率干预的常态。我们还是应该在公开场合强调通过在离岸市场与东道主监管当局的密切合作，为合规的人民币业务提供包括流动性支持在内的最大便利；加强对于跨境人民币支付系统，尤其是 CIPS 的宣传，说明我们人民币国际化政策的长期一致性；同时在与 SWIFT、CLS 等国际金融基础设施机构的合作中表现出积极的态度，提升国际投资者对于我国金融稳定和开放的信心。

第二十一章 防控金融风险的法制建设[*]

一 引言

近年来，我国金融业的快速发展极大地促进了我国经济的繁荣，但是随着我国金融业不断的发展变化，金融创新产品的出现以及人民币国际地位的提升，如信用违约互换的引入、熔断机制的实施与叫停、Apple Pay 进入中国支付市场、非银支付牌照获准续期、人民币加入 SDR 货币篮子等，使我国金融风险逐渐加大，金融机构和非金融机构转移风险和规避监管的内在动力，给我国的金融监管带来了极大的挑战。目前，我国现存的金融法律法规严重落后于金融市场的发展，法律法规实施和操作中的漏洞以及法律法规之间的矛盾冲突，给我国金融业务的开展带来了巨大的风险隐患。与此同时，打击金融犯罪维护经济社会安全也是刻不容缓。因此，梳理现有的金融法律法规中的缺陷与不足，完善金融立法，将有利于促进我国金融业的健康发展，有利于国家经济安全，有利于社会和谐安定。

金融法律是我国调整金融关系的法律规范的总称，通过反欺诈、反操纵等信息监管的方式调整各种类型的金融关系。所谓金融法的体系是指一国调整不同领域金融关系的法律规范组成的有机联系整体。[①]

---

[*] 本章作者尹振涛、王一涵。

[①] 吴雯婕：《我国金融法体系构成之再认识——以金融体系和法治金融为视角》，《法制博览》2015 年第 12 期。

我国目前的金融法体系主要由银行法、货币法、证券法、票据法、信贷法、融资租赁法和保险法构成，其中处于金融基本法地位的是《中国人民银行法》，在实际操作中以人民银行法、银行业监督管理法、证券法、保险法、信托法、证券投资基金法、票据法、反洗钱法等为核心，以国务院制定的金融行政法规、金融管理和监管部门制定的规章为主体的体系。从我国的金融法律体系构成来看，虽然结构已初步形成，但是尚不够完善。比如《信托法》中关于房地产投资信托的法律制度尚不完善，《证券投资基金法》中对于私募证券投资基金税收问题尚不明确，《银行业监督管理法》中对"大而不倒"的银行监管、对道德风险的管理仍存在问题，《反洗钱法》中对大额现金管理缺失等。

总体来说，我国金融法律的基础框架不够完善，主要表现在以下几个方面：第一，理论匮乏。目前我国金融法基本理论研究相对匮乏，与民法等法学学科相比，金融法没有相对的理论框架，缺少独创性的概念；并且金融法基本理论、总论中的基本原则在分论中没有得到体现，总论与分论关系不明；理论研究缺少应用研究支持，使金融法无法成为独立学科，缺少独立的研究。第二，金融法的核心法律亟待调整。我国金融法以《中国人民银行法》为核心，但是随着金融市场结构的拓展、金融产品的多样化以及金融国际化的发展，以间接融资市场为主的银行法应该予以调整。第三，分类不科学。目前对于金融法律分类主要是按部门划分的，也有学者提出按给定标准划分，对于金融法律的分类的争议，在很大程度上制约了金融法的深层次研究，造成了现有法律法规之间的矛盾。鉴于现有的法律法规存在的不足与矛盾之处给我国金融业的相关操作带来一定的困难，需要进一步地改革与完善。

二 完善反洗钱法

洗钱是指通过掩饰犯罪收益使其表面来源合法化的过程。随着经济的发展和科技的进步，国际社会的洗钱行为和洗钱手段日益复杂多样，犯罪分子的不法行为给各国乃至整个国际社会带来严重的问题。1988 年《联合国禁止非法贩运麻醉药品和精神药品公约》成为国际上第一个规定洗钱行为属于犯罪的国际公约①。随后，各个国家纷纷制定反洗钱相关法律来控制洗钱行为。我国的《反洗钱法》是 2006 年 10 月 31 日由第十届全国人大常委会审议通过，并于 2007 年 1 月 1 日开始正式施行，到目前为止已经施行了十周年。该项法律的实施为我国严打洗钱行为提供了法律手段，对惩治贪腐、走私、贩毒等提供了法律依据，有利于维护我国的社会稳定和国家安全。

反洗钱法存在如下问题：

（1）立法覆盖面小。我国《反洗钱法》规定金融机构包括银行和邮政储蓄违反相关规定应承担的法律责任，但是对于非金融机构的违法行为没有做出明确的规定。从近些年来的违法犯罪来看，洗钱犯罪行为多发生在房地产、拍卖、典当、证券、保险、第三方支付平台等行业，而对这些行业的反洗钱法规仅有《支付机构反洗钱和反恐怖融资管理办法》、中国人民银行制定的《管理办法》等，其立法层级远不及《反洗钱法》，而且各行业部门之间的协调不一致，给有效打击洗钱犯罪带来很大困难。

（2）可操作性欠佳。对客户的了解是基层开展反洗钱活动的有效措施，因此金融机构需要对客户身份进行必要的核验，以检查其完整性、真实性和有效性，但是由于技术上的问题，其可操作性欠佳。并且金融机构侧重于以利润为主，反洗钱监测机制时效性差，相关人员对新增业务注意力不够，对客户了解不够全面，使洗钱犯罪行为有了可乘之机。

（3）大额现金管理缺失。我国虽然制定了有关大额可疑交易的报告管理办法，但是报告标准过于复杂，执行的难度较大。并且在《反洗钱法》中对大额现金的来源和去向没有给予明确的规定，因此相关

---

① 邵沙平、李曰龙：《国际反洗钱法的新发展与我国反洗钱法治》，《法学杂志》2007年第 3 期。

金融机构或非金融机构对大额资金审理缺少法律依据,无法追踪大额资金的来源与去向,给洗钱行为提供了便利。尤其是大额跨币种交易,更是缺少监管规定,不利于打击国际洗钱犯罪行为。

(4)对犯罪行为惩治较轻。我国对洗钱犯罪行为遵从"事后不罚"原则,并且尚未将洗钱的融合过程定为洗钱行为,降低了打击力度。并且我国对洗钱犯罪的最严制裁是判处七年有期徒刑,相比美国的 20 年监禁、英国的 14 年监禁、法国与德国的 10 年以上监禁等,惩治较轻,无法起到威慑作用。

完善反洗钱法可从以下几个方面展开:

(1)健全非金融机构反洗钱法律法规。对非金融机构反洗钱行为的监管不足、立法层级较低,是对打击洗钱犯罪行为最大的阻碍,因此应尽快健全非金融机构反洗钱的立法。首先,应在现有的《反洗钱法》基础上明确主体范围,加入洗钱活动活跃领域的相关主体。其次,明确主体的义务范围,提高金融机构以及非金融机构反洗钱的责任感。再次,对金融机构和非金融机构的不履行义务或不尽责行为建立惩罚机制。最后,提高洗钱犯罪行为的惩治力度,对洗钱犯罪行为严惩不贷。

(2)建立有效的反洗钱监管体系。目前,我国反洗钱的最高监管部门为国务院反洗钱行政主管部门,但是为拓宽反洗钱监管工作的覆盖面,反洗钱行政主管部门应与海关、工商、公安等部门相互配合,因此首先应明确相关单位如何与国务院主管部门配合。其次,有必要在各地区或行业建立独立的反洗钱执法部门,服从国务院反洗钱行政主管部门的领导,负责与相关部门的协调,在我国形成完善的反洗钱监管体系。

(3)构建反洗钱技术平台。客户身份的识别、大额资金的流动追踪、事后侦查以及反洗钱报告等对反洗钱技术平台提出了更高的要求,因此应该构建一个行之有效的反洗钱技术平台,实现对客户身份的有效识别,简化大额可疑资金报告程序,提高报告的实效性,并对资金流动进行实时监测。反洗钱技术平台的建立,不仅可以有效打击洗钱犯罪行为,还可以实现与国际社会的合作,打击跨国犯罪。

（4）建立反洗钱奖惩机制。金融机构参与反洗钱活动需要高额的成本，以利润为核心的金融机构在开展反洗钱工作时缺少足够的动力，参与意愿不强，甚至有意地避免。因此，有必要建立一套反洗钱奖惩机制，对积极开展反洗钱活动的机构给予相应的补偿，对所报告确认的洗钱犯罪行为给予一定的奖励。同时，对反洗钱工作开展不力，甚至有意规避的机构给予一定的惩罚，以提高相关部门开展反洗钱工作的积极性。

（5）加大《反洗钱法》宣传力度。目前，我国对反洗钱、反恐怖的宣传力度不够是公众和相关部门参与反洗钱意愿不高的主要原因，因此增强全民反洗钱意识，是做好反洗钱工作的基础。首先，应加大反洗钱宣传力度，使公众认识到洗钱犯罪活动对社会的危害。其次，做好普法工作，让公众知法懂法，尤其是对于日益增加的新型犯罪工具和手段，只有提高公众的法律认识，才能有效避免损失。最后，应提供多种便利的举报途径，鼓励公众的举报揭发，并给予有效的保护和相应的奖励。

三　完善信托法

信托制度已经诞生了几百年的历史，被英国著名法学家梅兰特称为法学领域最伟大的成就。但是，英美法系和大陆法系对信托的定义尚未统一。我国2001年颁布的《信托法》将信托定义为：委托人基于受托人的信任，将其财产权委托给受托人，由受托人按委托人的意愿以自己的名义，为受益人的利益或者特定目的、进行管理或者处分的行为。从信托的概念上可以看出，信托涉及财产管理，并且建立在信任的基础上。《信托法》是我国信托业的基本法律，是规范我国信托市场和处置不良国有资产的法律依据，是防范信用风险的法律保障。但是随着信托资产规模的不断扩大以及金融衍生品的多样性，现有的信托法已经不能完全适应发展需要。

我国的信托法存在以下几个问题：

1. 商业信托制度上的问题

随着信托应用领域的扩展，其商业功能成为一个重要的分支。商业信托本质上依托信托的基本原理，同样具有信托财产独立、所有权与利益权分离等特征，但是其独立的商业性、商品性以及集团性，使现有的信托法在商业信托规范等方面存在不足。主要表现在以下几个方面：

（1）商业信托财产归属不明。我国《信托法》对于财产归属的问题，存在很大的争议。我国信托法指出委托人"将其财产权委托给受托人"，"委托"与"给"的存在形成了"受托人说"和"委托人说"两种信托财产归属争议。信托财产归属不明给商业信托的实践带来很大困扰，制约了商业信托的发展。从信托法的描述可以看出，受托人与委托人之间的关系实质上是一种委托合同关系，而建立在委托原理上的信托制度使受托人丧失了自主管理信托事务的权利，因此在实际的信托操作中，往往根据信托事务的类别，参考相关法律对财产归属问题的争议予以避免。

（2）信托财产公示缺失。大陆法系国家为确保信托财产的独立性，维护信托交易的安全，要对信托财产权的变动予以登记。但是，英美法系和大陆法系的实际经验来看，都缺少对信托财产进行公示的规定。由于我国商业信托业务较多，需要向投资人或公众发售信托收益凭证，在此基础上对信托财产予以公示，一是有利于第三方知晓财产权的真正归属，避免对受托人的预估不足而导致的损失。二是有利于发挥信托弹性化制度优势，有助于金融创新。三是有利于保障商业信托受益人的利益。

（3）信托双方权责不明。现有的信托法中，为了维护受益人的利益，避免受托人滥用权力问题，赋予委托人较多监控管理受托人的权力。但是在商业信托中，委托人的诸多权力给实际操作带来很多问题。一是商业信托的委托人出于利己动机，会损失受益人的利益。二是商业信托受益人通常是具有商务经验的投资者，不需要委托人对信托交易过分干预。因此信托双方权责不明，在很大程度上制约了商业信托的发展。

2. 信托受益权质押制度的困境

随着金融衍生品的多元化发展，对信托受益权的质押需求日益增加。由于信托受益权包括请求分配信托利益的权利，因此质押信托受益权可以解决受益人融资等问题。实际上，从 2003 年开始，包括兴业银行、平安信托等在内的许多大型机构已经开始探索信托受益权质押业务，目前主要的信托受益权质押模式有两种：一是依托第三方或信托公司自己构建的交易平台；二是由信托发行人自行或引入特定商业银行，接受信托受益权为质押物。虽然信托受益权质押有利于创新，但是一直缺少法律依据。目前，无论是《信托法》《物权法》或是《担保法》都尚未对信托受益权是否可以质押给予明确规定，相关的司法判定主要以《信托法》中所规定的"受益权可以转让、可以清偿债务"为法律依据。在信托受益权质押业务日益增加的趋势下，明确信托受益权质押立法具有现实意义。

3. 房地产投资信托法律制度不完善

房地产投资信托起源于 19 世纪的美国，是指采取公司、信托或有限合伙的组织形式，集合多个投资人的资金，收购并持有收益类房地产或者为房地产进行融资，并享受税收优惠的投资机构。[①] 房地产信托主要面向中小投资者，具有很强的流通性和变现性，不仅受通货膨胀的影响较小，还能有效分散投资风险。目前，我国房地产信托主要是股权投资信托、信托贷款以及财产信托优先受益权转让等形式，主要依据《信托法》《信托投资公司资金信托管理暂行办法》和《信托投资公司管理办法》来开展业务。但是考虑到我国房地产信托的独有特点，以及我国房地产市场在国民经济中的重要地位，现有的法律法规在引入完整房地产投资信托制度上存在很多不足与矛盾之处。一是《信托投资公司资金信托管理暂行办法》规定的"合格投资人"门槛较高，无法真正使房地产投资信托面向中小投资者；二是《信托公司集合资金信托计划管理办法》规定的"参与信托计划的委托人为

---

① 李智：《房地产投资信托（REITs）法律制度研究》，法律出版社 2008 年版，第 9—10 页。

唯一受益人"① 与《信托法》中规定的"受益人是在信托中享有信托受益权的人。受益人可以是自然人、法人或者依法成立的其他组织。委托人既可以是受益人，也可以是同一信托的唯一受益人。受托人可以是受益人，但不得是同一信托的唯一受益人"② 相矛盾。

除了《信托法》在以上几方面存在缺失之外，我国《信托法》本身还存在信托设立形式复杂严格、对信托双方权利保护不力、信托税收制度欠缺等问题，仍需进一步完善。

完善信托法可从以下几个方面着手展开：

（1）信托财产所有权明晰化。我国的信托制度的核心是信托财产的独立性，而对于信托财产的所有权，法律意义上是指受托人，真正意义上是受益人，是衡平法上的所有权人。二者都从不同意义上享有信托财产的所有权，对于所有权的争议给实际操作带来困难。因此，《信托法》应该对信托财产的所有权明晰化，减少不必要的争端。

（2）建立信托公示制度。信托公示制度有助于保障信托交易的安全，但是我国目前仅有信托财产登记规定，并无公示的规定。就信托登记制度来说，虽然我国成立了上海信托登记中心，但各类财产登记制度零散，登记制度尚不统一。因此需要在《信托法》中增加信托财产公示条例，制定详细的公示原则，指定权威部门或机构负责登记公示业务，促进信托业发展的同时有效地保护信托当事人的合法权利。在信托公示基础上，建立信托受益权质押登记制度，还有助于促进信托受益权质押业务的发展。

（3）明确受托人的责任。受托人在信托法律关系中处于核心地位，《信托法》有必要明确受托人的权责。首先，应明确受托人的责任性质，如违约责任性质、侵权责任性质或是其他独立责任形式。其次，应明确受托人的责任原则，目前《信托法》对受托人的责任原则遵循过错责任原则，但是考虑到信托领域和业务的扩展，继续遵循过错责任原则可能在某些领域有失公平，所以对责任原则应予以拓展和

---

① 《信托公司集合资金信托管理办法》第5条第（二）项。
② 《信托法》第43条。

明确。最后，明确受托人对第三人承担的责任。《信托法》规定受托人对第三人所负债务以信托财产承担，该项规定给商业信托、房地产投资信托等带来风险，因此，在《信托法》中应明确受托人的无限责任和有限责任情形。

四　完善银行业监督管理法

在全球经济一体化程度不断加深、国际合作不断深入的背景下，银行业作为我国重要的金融机构，如何有效对其进行监管已是国际社会普遍关注的问题。尤其是近年来，金融工具的创新、新兴金融产品的出现，使银行业面临的潜在风险不断增加，发达国家金融危机的爆发和大型银行的倒闭，充分说明了对银行监管法律完善的必要性。我国目前施行的银行业监管法律是《中华人民共和国银行业监督管理法》。该法律是在《中国人民银行法》《商业银行法》的基础上，颁布的一项独立的银行业监管法，也是世界上第一部金融监管法律，该法于 2004 年 2 月 1 日起施行，并于 2006 年 10 月修订。《银行业监督管理法》是我国金融机构改革的壮举，为银行业的监管提供了立法依据，形成了具有中国特色的监管体制。主要表现在以下几个方面：一是形成了"一行三会"的分业监管制度。二是形成多样监管措施，对事前、事中和事后以及内部和外部施行全面监管。三是实现了监管的灵活性。

随着我国经济形势的发展变化，以及国际社会的影响加深，我国《银行业监督管理法》在实施过程中仍面临以下几方面的问题。

（1）对"大而不倒"的银行监管。目前，我国的四大银行总资产规模超过 75 万亿元，占我国银行业的总资产规模的一半左右，对我国的国民经济具有重要的影响。一方面，"大而不倒"的银行机构往往承担了过度的风险，依靠自身在国民经济中的重要地位，不仅对政府形成"倒逼机制"，还增加了系统性风险发生的可能。另一方面，"大而不倒"的银行机构在市场形成寡头垄断，不仅损害了市场的公平竞争，而且损害了创新的动力，使银行效率低下。但是目前的监管法对"大而不倒"机构的监管尚不足以规避其可能引发的系统性风险。

（2）对道德风险的监管。我国从 2015 年 5 月 1 日开始正式施行《存款保险条例》，存款保险制度的实施，一方面提高了金融体系的稳定性、维护了金融秩序；另一方面促进了银行业的适度竞争。在保护存款人利益的同时，提高了公众对银行体系的信心。但是存款保险制度可能引发的道德风险给监管带来了挑战。其一，商业银行为了追求高额利润，风险约束机制弱化，从而产生过度投机行为。其二，在存款保险制度的保护下，更多的银行愿意铤而走险，追求高风险高利润，从而给整个银行业带来经营风险。因此，《银行业监督管理法》在《存款保险条例》实施的背景下，应针对其可能引发的道德风险，提出有效的监管措施。

（3）对地方融资平台的监管。随着信贷需求的增加，在扩内需、惠民生的政策下，我国地方融资平台发展迅速，银行机构也投放了许多平台提供贷款服务。一般来说，地方融资平台的贷款项目属于投资量大、还款周期长、还款集中的项目，具有较大的不确定性，容易引发系统性风险性。部分地方融资平台甚至不具有自有资本金，采用"理财取贷"或者"债贷连接"等方式套取贷款，极大地增加了信贷风险。但是地方融资平台是近些年新兴的金融领域，目前的《银行业监督管理法》在对地方融资平台的贷款投放、设立制度等方面缺少有效的监管机制。

（4）监管模式的适用性。我国自《银行业监督管理法》颁布开始正式确立了"一行三会"的分业监管模式，由中国人民银行、中国银监会、中国证监会和中国保监会分别监管不同的金融领域，财政部、发改委、国资委等国家部门和各地方政府的金融监管部门负责协助进行金融监管。先后颁布《中国人民银行法》《商业银行法》《证券法》《保险法》等法律为金融监管部门提供客观的法律依据。但是，随着我国的金融创新、国际经济合作加强以及金融全球化的发展，我国的经济、金融受到国际金融发展状况的影响程度将会越来大，我国在金融监管方面的问题也越来越明显，如金融监管与货币政策之间的矛盾、监管部门之间的协调问题、监管盲区问题、监管措施与地方经济发展矛盾的问题、金融机构信息透明度差问题，这些问题都是我国金融监管体制改革中亟待解决的问题。除此之外，我国金融业的混业经营态势越来越明显，虽然尚未成为主流，但是随着金融机构间的业务交叉还有集团化发展，现有的分业监管模式在应对混业经营上的法律缺失问题将越来越严重。

完善银行业监督管理法可以从以下几个方面着手展开：

（1）加强系统性风险监管。对系统性风险的监管是维护金融系统稳定的重要举措，首先，应建立系统性风险预警机制，包括涉及预警指标体系、建立系统性风险评估模型，调整系统性风险传导机制，做好系统性风险信号的接受与评估工作。其次，建立系统性风险报告机制，对系统性风险的状态分析及评估及时形成书面的报告，通过专门的上报途径报告最高管理部门。并建立有效的信息共享平台，公开、有效、准确地传递系统性风险信息。最后，形成宏观审慎监管与微观审慎监管协调机制，从宏观和微观两个方面防范系统性风险的发生。

（2）建立监管协调机制。我国目前采用的"一行三会"监管制度，虽然明确了证监会、银监会和保监会的监管职责和界限，强化了在各自行业的监管力度，但是随着新兴金融机构和混业经营的出现，使分业监管模式出现了监管真空，给不法分子带来了可乘之机。证监会、银监会和保监会之间应该建立行之有效的监管协调机制，首先，应该建立信息共享平台。其次，对于监管重叠或真空部分由人民银行成立专门机构进行责任分配，降低协调难度。

（3）建立监管责任问责制。监管部门在行使监管决策和处罚权力的同时，还需要向国家和公众负责。因此建立监管责任问责制，明确监管部门的权利和职责，规范监管行为，有助于防范道德风险。首先，应该建立监管责任追究制，对于监管不当行为做到发现必究。其次，应该建立监管责任考核制，从监管效果、监管状态、监管效率等方面对监管部门及人员进行年度考核，做到奖惩分明，提高监管者的工作积极性。

（4）提高监管独立性。监管独立性是保证监管工作稳定开展的重要前提，美国经济学家丹尼尔认为：在银行监管的结构中，银行监管者的独立性是具有决定性作用的重要因素。国际货币基金组织的《监管的独立性和金融稳定》报告中指出，监管独立性包括：管理独立性、监督独立性、预算独立性和机构独立性。虽然《银监法》规定了银监会的独立性，但是并不是严格意义上的独立性。提高监管独立性还应该从人事独立性、财务独立性和职责独立性等方面进行。

五　完善证券投资基金法

《中华人民共和国证券投资基金法》是我国证券投资基金的基本法律，规定了基金的运作原则、实施细则等相关法律。该项法律于2004年6月1日开始施行，其修订法于2013年6月1日开始施行。目前，我国规范投资基金业务主要依据的法律是《投资基金法》，除此之外还有相应的规章制度，如《证券投资基金管理公司管理办法》《证券投资基金运作管理办法》《证券投资基金销售管理办法》《证券投资基金信息披露管理办法》《证券投资基金业务管理暂行办法》等。

证券投资基金法存在以下几个方面问题：

（1）私募证券投资基金税收问题。随着私募证券投资基金资产规模的增大，其在资本市场的地位和作用日趋重要。我国新修订的《证券投资基金法》首次明确了我国非公开募集的私募基金的合法地位，将私募基金纳入监管范畴。私募基金的发展对我国加快经济增长方式转变，化解债务风险具有重要的作用。但是我国关于私募证券投资基金的税收问题，无法与私募基金的发展相适应。首先，我国不具备完善的税收体系，税收立法相对滞后。其次，现有税收制度存在较多不合理之处，与税收公平、税收法定等原则相违背。最后，税收主体不明，对税收种类、征税对象等要素没有明确说明。我国在税收制度上的缺陷，给私募证券投资基金的税收带来了极大的困难。

（2）对冲基金法律地位不明确。《证券投资基金法》没有赋予对冲基金明确的法律地位，给有关对冲基金的投资活动带来一定的风险。首先，对对冲基金的募集主体资格没有给出明确的规定，导致了对冲基金市场良莠不齐，给投资者带来较大的风险。其次，对于参与主体资格和权责没有明确的法律限定，对于基金发起人、管理人、托管人以及投资者的权责划分和资格要求缺少明确规定。最后，对管理人和托管人的行为缺少相应的监管，容易引发道德风险问题。

（3）从业人员道德风险问题。随着我国基金行业的膨胀式发展，我国基金从业人员数量迅速增长，从业人员的道德风险问题随之增加，基金经理私建"老鼠仓"的现象屡有发生。从业人员的道德风险问题对基金投资者、基金管理公司和基金业的发展具有极大的危害。在对从业人员道德风险监管法律方面，修订的《证券投资基金法》适当放开了基金从业人员和其利害关系人从事证券交易的限制，变堵为疏，规定基金从业人员必须遵循基金份额持有人利益优先的原则，并提出计提风险准备金，以弥补基金投资者可能受到的损失。除此之外，《刑法修正案（七）》以及证券法都有处理从业人员道德风险的相关规定。但是，目前无论是刑法、证券法还是证券投资基金法，对从业人员道德风险的处罚力度都偏弱，无法形成威慑力，在追究民事责任时存在较大困难。现有的监管体系对基金公司的内控不力，外部监督不到位也使从业人员道德风险问题难以杜绝。

完善证券投资基金法可以从以下几个方面着手展开：

（1）明确私募投资基金税收体制。针对我国私募投资基金缺少相关税收立法的问题，首先应该构建合理的私募证券基金税收体系，明确私募证券投资基金纳税主体身份，并且对私募证券投资基金所得税进行优化。但是考虑到私募基金对经济增长的重要作用，在考虑对私募基金进行征税的问题时，还应该适当采取有条件的优惠政策，以鼓励私募投资基金的健康发展。如通过税收优惠来加强对投资者的保护力度、根据基金持有期制定异质化税收政策等。

（2）增加对冲基金的立法。针对对冲基金主体的立法，首先，应该对对冲基金的发起人的资格通过专门部门进行审查，包括资本金要求、声誉和职业道德以及持续获利情况等。其次，对设立条件进行审查，设立对冲基金要有明确的运作方式和管理思路，有符合法律法规的基金管理规定，有投资客户资源以及成熟的投资方案。最后，设置保证金比例。由于对冲基金是杠杆率较高的投资，为保证市场的健康发展，应设立一定的保证金比例，进行必要的风险控制管理。

（3）加大投资者保护和从业人员违规处罚力度。《证券投资基金法》虽然赋予了基金份额持有人请求民事赔偿的权利，但是在现实中受损的投资者索赔常不被法院受理，因此应构建基金投资者维权诉讼的长效机制，加大对投资者保护力度，立法给予支持。对于基金从业人员违规问题和道德风险问题加大刑事处罚力度，在《证券投资基金法》中对基金从业人员违规操作、道德风险问题给予明确说明，划分"情节轻重"标准，配合《刑法修正案（七）》给予必要的刑事处罚。

六　简要结论

随着经济全球化程度加深，经济金融化、金融证券化以及我国金融市场的不断创新，现有的法律法规体系滞后于金融市场的发展，法律法规之间的重叠和矛盾问题时有发生。结合我国金融发展现状、总结现有法律法规存在的问题，借鉴国外先进的经验和制度，完善我国金融立法，对防范金融风险、维护金融稳定具有重要的意义。